本著作主要依托博士论文《儿童在园生活体验叙事研究》，系"贵州师范大学2014年博士科研启动费项目"（社科博［2014］21号）的研究成果。

生命意义的探寻
儿童在园生活体验叙事研究

李 旭 著

儿童发展与教育研究文丛

西南大学出版社
国家一级出版社
全国百佳图书出版单位

图书在版编目(CIP)数据

生命意义的探寻：儿童在园生活体验叙事研究 / 李旭著. — 重庆：西南大学出版社，2022.4
ISBN 978-7-5697-1325-1

Ⅰ.①生… Ⅱ.①李… Ⅲ.①幼儿园 - 教学活动 - 教学研究 Ⅳ.①G612

中国版本图书馆CIP数据核字(2022)第048223号

生命意义的探寻：儿童在园生活体验叙事研究
SHENGMING YIYI DE TANXUN：ERTONG ZAIYUAN SHENGHUO TIYAN XUSHI YANJIU

李　旭　著

责任编辑	杜珍辉　畅　洁
责任校对	张　丽
装帧设计	观止堂_未氓
排　　版	张　祥
出版发行	西南大学出版社（原西南师范大学出版社）
	地址：重庆市北碚区天生路2号　邮编：400715
	市场营销部电话：023-68868624
	网址：http://www.xdcbs.com
经　　销	全国新华书店
印　　刷	重庆长虹印务有限公司
幅面尺寸	170mm×240mm
印　　张	17
字　　数	272千字
版　　次	2022年4月第1版
印　　次	2022年4月第1次印刷
书　　号	ISBN 978-7-5697-1325-1
定　　价	86.00元

序

教育要达成促进儿童发展、成全儿童生命成长的目的,就必须基于儿童发展的需要。那么,儿童发展的需要是什么?儿童是谁?如何促进儿童的健康成长?要厘清这些问题,认识、理解儿童就应该作为教育的起点和关键。今天我们现实教育中的儿童多是成人人设的"儿童",儿童"是其所是"的那个真正的"儿童"却模糊、陌生、疏远,甚至越来越远。如此,教育起点迷失,教育行为与儿童发展需要发生错位,教育目的自然难以达成。这应该是当今我们教育问题的根源。因此,立足于真实的儿童,而不是成人人设的"儿童",走进儿童的世界,看见儿童、理解儿童是当前儿童教育的应有大义。

李旭在进入学前教育领域攻读博士学位时便开始了对儿童世界的探索。当时,初为人父的他,一边感叹于小儿世界的新奇、美妙和神秘,一边沉浸于对其的体验、探究和反思中。他钟情于胡塞尔的哲学思想,于是执着地"跟着"胡塞尔们走近儿童的世界。他刻苦、专心、用情:研读大量著作、文献,与各位学者、大师们"纸谈"交流;蹲在幼儿园"混迹于"儿童中间"聆听"儿童;深入家庭、社区考察儿童当下状况及体验的发生境域。他想"说出唯有儿童才能'说'出的话语,挖掘儿童的各种存在主题,揭示儿童的存在意义",并"审视儿童生活世界中成人的教育观念及行为,为革新教育观念和改良教育行为提供借鉴,以利于将来儿童的成长"。

《生命意义的探寻:儿童在园生活体验叙事研究》是李旭在其博士论文基础上持续研究探索的成果,也是他步入儿童世界,"聆听"儿童的首部著作。他基于现象学理论,针对研究学前儿童生活体验的特点,选用了叙事研究的方法。以一所示范园的一个大班儿童为研究对象,采用强度抽样选取了该班A、C、W、J 4名儿童作为叙事研究对象。他深入幼儿园、家庭、社区(会)等儿童生活场域,采用参与式或非参与式观察和深度访谈,通过儿童自述、教师叙述、家长叙述和同伴叙述进行资料收集,通过研究者叙事整合呈现儿童当下状况及体验。他努力以儿童视角"由外及里"地对儿童的视角进行审视,"如其所是"地无限接近儿童的"是其所是"。他怀着浓厚的人文情怀,生动而富有诗意地呈现了"我长大了想当天鹅/教大家游泳/给大家带来快乐"的"小天鹅"(儿童A)、"在阳光中闪耀/占尽了风光/可是他的内心啊/还是有些许慌张"的"小白杨"(儿童C)、"走路夹风带雨/在班上总是横冲直撞/其实她的内心呀/只希望你能朝她/望上一望"的"小闯将"(儿童W)和"着一袭鲜艳霓裳/那些潜藏在内心的种子/总是由内及外地/次第开放"的"古丽"(儿童J)在幼儿园的言行表现及其背后的体验;追溯了A、C、W、J四个儿童体验的发生境域,分析了由家庭、幼儿园、社会导致四个儿童当下生活状况及体验的根源;最后,对我们如何做父母、孩子为什么要上幼儿园(幼儿园教什么怎么教、专业化的师资如何炼成)、如何让儿童意识渗入社会各领域、如何走进儿童生活世界等一系列教育实践问题进行了思考。可以说,该著作为我们展开了丰富、斑斓、美妙儿童世界的一角,让我们离儿童又近了一点儿、对那个真实儿童的认识又清晰了一点儿;触动了我们对儿童教育的审视、反思和调整;也为看见、认识、理解、体悟儿童提供了一种方法借鉴。

当然,儿童世界神秘而奇妙,充满着自组织性和复杂性。要无限趋近"儿童的视角",真正"聆听"到儿童自己的声音、体验到儿童自己的体验,谈何容易!这不仅需要怀有对儿童的热爱和仰视,保有一颗不泯的童心,对生命意义的思索,对真善美由衷的向往;还需要宽厚的知识积淀,执着的追求,用心用情的投入。李旭丰富的生命历程涵养了他浓厚的人文情怀和良好的学术积淀;对儿童的已有"聆听"让他体验了"追求至真、归于至善、达于至美的乐趣",深化了"对儿童的热爱、对儿童世界的敬畏和向往"。相信在今后的学术生涯中,他定能为我们打开更广阔的儿童世界,看见更多、更真实的儿童,启发儿童教育更深入儿童世界、贴近儿童、满足儿童发展需要。

是为序。

李静

二〇二一年春分时节于西南大学田家炳大楼

目　录

第一部分　理论方法篇 ... 1

第一章
问题确立与方法选择 ... 3
一、研究问题的确立 ... 3
二、研究方法的选择 ... 33

第二部分　体验叙事篇 ... 65

第二章
沉重的"天鹅"：A儿童在园生活体验叙事研究 ... 67
一、A儿童在园生活状况深描 ... 68
二、A儿童的在园生活体验诠释 ... 75

第三章
挺拔的"小白杨"：C儿童在园生活体验叙事研究 ... 89
一、C儿童在园生活状况深描 ... 89
二、C儿童的在园生活体验诠释 ... 97

第四章
班级"小闯将"：W儿童在园生活体验叙事研究 ... 103
一、W儿童在园生活状况深描 ... 103
二、W儿童的在园生活体验诠释 ... 111

1

第五章

盛开的"古丽":J儿童在园生活体验叙事研究 …… 117
一、J儿童在园生活状况深描 …… 117
二、J儿童的在园生活体验诠释 …… 123

第三部分　生命意义篇 …… 129

第六章

生命意义的探寻:儿童在园生活体验的发生境域 …… 131
一、家庭:儿童在园生活体验发生境域之一 …… 133
二、幼儿园:儿童在园生活体验发生境域之二 …… 170
三、社区(会):儿童在园生活体验发生境域之三 …… 185

第四部分　反思启示篇 …… 213

第七章

儿童生活世界的实践反思与方法启示 …… 215
一、实践反思:儿童生活世界的观念革新与行动改变 …… 216
二、方法启示:如何走进儿童生活世界? …… 240
三、结语 …… 244

附　录 …… 247
附录1　儿童在园生活互动事件观察记录表 …… 247
附录2　幼儿访谈提纲 …… 247
附录3　教师访谈提纲 …… 248
附录4　家长访谈提纲 …… 249

参考文献 …… 251

后　记 …… 263

第一部分 理论方法篇

第一章

问题确立与方法选择

"提出一个问题往往比解决一个问题更重要,因为解决问题也许仅能是一个数学上或实验室上的技能而已。而提出新的问题、新的可能性,从新的角度去看旧的问题,都需要有创造性的想象力,而且标志着科学的真正进步。"

——阿尔伯特·爱因斯坦(Albert Einstein)

不论是自然科学研究,还是人文社会科学研究,研究问题都应成为整个研究的出发点和归宿;研究方法要为研究问题服务,要与研究问题的性质及特征相适配。在研究计划阶段,首先要让研究问题得以确立,然后才是根据问题考虑研究方法的选择。当前,在人文社会科学研究领域有一种非常不好的现象,即"为了方法而方法",一些研究者在研究过程中,"大炫"其方法,最终得出的结论却毫无营养,有"扯虎皮拉大旗"之嫌。这是典型的方法主义作祟,正如黄武雄教授所言,"他掌握了事物发展的规律,但忘掉了原来要解决的问题"[1]。

一、研究问题的确立

研究问题的确立通常可以从三个方面进行考虑:

一是研究问题"确实"是个问题。这句话的意思是这个问题是存在的,它或者在实践领域中存在,或者在理论领域中存在……不是"无病呻吟",或"虚张声

---

[1] 黄武雄.学校在窗外[M].北京:首都师范大学出版社,2009:30.

势"。这是判断研究问题是不是一个"真"问题的重要指标,代表研究的必要性。

二是研究问题是"值得"研究的问题。研究者在做研究计划时,首先会做出预判,判断该研究问题可能会产生何种价值和影响,一般体现为理论意义和实践意义。前者指通过该问题的研究能为相应领域的知识体系添砖加瓦,后者则指能为相应或相关实践领域问题解决提供可资借鉴的方法。这是判断研究对理论与实践的价值贡献,代表研究的价值性。

三是研究问题是研究者"可以"(能够)研究的问题。前两个方面通常可以通过研究者对"问题的提出"及"研究意义"的阐述进行判断。当一个研究问题既有必要研究,同时又值得研究时,还需要看研究者能不能研究。判断研究者能不能研究该问题,我们就需要看研究者对核心概念及相关概念的理解,以及围绕概念结构层次所进行的文献梳理。通过概念及文献梳理,可以看出研究者对该问题思考的程度,对以往相关研究的了解程度、从中获得的支持以及能够进一步拓展的空间。这是判断研究者对某一研究问题是否具有相应的研究能力及准备,代表研究的可行性。

当研究者阐明了研究问题的必要性、价值性及可行性,我们才可以判断该研究问题得以初步确立。下面笔者将围绕以上三个方面所涉及的内容展开阐述,以确立研究问题。

(一)问题的提出

1.认识、理解儿童的重要性

认识、理解儿童是教育儿童的前提。我们认识理解儿童越深刻,我们对儿童的教育就可能越有效。

现代社会中,人们普遍认识到了儿童的重要性。

卡斯塔涅达(Claudia Castaneda)认为,儿童概念的形成,是众多价值体系发生作用的场所:作为一个永远处于"正在形成(becoming)"状态中的存在,"儿童"可以成为对成人世界的一种反省或再创造。用作者自己的话说,"儿童是正在形成中的成人",还没有完成却有潜力成为"成人",正是这种中间性、可变性(mutability)和潜力性(potentiality)成为"儿童"这个概念的文化价值来源。[①]斯

---

① 转引自:徐兰君,[美]安德鲁·琼斯 主编.儿童发现——现代中国文学及文化中的儿童问题[M]. 北京:北京大学出版社,2011:3(序言).

特凡·田中(Stefan Tanaka)在其文章《童年:发展话语在日本空间里的自然化》("*Childhood: Naturalization of Development into a Japanese Space*")开篇指出作为隐喻及象征的儿童已渗透到日常生活的方方面面。儿童已经成为现代暧昧性和冲突性合为整体的一个拟人化场域:一方面,儿童的自然发展在"民族国家"的概念中抽象化了,儿童的发展更多与基础教育和现代国家福利制度的发展联系在一起;另一方面,儿童的自然生理上的发展又成为现代民族国家论述中一个很重要和经常被应用的隐喻,即用儿童从不成熟到成熟的生理发展历程来解释现代民族国家发生发展的抽象过程,使之直观化和自然化。①安·阿纳格诺斯特(Ann Anagnost)在《中国儿童与国家超越性》("*Children and National Transcendence in China*")一文中指出,在中国当前的人口政策下,儿童逐渐成为被"充分迷信化/偶像化的物件"(fetishized object),不仅是父母也是社会的各种缺失欲望的转移地(a site of displaced lack),从而也成为抵抗快速社会发展所带来的种种不确定性的价值保存场所。正因为如此,对儿童的关心从来就不是个人家庭的问题,而是与对整个民族未来的担心相连。②

以上论述可谓针针见血。在中国当代社会,当大多数成人改变了以往"日出而作,日暮而息"的生活工作方式,穿梭于社会各领域,以另一种方式存在时,他们的迷茫多于清醒、空虚多于充实、浮躁多于宁静……各种变迁带来的种种不确定性让人们面临前所未有的压力。他们从来没有如此地需要一种确定性,或者说需要一种生存(存在)的理由。放眼望去,各种场境中家庭对儿女的精致呵护、社会对儿童的顶礼膜拜,很大程度反映出对"各种缺失欲望的转移地"的珍视,以此来满足对确定和稳定的诉求。在另一层面上,儿童也因其"中间性、可变性(mutability)和潜力性(potentiality)"而进入国家的战略视野,更多地成为国家由"人口资源大国"迈向"人口资源强国"的重要价值所系。

---

① Stefan Tanaka."Childhood:Naturalization of Development into a Japanese Space",*Cultures of Scholarship*, edited by S.C.Humphreys, Ann Arbor:University of Michigan Press,1997,pp.21-56;转引自:徐兰君,[美]安德鲁·琼斯 主编.儿童发现——现代中国文学及文化中的儿童问题[M].北京:北京大学出版社,2011:3(序言).

② Ann Anagnost ."Children and National Transcendence in China",*Constructing China:The Interaction of Culture and Economics*, edited by Kenneth G.Lieberthal, Shuen-fu Lin,and Ernest P.Young, Ann Arbor:Center for Chinese Studies, University of Michigan,1997;转引自:徐兰君,[美]安德鲁·琼斯 主编.儿童发现——现代中国文学及文化中的儿童问题[M].北京:北京大学出版社,2011:4(序言).

然而,对于儿童自身的存在而言,这是一个悖论,或许更是一个灾难:我们更多从"用"的价值维度去审视儿童,缺失了一种更为本体的视角——我们都知道儿童对我们的重要性,但我们对儿童本身却显得那么的"无知"。可悲的是,这种"无知"在中国当前语境中,不是"不可知",而是"不想知""无暇知"。正是儿童在意识层面的模糊和意义缺失,我们会发现,我们往往是"有作为"但"碌碌无为",也导致了儿童的"碌碌终日"。因此,选择一种更为本体的视角,去关注儿童的内在感受和体验,达到对儿童深层的理解和把握,从而为儿童发展创造更为有利的教育环境。这是笔者提出儿童生活体验研究主题的缘由之一。

2.在园生活体验对于理解儿童生命意义具有重要的价值

儿童生命意义是完整的。要深入认识、理解儿童,把握儿童生命的完整意义,仅靠心理学、教育学、社会学等某种学科的单一方法是远远不够的,必须选取一种更为完整、全面的理论方法视角。体验是儿童外在言行的内在(深层)表达(领悟、感受、浮现),儿童在园生活体验将儿童的过去、现在和将来凝结于当下,是认识、理解幼儿的较为合适的切入点。

随着社会的变革与时代变迁,儿童的自我意识、自我行动能力越来越凸显,越来越具有彰显自我存在和独特体验的诉求。生活中,儿童外在言行标识其存在,体验则赋予存在以意义。如此,研究儿童,我们就不能仅仅局限于对其外在言行进行描述,还需要深挖儿童外在言行背后的体验、揭示其存在意义。正如米兰·昆德拉所说:"我将不遗余力地重复,小说唯一的存在理由是说出唯有小说才能说出的话。"[1]同样,研究儿童唯一的理由就是说出唯有儿童才能"说"出的话语,挖掘儿童的各种存在主题,以揭示儿童的存在意义。"让一个人物'生动'意味着:挖掘他的存在问题。"[2]要让儿童的存在生动起来,就是要通过其在生活时空中的各种存在主题揭示他(她)的存在意义。

生活体验在范梅南那里占据着极为重要的地位。通过将体验作为生活世界的研究核心,范梅南将胡塞尔哲学视野中的生活世界植入具体的生活世界,重点关注人的体验。范梅南指出,许多思想家认为生活体验首先具有时间结构:它不可能通过及时的现象去领悟,而只能通过过去的存在来反思和理解。

---

[1] [捷克]米兰·昆德拉.小说的艺术[M].董强 译.上海:上海译文出版社,2011:46.

[2] [捷克]米兰·昆德拉.小说的艺术[M].董强 译.上海:上海译文出版社,2011:45.

进一步说,既然生活体验是对全部生活的展示,那么我们对于生活体验之意义的理解往往只能是那些绝不可能从完全的广度和深度上来掌握的过去的东西。①另一方面,范梅南也指出:"现象学是对生活世界的研究——一个即时体验而尚未加以反思的世界,而不是我们可以为之下定义、分类或反映思考的世界(Husserl,1970;Schutz & Luckmann,1973)。"②这表明"体验是即时发生、未加反思的,是儿童'未加修饰'的本真之物,范梅南因此将其作为认识理解儿童的关键"③。正因为体验的即时性、前反思性,使得体验尚未"蒙蔽",最能反映儿童的真实状况,在深入认识理解儿童过程中有着重要的意义和价值。因此,要深入理解儿童,就需要研究儿童的生活体验。

与此同时,在幼儿园中,幼儿需要面对更为复杂的环境关系。一方面,幼儿园中物的环境与家庭相比更为丰富,人与物的关系更为多样与复杂;另一方面,在幼儿园中幼儿需直接面对、观察和感受复杂的人际关系,如师幼关系、亲师关系、师师关系、同伴关系等。这是儿童体验复杂关系世界的开端,也使幼儿园成为研究儿童生活体验有着重要价值的场域。因此,关注儿童的在园生活、研究其深层体验,可以使我们更为完整地把握儿童的关系世界,更能实现对儿童生命意义的深层理解。

3.作为一名父亲的生活实践反思

一个人做父亲或母亲之前,与其做了父亲或母亲之后,对孩童的认识理解有着天壤之别。笔者在多年前曾到一个朋友家去做客,朋友家有一个1岁多的小男孩。吃饭的时候,小男孩拿着杯子、碗筷之类的,将桌上的"汤汤水水"在杯子、碗碟之间倒过来倒过去,一时之间,整个饭桌上一片狼藉。笔者当时都觉得看不下去了,又不好出面制止;朋友夫妻二人对此等情形却见怪不怪,弄得笔者疑惑不已……几年以后,当笔者也为人父了,回忆起当初在朋友家的那一幕,内心则非常理解、淡定从容。有了孩子后,发生在孩子生活中的点点滴滴都让笔者感慨万千,让笔者不断反省自己,获得成长的机会。

---

① [加]马克斯·范梅南.生活体验研究——人文科学视野中的教育学[M].宋广文 等译.北京:教育科学出版社,2003:45.

② [加]马克斯·范梅南.生活体验研究——人文科学视野中的教育学[M].宋广文 等译.北京:教育科学出版社,2003:11.

③ 李旭,周勇,康佳琦.儿童民间陀螺游戏的经验价值阐释、当下意义缺失及教育启示[J].当代教育论坛,2020(5).

"爸爸,我要看电脑。"两岁半的儿子来到身边。

"爸爸要做事情,你去找妈妈,看妈妈在做什么。"我的手一边在键盘上摆弄,一边回应着儿子的要求。

"不嘛,我想要看电脑。"儿子不依不饶。

"听话,儿子,爸爸要工作,好挣钱给你买好吃的。"

"不,想要看电脑嘛。爸爸,你带我一起看电脑嘛。"儿子略带哭腔。

"那要不我们不看电脑,爸爸陪你一起玩,好不好?"

"好嘛。走,爸爸,我们一起出去玩!"儿子拉着我的手,高兴地说。

……①

这是发生在笔者生活中的一个真实案例。就这一个案例来看,孩子提出要看电脑的要求,笔者的第一反应是一种随口应答式,或者说就是敷衍式的、漫不经心式的应答。接着,在孩子的坚持下,笔者还是继续用另外的理由想要说服孩子不要打扰笔者工作,其背后的逻辑是"我在做正事,不要打扰我"。当孩子要哭起来了的时候,笔者才稍微"正视"了一下孩子,认真考虑孩子的需要。这才发现孩子并不是需要玩电脑,而是要大人陪着玩(生活中,许多小孩迷上了电脑等,更多是我们大人用种种"理由"将其推入电子媒介)。在这一案例中,笔者对孩子的态度从忽视到正视,孩子的反应是从"略带哭腔"到"高兴"。笔者由此想到,孩子在其生活世界中的认识体验——是消极的、还是积极的——在极大程度上取决于外在世界对孩子的反应。

在生活中,诸如此类的例子很多。作为一位父亲,对每天发生在孩子身上的一切都令笔者痴迷和惊讶。孩子会看着你的眼睛,然后给你一个会心的微笑;从牙牙学语开始,某一天清晨起床,一睁开眼,突然蹦出"妈妈、爸爸"的天籁之音;认准某一件事情,全然不顾成人的反对,不达目的誓不罢休;看到大自然中的花花草草,会迈出蹒跚步伐,不顾一切地迎上去……这些每天都在我们的生活世界中发生着,带给了我们天伦之乐的享受。其中的每一时刻,都让我们感受到世界的美好,生命的美丽和灿烂。

然而,随着孩子一天一天地长大,我们会发现成人与孩子之间的关系正在

---

① 案例发生时间为2013年4月。本文中出现的大段引文、案例、由观察访谈材料形成的故事或事件等文字均以楷体字体呈现,以示区别和凸显。

发生着一些微妙的变化。我们冷漠了孩子热切的眼神,厌恶了孩子亲昵的绕膝,否定了孩子"无理的取闹",制止孩子蹒跚的探索……更有甚者,在与孩子的交往中,我们将自己定位在"上帝"的宰制地位,从来就不去想、不去过问孩子们的感受。于是,慢慢地我们在孩子的身上发现许多的"恶习"——爱哭闹,忒黏人,易攻击……事实上,孩子身上所形成的一切都主要来源于我们的赐予。如果说孩子是"果",我们就是"因"。反思我们的所作所为,我们了解自己的孩子吗? 我们尝试过想要真正去理解自己的孩子吗? 在给出的案例中,孩子并不是真正想要玩电脑,只不过是想表达自己的某种需求,想和爸爸一起玩而已。只不过……由于误读了诸如此类的发生在孩子生活中的事件,抑或条件反射式地敷衍着此类事件,孩子们养成了我们口中指责的种种"恶习"。我们形塑着孩子生活的世界,孩子在我们的回应中形成了自己对世界的基本看法和观念,并在种种观念的指引下构建着自我的生活世界。然而,在儿童的外在言行面前我们却被蒙蔽了双眼,往往只看到了"果",却无法看透"因"。因此,直面儿童生活,透过我们面前的"果",更深入地解读其意义,探寻其产生的缘由,也成为本研究的选题缘由之一。

4. 个人研究旨趣

早年的学习生活经历积淀了笔者自身浓郁的人文情怀。正是这份人文情怀,使笔者选择了儿童生活体验作为研究主题,并以叙事研究的方法对儿童在园生活体验进行探索。一方面,当今社会现实下,如果要寻找一份人文情怀,最好的去处就是儿童生活世界。这也是众多文学家、艺术家、教育家等追求的至真、至善、至美的世界。正是在不断的学习中,笔者体会到了追求至真、归于至善、达于至美的乐趣。这使笔者始终对儿童怀有一种敬畏,并心向往之。另一方面,确定用叙事的方法对儿童生活体验进行研究,主要考虑到方法与研究内容的适切性——叙事更能发掘他人的体验及意义,更能够体会他人的悲欢苦乐,与他人同呼吸、共命运。

探寻儿童的生活体验的过程也是寻求自身意义的过程。作为学前教育专业的一员,笔者知道任何一个领域的问题研究都不会有终点——我们永远都处在不断的探索过程之中。随着学习的深入,笔者越来越对前辈们的工作和成就充满崇敬和尊重,甚至是敬畏。同时,也期望以前辈们的研究为基础,去继续在眼界所及的领域中努力探索。基于此考虑,从博士论文开始,笔者围绕儿童生活世界,开启一条深入认识理解儿童的学术之路。笔者在理解儿童世界意义构建的同时,不断锤炼自己对儿童的理解,同时也不断构建自己学术之意义、人生之意义。针对儿童在园生活,笔者重点关注:儿童在园生活状况的背后,究竟有着何种体验?为什么儿童有如此的生活体验?面对将来的儿童,我们应作何种教育审思,以利于儿童?投入到儿童在园生活中,根据儿童在园生活状况去挖掘儿童的体验,进而追溯其根源就成了本研究的一个基本出发点。

(二)研究意义

1.理论意义

一是基于现象学生活世界理论,提出儿童生活世界主题,既关注儿童当下状况及体验,又追溯其当下状况及体验的发生境域,拓展了儿童研究领域;二是将生活体验置于儿童在园生活的各种关系场域中进行考量,并进而追溯其发生境域,为生活体验的研究提供一种更为整全的视角;三是在儿童生活世界意义的探寻中,基于儿童的视角,运用儿童视角挖掘儿童在园生活体验,为认识儿童、理解儿童提供一种合理的理论方法。

2.实践意义

通过本研究的开展,审视儿童生活世界中成人的教育观念及行为,为人们革新教育观念和改良教育行为提供借鉴,以利于将来儿童的成长。同时,对提升笔者对儿童生活世界的认识理解水平和提高笔者的科学研究能力有着重要意义。

(三)概念界定

1.儿童

儿童既是一个与年龄相关的生物学的概念,与人的大脑机制的成熟、各个系统特别是神经系统的发育完善以及相应的人的心理发展程度紧密相关。同时,儿童更是一个历史生成、社会建构的概念。儿童与成人共同参与儿童这一概念的建构,且成人对儿童概念的建构要以儿童对其自身的意义建构为基础,结合一定社会的历史及现实状况最终完成儿童概念的建构。儿童就是由其年龄特征加上这种共同的意义建构而得以识别和界定的。就年龄而言,儿童在当下大多数社会中指0—18岁这一群体。本研究中,儿童主要指学龄前儿童,即0岁至六七岁这一年龄段的婴幼儿。

2.生活体验

生活体验是教育现象学研究的核心内容,加拿大学者范梅南是首要倡导者,认为"现象学研究就是对生活体验的研究"[1],即"通过沉思、交谈、白日梦、灵感和其他解释性行为,我们赋予活生生的生活以意义"[2]的过程。在此意义上,生活体验具有即时性、前反思性,是"未加修饰"的本真之物,与现象学的方法不谋而合,从而成为探讨儿童生活世界的"切入点"。本研究以儿童在园生活状况及体验为"切入点",在此基础上探寻儿童生活体验的生命历程。

3.儿童在园生活体验

指儿童在园生活的整体感受,这种感受包括儿童在园生活互动及关系所形成的情感、判断和认识的综合。从纵向线索来看,儿童在园生活体验凝聚了儿童过去、现在生活的全部意义,并通过"期望"将儿童的未来一并纳入"当下";从横向线索来看,儿童在园生活体验集中了儿童在幼儿园、家庭及社区(会)生活的整体感受。

4.儿童生活世界

基于生活世界理论提出的研究主题,既包括儿童当下状况及体验,又包括当下状况及体验的发生境域。二者既构成了儿童生活世界的本体维度,又构成了认识理解儿童的方法维度。在本研究中,儿童生活世界是认识理解儿童的重要方法,构成了叙事研究的逻辑框架。

5.生命意义

"意义概念对现象学是至关重要的……意义并不只是在我们之外为我们所把握者,它是某种根据我们的特殊态度、前提、信仰背景等而被我们'所构造者'或所聚集者。简言之,现象学是对事物获得它们对我们具有意义的种类之方式所进行的反思。"[3]"意义是一经验的观念性的意向性内容。"[4]从中可以看出,意

---

[1] [加]马克斯·范梅南.生活体验研究——人文科学视野中的教育学[M].宋广文 等译.北京:教育科学出版社,2003:11.

[2] [加]马克斯·范梅南.生活体验研究——人文科学视野中的教育学[M].宋广文 等译.北京:教育科学出版社,2003:47.

[3] [爱尔兰]德尔默·莫兰,约瑟夫·科恩.胡塞尔词典[Z].李幼蒸 译.北京:中国人民大学出版社,2015:238.

[4] [爱尔兰]德尔默·莫兰,约瑟夫·科恩.胡塞尔词典[Z].李幼蒸 译.北京:中国人民大学出版社,2015:238.

义属于经验,且构成经验的本质内核;与体验的"即时性、前反思性"相比较,经验具有持续性和反思性,其本质意义往往"蒙蔽"于个体的持续性反思中。因此,要看清楚经验的意义本质,需要对"反思"的经验进行现象学反思,在生活世界中予以"澄清"。

当意义与生命结合,构成生命意义时,则指个体依据自身生活体验(生命历程)而赋予生命含义,包括生命的意向、认知、价值及观念等。经验对意义的"蒙蔽"决定了生命意义需要探寻,需要回到生命存在的原初状态——生命本质直观的"前概念"状态——探寻个体生命实践的基本内核。生命意义总是在个体生命与他者的联系中得以显现,在儿童生活世界中探寻生命意义,一是理解时空交织的生活世界中儿童的生命存在意义;二是以儿童生命存在意义为参照,觉察到自身生命存在之意义。

(四)文献综述

1.历史视角:儿童生活的历史研究

对历史上儿童生活的研究,法国学者 Ariès Philippe 的研究是一座里程碑。其在 Centuries of Childhood: A Social History of Family Life 一书中指出:西方在近代以前,对孩子和童年完全没有任何概念。[①] Ariès Philippe 提到西方近代以前的肖像画、宗教画、家庭画中的儿童只是一些不像孩子的"成人",西方人不见得明白童年跟成人根本代表不同的阶段,因为在他们眼中的孩子,不过是尺寸小一点的大人。英国史学家 Lawrence Stone 进一步推测,或者因为婴幼儿死亡率高,成人在孩子诞生之初,起名之时因不知孰生孰死,一面不愿"投掷"太多的情感于个别的孩童身上,另一面,习惯性地意识到这先后同名的小孩中,最后可能终究只有一位存活。[②] 西方近代社会实现了一种进步,在人类整体文明不断发展的过程中,社会终于"发现"了儿童,对童年时期有别于成人的不同特征从野蛮无知到逐渐有了概念。Ariès Philippe, Lloyd de Mause, C. Sommerville, Philip Greven 等人从六七十年代开始从概念史、心态史、家庭史方面挖掘历史上

---

① Ariès Philippe(1962).Centuries of Childhood: A Social History of Family Life,New York: Vintage Books.

② Lawrence Stone.The Family, Sex, and Marriage in England, pp.1500-1800.转引自:熊秉真.童年忆往——中国孩子的历史[M].桂林:广西师范大学出版社,2008:34.

的儿童问题者,均含有此意。[1]从20世纪70年代开始,西方发表和出版了大量关于儿童生活史的论文和专著,比较有影响的如:平奇贝克和休伊特(Ivy Pinchbeck & Margaret Hewitt,1969)研究了英国自都铎时代以后的对待儿童的公共政策的演变;劳伦斯·斯通(Lawrence Stone,1979)研究了英国家庭情感的发展路线;德·莫斯(Lloyd De Mause,1975)研究了亲子关系的历史变化;肖特(Edward Shorter,1976)研究了18世纪中期中产阶级中母乳喂养的问题;戴维·亨特(David Hunt,1972)研究了17世纪法国的儿童和家庭生活;德梅特尔(Luke Demaitre,1977)研究了从古代到15世纪的儿科医学论著;迈克尔·古迪奇(Michael Goodich,1973)研究了13世纪欧洲一些圣徒的童年生活;莱曼(Richard B. Lyman,1973)研究了罗马帝国晚期到中世纪早期的儿童史;塔克(M. J. Tucker,1973)研究了15、16世纪的英国儿童;等等。[2]黄进(2009)进一步认为,以上论著基本都是阿里耶斯的观点的扩展和延伸,儿童史的研究因循着进化论的线路,认为关于儿童的观念是随着人类文明的进程逐渐浮现出来的。而到了20世纪70年代,阿里耶斯等人的观点引起了激烈的争论,原因在于其先入为主地持有"儿童是逐渐被发现"的观点,且其引证材料主要取材于艺术史中的宗教题材,难免会使西方历史上儿童生活世界狭窄化,从而缺乏足够的说服力。[3]

对于这一说法,中国台湾学者熊秉真的研究给予了一定的佐证。

对于中国历史上的儿童,熊秉真指出:过去的中国很难说是一个对幼儿没有任何概念的文明或社会。若一味固执近代之偏见,妄指过去之社会与人群对儿童及童年全无概念,易有武断匆促之嫌;只因过去确在各个角落、各种情况下留下了若干有关儿童的信息,即以为当时人对孩童有十分之了解的概念,可能也是同样的危险和过度的乐观。[4]他从反思历史出发,主要以中国历史上留下的幼教、医疗、传记、绘画等相关的资料,揭示出中国历史上儿童不为人重视的一面,力图站在儿童的立场去构建出儿童生活世界之面面观。并指出,要接近历史稚情的世界:一是除要考察规范性文化或论述性假设外,还要进一步考察

---

[1] 熊秉真.童年忆往——中国孩子的历史[M].桂林:广西师范大学出版社,2008:175.
[2] 俞金尧.西方儿童史研究四十年[C]//中国学术.北京:商务印书馆,2001:298-336.
[3] 黄进.童年研究:一场观念和方法上的革命[J].教育研究与实验,2009(5).
[4] 熊秉真.童年忆往——中国孩子的历史[M].桂林:广西师范大学出版社,2008:36-37.

历史的现实面与经验面状况;二是要考虑来自成人的主张和左右,这是形塑儿童稚情世界的不容小视的力量;三是要考察儿童的经验与世界,看历史上还能不能挖掘或"恢复"当时属于儿童本身的一个物质上、精神上、心理上的世界;四是要认真考虑儿童的感受和归属,考察历史上有没有一种有别于成人的所谓儿童的自我意识存在,一种特别属于儿童的感受、立场,甚至一种认同或者文化。[1]

郭法奇(2009)也指出儿童史的研究方法应当以辩证和发展的观点重新认识历史上"儿童观"的问题、从儿童出发研究儿童存在及影响的问题、发掘历史上儿童研究的新史料。[2]夏燕勤(2016)则用博士论文研究实例在一定程度上佐证了熊秉真的观点,对19世纪末期至20世纪前期(1897—1927年)以小学国文教科书进行学习的儿童的生活进行了考察,揭示了儿童日常生活和非日常生活中的各种面相。[3]

儿童生活的历史研究揭示了儿童在历史上是很受忽略的,儿童受到关注还是近代的事情——随着人类整体文明的发展,人们才"发现"了儿童。但是,也有学者质疑这种观点,认为儿童在历史上是从来就有的,因为西方学者(以Ariès Philippe为主要代表)对儿童的历史研究仅限于西方历史上儿童的生活史料,并没有考察其他文化中的儿童历史状况。而且,主要是从西方近代以前的肖像画、宗教画、家庭画中获得儿童生活的历史材料,"对资料的选取和解读方面有着以我为中心、以感情为中心和以现代为中心的倾向"[4]。后期的研究以及其他文化中儿童的历史研究证明了"妄指过去之社会与人群对儿童及童年全无概念,易有武断匆促之嫌"(熊秉真语)。

2. 文化视角:儿童生活现实的研究

儿童的现实生活境况自20世纪80年代引起了人们的普遍关注。

尼尔·波兹曼延续了Ariès Philippe的观点,认为童年是一种文化的建构。他在《童年的消逝》一书中指出:正如同印刷术发明了童年一样(通过印刷书籍

---

[1] 熊秉真.童年忆往——中国孩子的历史[M].桂林:广西师范大学出版社,2008:265-316.

[2] 郭法奇.儿童教育史研究:价值、特点及设想[J].天津师范大学学报(社会科学版),2009(2).

[3] 夏燕勤.20世纪前期儿童生活世界的构建(1897—1927)——以小学国文教科书为中心的考察[D].杭州:浙江大学,2016.

[4] 俞金尧.西方儿童史研究四十年[C]//中国学术.北京:商务印书馆,2001:328.

带来的书面知识将儿童与成人区分开来),自莫尔斯发明电报机以来,人类逐渐进入电子信息时代。从电报开始,信息就变得越来越无法控制,消解了成人对知识秘密、道德秘密的掌控,抹去了儿童与成人之间的差别,使得我们的时代越来越成为一个没有儿童的时代。强势的现代电子媒介创造出了一个"平等的世界",成人与儿童的界限越来越模糊。我们已没有童真、童话,没有幻想和想象的空间。有的只是由无数不加选择也难以选择的信息构成的现实。[①]

玛莉·薇恩在其著作《没有童年的儿童》中,表露出对成人和儿童间的界限日益模糊,以及"儿童的外观、说话方式与举止,看起来都不太像儿童"的事实感到不安。[②]其主要的焦虑是针对电视而发,"(家长)几乎没有机会控制其子女对下述事物的接触:各式各样的成人性行为、人类之残酷与暴力的各种交换与组合、各方面的疾病与痛苦、发生天灾人祸的每一种骇人的可能性,在冲击纯真而无忧无虑的童年。总是有一架电视机在那里,等着破坏家长用心设想的一切计划"[③]。

美国学者David Elkind在其著作《还孩子幸福童年——揠苗助长的危机》中,向我们展示了今天儿童所拥有的是一个忙碌的、沉重的童年。而导致童年忙碌、沉重的原因在于成人揠苗助长的行为。他认为儿童现在被他们的父母、学校和媒体"催促"着通过童年的阶段。而那些在自己工作经验中承受过多压力与挫折的家长,则将他们的焦虑移至孩子身上,强迫后者从越来越小的年纪开始,便在学业与各项比赛中获得成功,并且使孩子因为恐惧失败而失去活力、动弹不得。同时,学校变得日益以成果为取向,只顾着评定成绩和反复训练孩子们的"基础技能"。家长被督促着将家庭变为学校的延伸,其方式是为孩子提供正式的、经过设计的教导,而不像从前那样提供比较随性而自然的机会。[④]

理查德·洛夫则在《林间最后的小孩——拯救自然缺失症儿童》一书中指出:大众和个人不知道食物从哪里来;机器、人类、动物之间的界限越来越模糊;关于人类与其他动物之间联系的知识不断增加;野生动物入侵城市(正如城市

[①] [美]尼尔·波兹曼.童年的消逝[M].吴燕莛 译.桂林:广西师范大学出版社,2011.

[②] Winn, M.(1984).Children without Childhood,Harmondsworth:Penguin,pp.71.

[③] Winn, M.(1984).Children without Childhood,Harmondsworth:Penguin,pp.42.

[④] [美]David Elkind.还孩子幸福童年——揠苗助长的危机[M].陈昌会 等译校.北京:中国轻工业出版社,2009.

设计师用人造自然取代荒野);以及新的郊区形态的兴起。[1]孩子根本就没有机会接触自然,或者糟糕的人工模拟自然让今天的孩子离真正的自然越来越远。"要么是因为室内变得更有吸引力,要么是室外的吸引力降低了,或者两种原因都有。"[2]

与以上观点略有不同的是,约书亚·梅若维兹则是持较为保守的观点,暗示波兹曼以及其他人所倡导的其实是他们首先构思出来的概念。他提出,童年"纯真"的概念并未反映出一种本质上或自然的存在状况;相反地,这种观念是被制造出来,以解释社会在成人与儿童之间所做的区分。当然,能够在反思中保持一份清醒是难能可贵的品质。然而,如果任性地滑向另一个端点却又显得矫枉过正。梅若维兹强烈驳斥某些人对于儿童发展所做的普遍性描述,也就是波兹曼等人坚持的说法。他认为"'儿童'与'儿童心理学'都是社会性的建构,反映了一些非常特殊的(并且越来越受到争议的)文化价值"[3]。

与一些学者对电子媒介的"恐惧"不同,另一些人却持不同的看法。Seymour Papert 是为数不多的持这种不同观点的人之一。其在《连接的家庭》中描述到:在世界的每一个角落,都可以看到儿童与电脑情投意合、密不可分的景象。我曾在非洲、亚洲、美洲、城市与郊区、农场与丛林中与儿童和电脑一起工作。我曾经与贫困和富裕的小孩相处,也曾经与饱学之士以及文盲家庭的子女在一起。但是这些差异似乎都不重要。除了极少数例外,我在每个地方都看到儿童眼中的光芒,看到他们想要将这个东西据为己有的光芒。而且,不仅是想要它而已,他们似乎以某种深刻的方式知道它已经属于他们了。他们知道自己能够比父母更轻而易举地驾驭它。他们知道自己是电脑时代。[4]而其所持的观点成为一些非学术界人士对网络时代持乐观态度的依据。Don Tapscott 认为:(今日的儿童)拥有强而有力的新工具,用来查询、分析、自我表达、影响他人以及游戏。他们拥有前所未有的机动性。他们正以其父母从未能想象的方式缩

---

[1] [美]理查德·洛夫.林间最后的小孩——拯救自然缺失症儿童[M].自然之友 译.长沙:湖南科学技术出版社,2010:12.

[2] [美]理查德·洛夫.林间最后的小孩——拯救自然缺失症儿童[M].自然之友 译.长沙:湖南科学技术出版社,2010:23.

[3] Meyrowitz,J.(1985).No Sense of Place:The Impact of Electronic Media on Social Behavior, Oxford University Press.

[4] Papert,S.(1980).Mindstorms:Children,Computers and Powerful Ideas,New York:Basic Books.

小这个世界。不像由别人为他们制作的电视一般,在数位世界中,儿童是主动的行动者。①Katz(1997)急于宣称一场"儿童的革命",看似激进,实则谨慎。他认为儿童拥有道德上的权利,接触媒体文化;但他们也需要来自家长的支持条件——比如隐私保护——以及家长根据儿童在校行为表现而与其进行协商;他并不主张简单地以"新事物"代替"旧事物"。②

David Buckingham认为,以上两种立场都有部分的真实性,但也各有一些严重的问题。缺陷在于二者所依据的证据都非常狭隘,而且义正词严的宣称则经常言过其实。我们的孩子尚未如某些人的想象,变成了半生不熟的小大人;但是,孩子的转变更甚于连续性。这种转变的模式比一般人所想的更为复杂而暧昧。儿童在某些方面被赋予更大的权利,但在另一些方面,他们的生活行止却变得更体制化,更受控于成人;成人与儿童之间的界限在某些领域中逐渐模糊,但在另一些领域中却大为增强。③虽然其明显赞同儿童具有"媒体智慧"和天赋的才能,但也指出它会导向一种感情用事和缺乏根据的乐观主义。因此,其试图超越这些非黑即白的选项,主张将儿童观众、受众的活动放置在他们的社会脉络中——将它们关联到儿童生活中的其他社会能力,也关联到媒体科技、文本和体制所具有的转变性质。

国内对儿童生活世界现实状况的研究,基本都是在以上观念范围内进行的阐释。卜卫在《捍卫童年》一文中,就对《童年的消逝》中的主要论点进行了回顾和反思。他认为对中国来说,重要的不是反对媒介新技术,而是要在我们的文化和教育中发展和捍卫童年概念。④同样是以《童年的消逝》一书为例,沈善增看到了波兹曼的局限在于"技术至上"的美国文化,认为作为某种特定内涵的"童年"会消逝,而且必然会消逝,但作为整体的本质的"童年"概念,只要有成人社会这个事实存在,就不会消逝。⑤李旭(2018)运用自传式民族志的方法,考察

---

① Tapscott,D.(1998).Growing Up Digital:The Rise of the Net Generation,New York:McGraw Hill.

② Katz,J.(1997).Virtuous Reality:How America Surrendered Discussion of Moral Values to Opportunists, Nitwits, and Blockheads like William Bennett, New York:Random House.

③ [英]David Buckingham.童年之死——在电子媒体时代下长大的孩童[M].杨雅婷 译.台北:巨流图书公司,2004.

④ 卜卫.捍卫童年[J].读书,2000(3).

⑤ 沈善增.童年不会消逝——由波兹曼预言引发的话题[J].社会观察,2009(6).

黔北古镇安场儿童的游戏生活,指出正是"屋外的故事"(逐渐消失的儿童游戏空间、玩伴和时间)为"屋内的故事"(娱乐至死的滑稽剧)的乘虚而入提供了机会及可能。①

此外,对电子媒介特别是网络世界的到来给青少年一代带来的影响,一些学者以深邃的洞见表达了不同的看法。1970年,美国著名人类学家玛格丽特·米德在《文化与承诺》一书中,提出了著名的"后喻文化"理论。她从文化传递的角度,将人类社会由古至今分为三种基本形式:"前喻文化"、"并喻文化"和"后喻文化"。"'前喻文化'是指晚辈主要向长辈学习;'并喻文化'是指晚辈和长辈的学习都发生在同辈人之间;而'后喻文化',则是指长辈反过来向晚辈学习。"②米德敏锐地洞察到,由于"二战"以来人类社会的急剧变迁,成年人原有的知识经验,甚至价值判断在一定程度上丧失了权威的解释力和传承价值,而现代青年却对新事物具有较高的吸收、接受能力,能够了解、经历和吸收他们眼前发生的这些迅猛的变化,更容易适应社会的变迁。周晓虹(1988)从文化传递的角度,提出了"文化反哺"概念——"在急速的文化变迁时代所发生的年长一代向年轻一代进行广泛的文化吸收的过程"。③孙云晓等人(1998)在调查研究的基础上,出版了《向孩子学习》一书,揭示了中国社会在20世纪后期发生"后喻文化"现象的社会背景以及"后喻文化"的现实意义。④刘长城(2010)指出"后喻文化"时代的特征:青少年成为使用互联网络技术的主体力量,青少年在数字化生存方式上具有明显的"反哺"话语权,青少年在流行文化、休闲消费、审美时尚方面具有明显的"反哺"优势,青少年在价值观、世界观方面对年长一代产生明显影响,互联网实现的文化平等与共享逐渐动摇父母的文化权威,青少年的自主性学习明显增强,父母在青少年社会化进程中仍然发挥指导作用。⑤

对儿童生活现实的研究主要是从社会文化的角度,探讨在新的文化媒

---

① 李旭.城镇化背景下安场镇儿童游戏生活的自传式民族志研究[J].教育文化论坛,2018(3).

② [美]玛格丽特·米德.文化与承诺——一项有关代沟问题的研究[M].周晓虹,周怡 译.石家庄:河北人民出版社,1987:85-86.

③ 周晓虹.试论当代中国青年文化反哺的意义[J].青年研究,1988(11).

④ 孙云晓.向孩子学习[M].昆明:云南少年儿童出版社,1998.

⑤ 刘长城.网络时代的后喻文化特征与亲子互动方式的转变[C]//网络时代的青少年和青少年工作研究报告——第六届中国青少年发展论坛暨中国青少年研究会优秀论文集(2010),天津:天津社会科学出版社,2010.

介——电子产品以及网络——出现之后儿童生活世界受到的冲击。一些学者认为电子媒介的出现使得儿童与成人之间的界限逐渐模糊,并有式微乃至消逝的危险;而另一些学者却认为新的文化媒介的出现对儿童的解放是一个契机。也有学者试图超越这种非黑即白的选项,主张将儿童放置到他们的社会脉络中去考察。在互联网的助推之下,有学者认为人类文化发展正呈现出由"前喻文化"走向"互喻文化"、甚至向"后喻文化"发展的趋势。

3.社会学视角:童年社会学的研究

一直以来,儿童与童年都少有受到社会学的关注。原因在于社会因袭着"社会改造(Appropriate)儿童"这一论断。

社会功能主义学者帕森斯就认为"通过对儿童的正式训练,儿童最终才能内化并融入社会体系中"[①]。一些社会理论家指出,所谓的社会功能性前提的内化,其实可以看作重构或维持社会不平等的社会控制机制(Bernstein, 1981; Bourdieu & Paseron, 1977)。[②]这构成了一种个体发展的再生产模型,指出了正视社会冲突与不平等对于儿童社会化影响的必要性,体现了社会对个体发展的决定性作用。"然而,功能主义理论与再生产理论都过于注重社会化的结果,低估了所有社会成员积极的创新能力,忽视了社会行动与再生产的历时性与偶然性。这些抽象的理论模型将本来很复杂的过程简单化了,忽视了儿童与童年在社会中的作用。"[③]因此,要重新认识和定位儿童与童年在其自身发展过程中的地位和作用。

皮亚杰与维果茨基无疑是对儿童持该种认识的重要人物,二人都重视儿童发展对其自身主体参与的依赖。不同的是,前者关注作为个体的儿童所做出的努力,后者更看重社会文化对儿童发展的影响和贡献。皮亚杰因对个体内部的关注而更多体现为结构(构造)的建构主义,维果茨基因对文化的关注而表现为社会建构主义,二者都因对儿童本身的关注而实现了对前人的超越,确立起"儿童改造(Appropriate)社会"之一维。不过,二人仍没有获得对适应与内化的突

---

① Parsons. T.& Bales. R.F.(1955). Family,Socialization and Interaction Process. New York: The Free Press,pp.202.转引自:[美]威廉•A.科萨罗.童年社会学[M].程福财 等译.上海:上海社会科学院出版社,2014:10.

② [美]威廉•A.科萨罗.童年社会学[M].程福财 等译.上海:上海社会科学院出版社,2014:10.

③ [美]威廉•A.科萨罗.童年社会学[M].程福财 等译.上海:上海社会科学院出版社,2014:10.

破。有学者认为:"从社会学的视角看,社会化并不只是一个适应和内化的问题,更是一个改造(Appropriation)、革新(Reinvention)和再构(Reproduction)的过程。"[1]并进一步提出了"阐释性再构(Interpretative Reproduction)"这一概念——"通过创造性地利用、改造成人世界的信息来应对和解决他们同辈世界中的关切,儿童总是得以创造并参与到属于他们自己的独特同辈文化中"。[2]因此,"尽管童年只是个体短暂的人生阶段,它却是社会永恒的结构性要素"[3]。丹麦社会学家延斯·库沃特普(Jens Qvortrup)提出了这种结构性研究路径的三个核心基础假设:(1)童年是一种特定的结构形式(Structural form);(2)童年与成人(Adulthood)共同深植于一样的社会力(Social forces)之中;(3)儿童是他们自己童年与社会的建构者。[4]艾伦·普劳特和艾里森·詹姆斯(Alan Prout & Allison James)则勾勒出童年社会学的关键性特征:童年是社会建构重要的社会分析变量;儿童在社会生活中发挥着积极的建构作用,其社会关系和文化本身就具有独立的研究价值;童年是一种涉及双重解释学的现象,民族志是研究童年特别有用的方法。[5]可以看出,童年社会学将"社会改造(Appropriate)儿童"与"儿童改造(Appropriate)社会"二维结合在一起,表明"不仅社会影响儿童,而且儿童也同样影响着社会",这为全面、有效认识儿童与童年提供了重要的方法。

童年社会学一经传入国内,立即引起了广大学者的兴趣。

童年社会学作为一个跨学科的理论综合体,发展出"规训与控制中的儿童、儿童的权力与权利、儿童生活质量及社会问题、作为积极行动者的儿童"[6]等问题域,在这些问题取向的指引下,遵循童年社会学的四种研究取向——社会结构的儿童、少数群体的儿童、社会建构的儿童与部落儿童,[7]国内学者紧随国外童年社会学的思潮,针对我国儿童生活的现实情况提出了许多有益的思考。在

---

[1] [美]威廉·A.科萨罗.童年社会学[M].程福财 等译.上海:上海社会科学院出版社,2014:19.

[2] [美]威廉·A.科萨罗.童年社会学[M].程福财 等译.上海:上海社会科学院出版社,2014:20.

[3] [美]威廉·A.科萨罗.童年社会学[M].程福财 等译.上海:上海社会科学院出版社,2014:29.

[4] [美]威廉·A.科萨罗.童年社会学[M].程福财 等译.上海:上海社会科学院出版社,2014:29.

[5] Alan P, Allison J. A New Paradigm for the Sociology of Childhood? Provenance, Promise and Problems, London: Falmer Press, 1997, pp.45.

[6] 王友缘.新童年社会学研究兴起的背景及其进展[J].学前教育研究,2011(5).

[7] [美]威廉·A.科萨罗.童年社会学[M].程福财 等译.上海:上海社会科学院出版社,2014:1-3.

当下儿童现实生活中,儿童留守问题、传统童年游戏的消逝问题、城市儿童生存空间缩小等问题,这些都急需应用童年社会学的理论和方法去深入研究。[1]与传统童年研究相比,新的"童年研究"将"童年"放置在更宽广的社会结构与历史脉络中,[2]这将使我们获得对儿童(童年)更为完整、丰富的理解,让相关研究受益,为儿童带来更多福祉。有学者则进一步指出"它们(空间和时间)都是先天获得的'范畴',是人类思考问题的基本框架……对空间的深刻体验和思考也构成了人类经验的重要组成部分",[3]从而将空间、时间及儿童居于其中的体验纳入童年社会学的审视范畴,开辟了儿童(童年)研究多学科的方法和路径。更有学者尝试将现象学与童年社会学两种视角进行融合,构建出探索乡村儿童生活的内容框架。[4]童年这一意象受到了国内学者前所未有的重视,其中蕴含的丰富资源为学者们思考当下社会问题(不仅仅是儿童问题)提供了源源不断的灵感。

4. 心理学视角:儿童生活互动与关系

师幼互动。师幼互动,简单地说,是指幼儿园教师与幼儿之间的互动。广义的师幼互动既包括发生在托儿所的教师与3岁前幼儿之间的互动,也包括发生在幼儿园的教师与3—6岁儿童之间的互动。狭义的师幼互动专指发生在幼儿园的师幼互动。[5]在师幼互动类型方面:Sroufe(1988)在对3—4岁幼儿的师幼关系研究中发现,即使是受过较高层次专门训练的教育者与同一班级的单个孩子结成师幼关系也有这样一些鲜明的类型区别,即温暖型的(warmth)、参与型的(engagement)、支持型的(support)、冲突型的(conflict)、控制型的(control)。[6]Pianta(1994)从情感与行为两个维度将师幼关系分成两种模式:积极的(positive)关系与有障碍的(dysfunctional)关系。在积极的师幼关系中,教师对待幼儿比较热情、关爱,并跟孩子密切交流;在有障碍的师幼关系中,教师对幼

---

[1] 郑素华. "童年的社会学再发现":国外童年社会学的当代进展[J]. 学术论坛,2013(10).

[2] 林兰. 论"童年研究"的视角转向[J]. 全球教育展望,2014(11).

[3] 黄进. 儿童的空间和空间中的儿童:多学科的研究及启示[J]. 教育研究与实验,2016(3).

[4] 李旭,赵芳妮. 乡村儿童生活世界认识路径优化——现象学与童年社会学视角的融合[J]. 学前教育研究,2019(8).

[5] 刘晶波. 社会学视野下的师幼互动行为研究——我在幼儿园里看到了什么[M]. 南京:南京师范大学出版社,2006:20.

[6] Sroufe, L.A. & J. Fleeson. The Coherence of Family Relationships, Oxford: Oxford University Press,1988,pp.57-71.

儿很冷淡,经常性地与幼儿发生冲突。[①]Brophy(1974)从教师角度出发,将师幼关系分为亲近型(attach)、关心型(concern)、漠不关心型(indifference)与拒绝型(reject)。[②]姜勇、庞丽娟(2004)将幼儿园师幼交往类型分为严厉型、民主型、开放学习型以及灌输型等四种主要类型。[③]在师幼互动影响儿童的发展方面:Haggard,C.R. & Haggard,J.F.(1981)讨论了教师互动风格在提高学生自我概念上的作用,指出教师发展有效的人际交流技术对学生形成健康的自我概念是必要的。[④]Feeney(1987)等人指出:在教师与幼儿的交互作用中,教师的诚实以及他们对幼儿的尊重与细心照顾对儿童的安全感、自信心以及童年期对事物的积极探索都是必不可少的。[⑤]Lynch(1992)等人发现师幼关系与幼儿自我概念的发展以及他们对自己行为与学业成绩的期待密切相关。[⑥]Howes(1992)与其同事通过一项纵向研究考察了师幼关系对幼儿同伴交往能力的影响。他们的研究得出如下结论:与教师有情感安全性关系的幼儿对同伴更为友好,更加爱交际也更容易为同伴所接受,并且在与同伴交往时很少发生侵犯性行为;而过于依赖教师的幼儿则表现出更多的退缩性行为与侵犯性行为。[⑦]在师幼互动现状、原因及对策方面的研究:项宗萍(1995)指出,在我国目前的师幼互动中以教师发起的互动行为占绝对优势,且以纪律约束偏多,幼儿自由活动的余地很小;其内容偏重于知识与技能的传授,轻视对幼儿情感与社会性方面的培养。[⑧]刘晶波(1999,2006)采用定量与定性相结合的方法,对现场观察到的师幼互动行

---

① Pianta,R. C.Patterns of Relationship Between Children and Kindergarten Teachers,Journal of School Psychology 32(1).

② Brophy, J. E. & T. L. Good.Teacher-Student Relationships: Causes and Consequences, New York: Holt,Rinehart & Winston,1974.

③ 姜勇,庞丽娟.幼儿园师生交往类型的研究[J].心理科学,2004(5).

④ 转引自:江光荣.班级环境及其与教师风格和学生发展之关系[D].香港:香港中文大学,2001:5-27.

⑤ Feeney, S. D. Christensen, & E. Moravcik. Who Am I in the Lives of Children? An Introduction to Teaching Young Child ,Columbus,OH:Merrill,1987.

⑥ Lynch, M. & Cicchetti, D. Maltreated Children's Reported of Relatedness to Their Teacher, New Directions for Child Development,1992(57).

⑦ Howes. C., Whitebook. M. & Phillips. D. Teacher Characteristics and Effective Teaching in Child Care:Findings from the National Child Care Staffing Study, Child and Youth Care Forum, 1992.

⑧ 项宗萍.从"六省市幼教机构教育评价研究"看我国幼教机构教育过程的问题与教育过程的评价取向[J].学前教育研究,1995(2).

为进行综合分析,归纳出十八种师幼互动行为事件的主题,并认为目前我国幼儿园师幼互动具有非对称相倚性;教师对幼儿实施高控制和高约束,幼儿对教师采取高服从和高依赖的态度;师幼互动以事务性为主,情感性交流较少;以传递固有知识技能、维护班级秩序为主。[1]并在2005年撰文指出,教师的权威对于孩子及其成长来说具有合理性与必要性,但是教师在对幼儿行使自身权威作用时必须适度,否则就会对幼儿的和谐发展造成负面影响。[2]张博(2005)指出教师与儿童的交往随着教学活动→生活活动→儿童工作→游戏活动而递减。[3]左瑞勇、柳卫东(2005)研究指出,在不同互动背景中的师幼互动具有不平衡性、师幼互动具有明显的非对称性、幼儿平等对话的权利并未得到足够的尊重、教师的素质和观念对师幼互动具有根本性的影响。[4]李静、王伟(2014)研究指出:教师与幼儿互动不平衡,主要表现为以教师为中心"非对称的相依";教师与幼儿之间的互动缺少情感深度。[5]

师幼互动具有不同的模式,师幼互动质量的高低主要取决于教师对儿童的认识及态度。师幼互动对儿童的发展具有重要的意义和作用,它会影响儿童自我概念、自信心、情绪情感、语言及社会交往技能等方面的形成和发展。我国师幼互动的现状不容乐观。在师幼互动的实践中,教师没有体现出对幼儿足够的重视和尊重,还是普遍处于高控制的地位,互动的方式比较单一。幼儿在与教师的互动过程中,还存在消极回避、甚至逐渐边缘化的状况。

亲子互动。在亲子交往类型与行为特征方面,Baumrind把父母教养方式分为权威型(authoritative)、专制型(authoritarian)和宽容型(permissive)。[6]郑淑杰等人(2004)认为,2岁儿童与母亲在自由游戏时的互动类型分为三类:母亲高反

---

[1] 刘晶波. 师幼互动行为研究——我在幼儿园里看到了什么[M].南京:南京师范大学出版社,1999.并见:刘晶波. 社会学视野下的师幼互动行为研究——我在幼儿园里看到了什么[M].南京:南京师范大学出版社,2006.

[2] 刘晶波. 谈师幼互动中教师的权威及其限度——兼作对《升旗手的诞生》一文的回应[J].学前教育研究,2005(1).

[3] 张博.幼儿园教育中不同活动背景下的互动行为分析[J].学前教育研究,2005(2).

[4] 左瑞勇,柳卫东. 幼儿园师幼互动现状与对策分析[J].重庆师范大学学报(哲学社会科学版),2005(4).

[5] Jing Li, Wei Wang. Inspection of Kindergarten Teacher-Children Interactions—A Case Study in China, Open Journal of Social Sciences,2014(2).

[6] 转引自:侯静,陈会昌,王争艳,李苗. 亲子互动研究及其进展[J].心理科学进展,2002(2).

应-儿童低反应型、母亲高控制-儿童服从型、低互动型。[1]侯静等人(2005)认为,在自由游戏情境中,亲子互动类型包括:父母交流-儿童不交流型、母亲高控制型-儿童顺从型、父亲控制-儿童不顺从型、母亲不交流-儿童交流型。在拼图游戏情境中,亲子互动类型包括:父母放任-儿童独立型、父母控制-儿童顺从型、母子交流型、父亲控制-儿童顺从型。[2]在亲子交往的影响因素方面,在亲子互动过程中,男孩和女孩与父母的交往过程可能是不同的。研究发现,女孩的父母更有可能进行社会性游戏,而男孩的父母更有可能进行活跃的游戏。父母的性别差异与儿童的游戏形式有关。不管儿童性别如何,母亲与儿童的交往行为是相似的;而父亲与儿童的交往行为与儿童的性别则有很大的关系。[3]Cox等人(1987)发现,在与儿童交往时,抑郁的母亲比非抑郁的母亲积极的语调更少,提问、解释和建议更少;更多地忽视孩子的要求;在与孩子谈话和交往中,更有可能使用控制的手段;对孩子的暗示较少做出反应。[4]Kay Donahue Jennings等人(1991)考察了社会网络和母亲与学前儿童交往的关系。研究发现,对她们的个人网络感到满意的母亲以及个人网络较大的母亲表现出适宜的母亲行为,她们更多地表扬孩子,更少地强制控制孩子,采用更温暖的交往方式。[5]Saara Katainen等人曾对随机抽取的507名3岁儿童在3年的追踪中研究他们的行为方式(如气质维度包括社会性、消极情绪性和活动性)与母亲的抚养态度之间的稳定性和交互作用。[6]有一项研究选取中国北京、上海的166名两岁儿童与他们的母亲作为研究对象,通过母亲的报告了解母亲的教养态度和母子依恋关系,

---

[1] 郑淑杰,陈会昌,陈欣银. 2岁儿童母子互动模式与4岁时儿童社会行为关系的追踪研究[J].学前教育研究,2004(12).

[2] 侯静,陈会昌,陈欣银. 在家庭自由游戏和智力任务游戏中亲子交往行为特征[J].心理发展与教育,2005(1).

[3] Tauber, Margaret A. Sex Differences in Parent-Child Interaction Styles During a Free-Play Session, Child Development, 1979(50).

[4] Cox A. D.,Puckering C,Pound A,Mills M. The Impact of Maternal Depression in Young Children, Journal of Child Psychology and Psychiatry,1987(28).

[5] Kay D. J.,Vaughan S,Robin E C. Social Networks and Mothers' Interactions With Their Preschool Children,Child Development,1991(62).

[6] Saara K, Katri R, Llisa K J. Childhood Temperament and Mother's Child-Rearing Attitudes: Stability and Interaction in A Three-Year Follow-Up Study, European Journal of Personality, 1997(11).

在实验室中观察母亲在母子互动中的教养行为策略、儿童在母子互动中的行为,以及儿童对与母亲重聚的反应。[1]侯静等人(2003)认为当儿童的自由游戏转向带有智力倾向的游戏时,儿童与母亲交往的行为发生明显变化,交流行为和积极情绪明显减少,依赖行为和不与母亲交流的行为显著增加。[2]在亲子交往与儿童发展的关系方面,有研究考察了在阅读情境中,父母行为与儿童认知能力之间的关系。结果发现,亲子之间的阅读交往质量与儿童的言语发展水平之间存在显著相关。儿童的创造性与儿童的阅读交往质量有关,儿童所知觉的自我能力与亲子阅读交往的质量与数量有关。[3]有研究发现,如果父亲对儿童的表现以消极情感给予回应,那么他们的孩子分享更少,攻击行为更多,而且回避他人的行为更多。研究还发现,父亲的情感与男孩的同伴交往技能有关,而母亲的消极情感与消极参与和女孩的同伴交往有关。[4]

亲子互动有不同的类型。亲子互动与父母的教养方式、教养态度、父母性别、母亲的情绪状况、母亲的社会网络、儿童气质维度、儿童性别以及活动类型等因素有关。同时,亲子关系对幼儿的认知能力的发展、社会性交往、情绪发展有重要影响。

同伴互动。幼儿同伴互动的特点:McGrew(1972)的研究发现,对于一个群体之外的初来者而言,起初他或许会在身体、言语上有相当的保留,在他参加幼儿园班级活动的前五天,倾向于采取和同伴一致的步调。[5] Levin & Rubin(1983)指出,在互动的方式上,相比较年幼的幼儿,年龄稍大的幼儿更擅长采用

---

[1] Chen X, Liu M, Li B, Cen G, Chen H, Wang L. Maternal Authoritative and Authoritarian Attitudes and Mother-Child Interactions and Relationships in Urban China, International Journal of Behavioral Development, 2000(24).

[2] 侯静,陈会昌,陈欣银. 在家庭自由游戏和智力任务游戏中儿童与母亲的交往行为特征[J].心理学报,2003(2).

[3] Hale C, Windecker E. Influence of Parent-Child Interaction during Reading on Preschoolers' Cognitive Abilities, Paper presented at the Meeting of the Western Psychological Association ,72nd. Portland, OR, April 30-May 3, 1992.

[4] James L C, Ross D P. Reciprocal Negative Affect in Parent-Child Interactions and Children's Peer Competency,Child Development,1996(67).

[5] McGrew,W.C. Aspects of Social Development in Nursey School Children with Emphasis on Introduction to the Group,New York: Cambridge University Press, 1972,pp.129-130.

语言的方式与同伴交流。[①]Maccoby(1988,1990)的研究指出,3岁前幼儿就偏爱和同性别幼儿游戏,且男女幼儿喜欢的互动类型也各有不同。[②]Benenson(1993)进行两项试验研究,发现男孩比女孩更倾向于小组互动,且拥有更大的人际关系网,这与4—5岁这个年龄阶段无关。[③]Crick和Dodge(1996)的研究则表明男孩与女孩的攻击性行为在本质上没有差别,只是在表达或展现方式上存在性别差异。[④]王振宇(2004)指出,同伴互动中的发起行为在不同年龄之间也存在差异,从小班到中班,幼儿运用发起策略的行为显著增加,而中班到大班则无显著性差异。[⑤]武建芬(2008)的研究发现,幼儿与同伴交往总次数和交往总时间随年龄增长而增多。幼儿的同伴互动方式在年龄和性别之间都存在差异,四岁幼儿比三岁幼儿更多使用语言进行互动,且在互动次数方面,女孩比男孩更多使用语言进行互动,另外,随年龄增长,他们会更加倾向于选择同性别的人作为伙伴。[⑥]幼儿同伴互动的影响因素:LaGrce & Mesibov(1979)发现,那些在身体和学习上有障碍的儿童,会成为班级关注的焦点,且在互动中不易被其他正常发展的儿童所接受。[⑦]Miller和Gentry(1980)总结了部分相关的研究之后认为,教师对一个儿童的特征和价值的认可程度会通过一种复杂的方式影响着其他学生对这个儿童的接纳。[⑧]Scholifield(1981)认为,导致被同伴孤立、隔离、互相敌视的原因,主要不是因为这些儿童缺少社交技能,而是在互动中存在一

[①] 转引自:王振宇.学前儿童发展心理学[M].北京:人民教育出版社,2004:230.

[②] Maccoby,E.E. Gender as a Social Category. Developmental Psychology,1988(24). Maccoby,E.E. Gender and Relationships, American Psychologist, 1990(45).

[③] Benenson. Joyce. F. Greater Preference Among Females than Males for Dyadic Interaction in Early Childhood,Child development, 1993(64).

[④] Crick N.R., Dodge K.A. Social Information-Processing Mechanisms in Reactive and Proactive Aggression, Child Dev.1996(67).

[⑤] 王振宇. 学前儿童发展心理学[M].北京:人民教育出版社,2004:232-233.

[⑥] 武建芬. 幼儿自由游戏活动中同伴交往的特点[J].学前教育研究,2008(5).

[⑦] LaGrce A.M.,& Mesibov G.B. Social Skills Intervention with Learning Disabled Children: Selecting Skills Implementing Training, Journal of Clinical Child Psychology,1979(8).

[⑧] Miller. N & Gentry. K. W. Sociometric Indices of Children's Peer Interaction in the School Setting, Chichester,Wiley,1980,pp.157-164.

些显在的、不可改变的因素。[1]Schaffer(1997)的研究结果证实,受欢迎的幼儿具有外向的、友好的人格特征,擅长双向互动和群体互动,在活动中没有明显的攻击行为。[2]庞丽娟(1993)指出,幼儿的交往技能和互动策略对于幼儿获得其社交地位是至关重要的。[3]社会心理学家认为:"在同伴群体中的评价标准出现之前,教师是影响学生最强有力的人物。"[4]张元(2002)从儿童个性品质方面指出,同伴群体中往往会存在一些与其他幼儿相比具有不同品质的领袖型幼儿,他们因拥有出众的能力和才智,所以在同伴互动中处于领导地位,他们发出的互动行为影响着其他幼儿的行为,导致同伴互动呈"向心式"态势。[5]幼儿同伴关系与幼儿的发展:Oden和Sherri研究认为,幼儿与同伴间的同等地位关系,是通过与同伴互动体会到的,且在这种关系中儿童通过公平的合作和协商,规则得以建立。[6]"同伴关系不良不仅会影响儿童当时的发展,还会影响儿童后期的社会适应。"(Parker,1987;Shaffer,1994;Coie,1990;Hartup,1992)[7] Hartup(1989)指出:"没有与同伴平等交往的机会,儿童将不能学习有效的交往技能,不能获得控制攻击行为所需要的能力,也不利于性别社会化和道德价值的形成。"[8]Harrist(1997)指出:"对于同伴关系不良的幼儿,他们在互动中往往表现出表情沮丧、自我孤立、胆小不成熟,常常有被同伴拒绝或被忽视的特征。"[9]杨晓岚(2009)研究发现,随着年龄的增长,3—6岁儿童在话轮转换、会话发起、会话维持、会话修补四个方面的能力都有了显著提高,并表现出与国外儿童大致相似的发展趋势。[10]

---

[1] Scholifield. J.W. Complementary and Conflicting Identities: Images and Interaction in an Interracial School, New York: Cambridge University Press,1981,pp.62-66.

[2] 转引自:王振宇.学前儿童发展心理学[M].北京:人民教育出版社,2004:236.

[3] 庞丽娟.幼儿不同社交类型的心理特征之比较研究[J].心理学报,1993(3).

[4] 转引自:张文新.儿童社会性发展[M].北京:北京师范大学出版社,2000:158.

[5] 张元.试析影响幼儿班级中同伴互动的影响因素[J].山东教育,2002(7、8).

[6] Oden & Sherri. Peer Relationship in Childhood, NJ:Ablex,1977,pp.9.

[7] 转引自:杨霞.儿童同伴关系研究综述[J].中北大学学报(社会科学版),2005(5).

[8] 转引自:张文新.儿童社会性发展[M].北京:北京师范大学出版社,2000:137.

[9] Harrist A.W. & Zaia A.F. The Relations of Regulation and Emotionality to Resiliency and Competent Social Functioning in Elementary School Children, Child Development,1997(68).

[10] 杨晓岚.3-6岁儿童同伴会话能力发展研究[D].上海:华东师范大学,2009.

同伴群体是库利所谓的儿童的"首属群体",同伴互动对儿童的发展有着重要意义。从已有研究看,同伴互动表现出年龄差异、性别差异、互动方式差异、主体活动差异、活动区域差异等特征。影响同伴互动的因素有:老师的态度、父母的作用,儿童的身体状况、性格特征、性别、交往策略、种族、文化、环境空间、材料投放、活动类型等。同伴互动对儿童后期社会适应、个性形成、自我调节能力、言语能力、社会性发展有重要作用。

5.现象学视角:儿童生活体验研究

生活体验研究包括两个方面:一是对生活体验的研究;二是将生活体验研究作为一种研究方法。二者紧密联系,同时又有所区别。

对生活体验的研究,加拿大现象学教育学学者马克斯·范梅南的研究堪称经典,其在《儿童的秘密——秘密、隐私和自我的重新认识》一书中,向我们展示了对儿童生活体验进行研究的一个范例。其通过描述生活、文本中的秘密类型,抽丝剥茧地为我们发掘了这些秘密背后的真实意图(体验)。同时,进一步区分了秘密与隐私,揭示秘密与自我认同、内心世界的形成和发展、后现代文化以及谎言之间的紧密联系。最后,作者为我们展示了儿童时代的各种秘密体验,并揭示出秘密的教育价值。[①]赵荷花(2007)通过在汉语中对"体验"一词的含义探源,认为体验首先是人的亲身经历,是人对某些活动、情境的亲自参与或融入;其次,这种参与必然伴随着人的内心感受、体会及相应的思想、情感;再者,人在经历之后,往往会有意或无意地回顾自己的经历,对其进行品味、分析、思考并形成一定的情感、判断和认识。也就是说,体验是亲身经历参与的生活事件,是经历过程中的内心感受和经历后的体悟与反思的统一体。事实上,体验就是人的生命历程,是生命存在的一种方式。[②]康洁、熊和平(2013)为我们描述了学生身体在教室内的两种形态:一种是作为生物形状的可见的身体,如身体的运行,表情的变化、服饰的更换等;另一种是作为现象学特征的不可见的身体,如愉悦感或轻松感、痛苦感或压迫感,以及它的时间性与空间性的变异,比如度日如年(身体被囚困)、心胸敞亮(身体在空间中舒展)等。[③]身体之为

---

① [加]马克斯·范梅南,[荷]巴斯·莱维林.儿童的秘密——秘密、隐私和自我的重新认识[M].陈慧黠,曹赛先 译.李树英 审校.北京:教育科学出版社,2004.

② 赵荷花.教师的生活体验:一种不容忽视的课程资源[J].教育探索,2007(5).

③ 康洁,熊和平.教育现象学的描述——以教室空间的学生身体现象为例[J].全球教育展望,2013(8).

"身体"的本质在于"不可见的身体"(体验),只有当"可见的身体"(身体)与"不可见的身体"(心灵)通过沟通达成统一时,"主体的体验才会产生存在被明证的愉悦感,反之,就会伴随苦痛、很烦"[1]。李洁(2013)主要通过职业生活故事解读、职业生活体验诠释对六位青年的职业生活与体验进行了研究,较为完整地展示了六人职业发展的状况及心路历程。在此基础上,描述了职业持续发展的轨迹、阶段,揭示了职业持续发展的本质,构建了职业持续发展的模型。并针对青年的职业发展,提出了相应的对策与建议。[2]

对儿童生活体验进行研究,要点就是要对儿童生活进行深度观察,对所见所闻进行"深描"(Thick description)。同时,还要在这种深度观察与"深描"的过程中不断反思、修正,从而达到对儿童生活体验的深度把握。这与年幼儿童的民族志的三个核心特点——持续性与参与性(Sustained and engaged)、微观性与整体性(Microscopic and holistic)、反思性与自我修正性(Flexible and self-corrective)(Gaskins, Miller & Corsaro, 1992)[3]——完全一致。

将生活体验研究作为一种研究方法,马克斯·范梅南在《生活体验研究——人文科学视野中的教育学》中就指出:"现象学是对生活世界的研究——一个即时体验而尚未反思的世界,而不是我们可以为之下定义、分类或反映思考的世界。"[4]在对生活体验的理解上,可以看出范梅南基本沿袭了胡塞尔的生活世界思想,将现象学引入教育学,以生活体验为切入点,构建"意义"研究的方法。李树英、王萍(2009)指出,所谓教育现象学是一门追问教育生活中具体现象的学问。这里的"现象"是指我们教育生活中具体的"情境",当情境中的交互主体发生了具有教育意义的行为时,即为"教育现象"。[5]可以看出,教育现象学的生活世界就包含情境、交互主体和教育意义。教育意义在其中居于核心地位。宁虹(2007)指出教育现象学是以"意义"为单元,且"意义总是在人与事物或他人的

---

[1] 康洁,熊和平.教育现象学的描述——以教室空间的学生身体现象为例[J].全球教育展望,2013(8).

[2] 李洁.生活与体验——在职青年职业持续发展研究[M].上海:上海人民出版社,2013.

[3] Gaskins, S., Miller, P., & Corsaro, W.(1992).Theoretical and Methodological Perspectives in the Interpretive Study of Children, San Francisco: Jossey-Bass, pp.48-65.转引自:[美]威廉·A.科萨罗.童年社会学[M].程福财 等译.上海:上海社会科学院出版社,2014:49.

[4] [加]马克斯·范梅南.生活体验研究——人文科学视野中的教育学[M].宋广文 等译.北京:教育科学出版社,2003:11.

[5] 李树英,王萍.教育现象学的两个基本问题[J].华东师范大学学报(教育科学版),2009(3).

联系中显现的……意义就是这样与实践联系在一起的。于是,我们获得这样一种可能性:意义,既是实践之根本追求,又是理论之构成单元。"①意义是通过生活体验得来的,生活体验在范梅南以及其他许多思想家的心中占据着极为重要的地位。狄尔泰(1985)指出:"生活体验对我来说并不像被察觉或呈现出来的事物那样'与我相遇',它并未向我显现,但事实上生活体验确实与我共在,因为我能够以反思的形式意识到它,从一定意义上讲,我直接占有它,就像它完全属于我一样。它只有在细想中才变得客观具体。"②梅洛-庞蒂(1968)对生活体验作出了更为本体论的解释,他称之为"可感受性"(sensibility):"可感受性精确地讲就是一种中介,这是不带任何阐释的存在;可感受性的可觉察的外表及其无声的力量是存在的独特的自我显现方式,它不带任何偏见,也绝不含糊和超然。可感受的事物就是这样:在无声中自然显现、不言而喻。"③伽达默尔(1975)认为,"经验"这个词具有浓缩和强化的含义:"如果某事物被称为经验,其意义就囊括于一个整体之中了。"④范梅南指出,许多思想家认为生活体验首先具有时间结构:它不可能通过及时的现象去领悟,而只能通过过去的存在来反思和理解。进一步说,既然生活体验是对全部生活的展示,那么我们对于生活体验之意义的理解往往只能是那些绝不可能从完全的广度和深度上来掌握的过去的东西。并且,"当我们通过记忆获得生活体验时,生活体验便逐渐获得了解释学意义。通过沉思、交谈、白日梦、灵感和其他解释性行为,我们赋予活生生的生活以意义"⑤。李旭、段丽红(2019)基于现象学的方法指引,借鉴克兰迪宁与康纳利"体验经验"的叙事研究方法,发展出"体验'体验'"方法以重构儿童生活世界中的死亡意义。⑥

不难看出,生活体验研究的核心是体验,目的在于对"意义"的探寻。"生活

---

① 宁虹.教育的实践哲学——现象学教育学理论建构的一个探索[J].教育研究,2007(7).

② Dilthey, W..Poetry and Experience, N. J.:Princeton University Press,1985.

③ Merleua-Ponty,M..The Visible and Invisible,Evanston:Northwestern University Press,1968.

④ Gadamer, H.-G..Truth and Method, New York: Seabury,1975.

⑤ [加]马克斯·范梅南. 生活体验研究——人文科学视野中的教育学[M]. 宋广文 等译. 北京:教育科学出版社,2003:47.

⑥ 李旭,段丽红. 从"一片叶子"到"寻梦环游":儿童生活世界中死亡意义的叙事重构[J].教育学报,2019(5).

体验研究是直接指向生活世界的研究,是对生活体验和日常生活中的实际行为进行文本的反思,是对生活经验意义的描述,是对生命或存在意义的探寻,是周全反思的积极实践。"[①]教育现象学视野中的生活世界基本沿袭了胡塞尔现象学对生活世界的理解,认为生活世界是前反思的、非主题的世界。情境、交互主体和教育意义是其要素,其中教育意义是最基本的单元。教育意义既是实践的根本追求,又是理论的构成单元。意义通过体验而获得,这决定了体验在教育现象学中的重要地位。范梅南指出,许多思想家认为生活体验首先具有时间结构:它不可能通过及时的现象去领悟,而只能通过过去的存在来反思和理解。其在具体的研究范例中,也向我们揭示了这一点:体验是及时的,但认识到体验却需要冷静的审思。同时,幼童生活的民族志研究则为认识理解儿童生活体验提供了具体的方法借鉴——"深度观察"与"深描"。

6.研究述评

儿童生活的历史研究揭示了历史发展脉络中的儿童生活状况,儿童生活现实的研究则主要是以电子媒介的出现为背景展开的,探讨儿童在新的文化媒介出现后的生活状况。相关研究表明,儿童(童年)的概念都是随着人类整体文明的发展而逐渐生成的,与社会政治、经济、文化、医疗、科技等密切相关。同时,每一个时代儿童概念的形成,又都受制于该时代对儿童的认识水平。不可否认,社会历史文化是一支塑造儿童的强大力量,我们规定了儿童的衣着装扮、言谈举止,规定了儿童的生活时间和生活空间,规定了儿童作为儿童、儿童脱离儿童的时间……在一系列的规定中,我们"创造"出了儿童。然而,难能可贵的是,即使在塑造儿童的强大力量面前、在我们自身也沉浸于其中的塑造激情之时,一些学者(如熊秉真)也表达了一份清醒——儿童概念的形成离不开儿童自身的参与——儿童也是由其自身的经验与世界以及一种特别属于儿童的感受、立场的自我意识存在得以界定的。这一研究视角的启示在于,我们需将儿童置入其社会文化发展脉络中进行考察,既要看见外在力量对儿童的影响,同时也要看到儿童对其自身形成所做出的努力。童年社会学更是强调了儿童对文化的"阐释性再构",不仅社会改造儿童,而且儿童也不断改造和影响社会。

站在本研究的立场,这种儿童的参与更具有本体意义:一切离开儿童自身

---

① 杨红英.当代大学生学术生活体验研究[J].首都师范大学学报(社会科学版),2009(1).

参与的儿童建构都是不合理的、不道德的。因此,儿童既是一个与年龄相关的生物学的概念,与人的大脑机制的成熟、各个系统特别是神经系统的发育完善以及相应的人的心理发展程度紧密相关。同时,儿童更是一个历史生成、社会建构的概念。儿童与成人共同参与儿童这一概念的建构,且成人对儿童概念的建构要以儿童对其自身的意义建构为基础,结合一定社会的历史及现实状况最终完成儿童概念的建构。儿童就是由其年龄特征加上这种共同的意义建构而得以识别和界定的。就年龄而言,儿童在当下大多数社会中指0—18岁这一年龄群体。本研究中,儿童主要指学龄前儿童,即0岁至六七岁这一年龄段的儿童。

较之儿童生活的历史研究和儿童生活现实的研究,儿童生活互动研究与儿童生活体验研究属于微观视角。儿童生活互动研究主要从师幼互动、亲子互动、同伴互动等三个方面,揭示出互动的类型、对儿童发展的影响、现实状况、影响因素及对策等方面的内容,为本研究审视儿童生活现状提供了必要的理论借鉴。就本研究的立场而言,多数研究更多是停留在对互动现状的描述和解释上,缺少对当事人——儿童自身深入内核的意义发掘,这为本研究提供了空间。生活体验研究将生活体验置于核心地位,目的在于关注人的意义体验,为本研究提供了直接的理论基础和实践指向。但正如范梅南的生活体验学说建基于现象学教育学,其对儿童生活体验的研究更多是出于现象学的立场,较少教育学立场的观照。这也注定了范梅南的生活体验学说更多指向了人的内在,缺少对外在关系的审视,相应地缺少对生活体验缘由的追寻。这也为本研究提供了进一步研究的空间和可能。

在此基础上,本研究认为,生活体验有两层含义:一是指个体对其自身的经历进行回顾、品味、分析、思考所形成的情感、判断和认识。二是以生活体验为核心的一种研究方法。这一研究方法关注个体在生活世界中的亲身经历,以个体在一定生活情境中的言行(状况)为切入点,理解个体的内在体验(情感、判断和认识);并抓住纵向(时间)线索和横向(空间)线索,回溯状况及体验的发生境域,探寻儿童的生命存在意义。

二、研究方法的选择

通过"问题的提出"、"研究意义"、"概念界定"及"文献综述"等环节,将"儿童在园生活体验叙事研究"这一研究主题确立。接下来就是针对这一问题,进行研究方法的选择。笔者将从"理论基础"、"认识路径及叙事研究框架的构建"及"研究方法的选择与说明"三个方面进行研究方法的阐述。

(一)理论基础

1.生活世界理论

(1)胡塞尔生活世界主题

生活世界是胡塞尔晚年针对欧洲科学的危机——人的存在及意义丧失——提出的一个重要主题。首先要明确的是,胡塞尔的生活世界包含了对现代科学精神的彻底批判,但它并不是反科学的(回到前科学世界的浪漫主义和对科学态度世界的厌世主义),只是批判将科学建基于客观主义、实证主义之上的不合理性,因而要为科学找到一般基础的哲学。在胡塞尔的先验现象学中,"预先给定的生活世界的存在意义是主观的构成物,是正在经历着的生活的、前科学的生活成就"[①]。"至于'客观上真的'世界,它是更高层次上的构成物,是建立在前科学的经验和思想活动之上的,更确切地说,是建立在经验与思想活动的有效性的成就之上的。只有彻底追溯这种主观性,而且追溯以一切前科学的和科学的方式最终实现一切世界的有效性及其内容的主观性,并且追溯理性成就是什么,是怎样的,只有这样,才能使客观真理成为可以理解的,才能达到世界的最终的存在意义。"[②]因此,"自在的第一性的东西是主观性;而且是作为朴素的预先给定这个世界的存在,然后将它合理化,或者也可以说,将它客观化的主观性。"[③]由此,我们看到了两个世界:纯粹"主观的—相对的"生活世界和客观的—科学的世界。我们认识到,客观理论在其逻辑意义上是植根于并奠基于生

---

① [德]埃德蒙德·胡塞尔.欧洲科学的危机与超越论的现象学[M].王炳文 译.北京:商务印书馆,2001:87.

② [德]埃德蒙德·胡塞尔.欧洲科学的危机与超越论的现象学[M].王炳文 译.北京:商务印书馆,2001:87.

③ [德]埃德蒙德·胡塞尔.欧洲科学的危机与超越论的现象学[M].王炳文 译.北京:商务印书馆,2001:87.

活世界之中,植根于并奠基于从属于生活世界的原初的自明性之中的。客观的科学作为前科学的人的成就,本身就属于生活世界的。[①]并且,我们的这些科学家毕竟是人,人是生活世界的组成部分,而生活世界对于我们来说,是始终存在着的,总是预先给定的。因此,全部的科学就随同我们一起进入到这——纯粹"主观的—相对的"——生活世界之中。[②]换句话说,客观的—科学的世界奠基于一种本身是更早的普遍的先验性之中,即纯粹生活世界的先验性之中[③]。

  生活世界主题有着丰富的含义,引起了众多学者对其含义的解读。倪梁康在《现象学及其效应》一书中认为,生活世界是"自然态度中的世界",是"经验的实在";另一方面又认为,生活世界是"奠基性的、直观的、主观的世界"。[④]张祥龙认为,"胡塞尔的生活世界并非指现成在先的'社会环境'、'人文背景'或'历史条件',而是将具有绝对自明性的意向结构中的构成域加以普遍化的结果"[⑤];"所以,生活世界只应被理解为一个原本自明的境域,即现象学意向性研究中揭示的边缘域的普遍化形态。对于它,也就是这个非现成形式的、非对象的境域而言,'复数已无意义'。所以,只有这样理解的意向构成化了的世界才是具有原初意义的'纯粹的生活世界'"[⑥]。黑尔德认为,一方面,生活世界是原习惯的关联物,而原习惯在他看来就是自然态度,因此作为普遍境域的生活世界乃是自然态度的非课题性意义上熟悉的关联物。这时候的生活世界就具有一种自明性或不言而喻性。这相当于我们说的第一种意义上的生活世界。另一方面,通过先验还原,这种非课题性的普遍境域自身所具有的先行被给予性就脱落其自明性或不言而喻性,而成为"主体权能性的在非课题性意义上熟悉的运作空间"。这时候的世界就相当于我们所说的第二种意义上的生活世界,即作为先

---

① [德]埃德蒙德·胡塞尔.欧洲科学的危机与超越论的现象学[M].王炳文 译.北京:商务印书馆,2001:157.
② [德]埃德蒙德·胡塞尔.欧洲科学的危机与超越论的现象学[M].王炳文 译.北京:商务印书馆,2001:158.
③ [德]埃德蒙德·胡塞尔.欧洲科学的危机与超越论的现象学[M].王炳文 译.北京:商务印书馆,2001:170.
④ 倪梁康.现象学及其效应[M].北京:生活·读书·新知 三联书店,1994:127-132.
⑤ 张祥龙.从现象学到孔夫子(增订本)[M].北京:商务印书馆,2011:44.
⑥ 张祥龙.从现象学到孔夫子(增订本)[M].北京:商务印书馆,2011:46.

验的主观现象的生活世界。① 朱刚认为,胡塞尔所说的"生活世界"有两种含义:一是作为经验实在的客观生活世界,一是作为纯粹先验现象的主观生活世界,二者之间隔着一道先验还原的界限。②

我们比较一下对胡塞尔生活世界的各种理解,可以看出胡塞尔虽然将世界分为了纯粹"主观的—相对的"生活世界和客观的—科学的世界,但还是将客观的—科学的世界与纯粹"主观的—相对的"生活世界融合,一起构成完整的生活世界。可以将二者理解为生活世界的两种层次,或者说两个端点,其现象学还原的最终目的就是要从客观的—科学的世界回溯到纯粹"主观的—相对的"生活世界。在学者们那里,自然态度(原习惯)中的世界、经验实在的客观生活世界类似于客观的—科学的世界;"奠基性的、直观的、主观的世界"、原初意义的"纯粹的生活世界"、原习惯的关联物、纯粹先验现象的主观生活世界就类似于纯粹"主观的—相对的"生活世界。③

从人(具体的人,生活世界的实践主体)的角度出发,生活世界关注的是人的存在和意义。存在毕竟是人的具体时空的存在,具有时间的连续性与空间的广延性。在时间维度上,人是由过去、现在和将来构成的。并且,过去与将来都可以借助当下化纳入到现在的范畴——现在由过去所给予,将来由现在(融合过去的现在)所构成。在空间维度上,人都是处于各种关系环境之中的,人正是在各种交互主体活动中获得对世界的意义理解,进而获得对自己的理解,实现自己的存在。当时间、空间维度融合在一起,各种历时性、共时性的因素也就交织在了一起,造就了人的存在、人的意义。更进一步地讲,这又揭示了生活世界所提到的还原之路——理解人的现实存在、人的意义,需要回到其过去的生活境域中去探寻,去发现人是如何一步一步获得现在的存在意义的。

这对研究儿童的启示在于:一是生活世界关注存在与意义,研究儿童,就是研究儿童的存在与意义。二是生活世界是一个连续体,在连续体的时间轴上,生活世界是经过去形成现在、并孕育了将来的连续体;在空间轴上,生活世界是主体在不同的生活场域中的关系互动。因此,研究儿童就要抓住儿童生活世界

---

① [德]克劳斯·黑尔德.世界现象学[M].倪梁康 等译.北京:生活·读书·新知 三联书店,2003:60-62.
② 朱刚.胡塞尔生活世界的两种含义——兼谈欧洲科学与人的危机及其克服[J].江苏社会科学,2003(3).
③ 从措辞来看,胡塞尔更多是从意识的发展历程而不是生活实际论及生活世界主题。

的时间线索和空间线索。三是现有的存在及意义是由过去所赋予的,要认识儿童的现在,必须回到儿童的过去生活中,去探寻儿童现在的来源。

然而,胡塞尔的生活世界更多是观念形态的生活世界,其最终要还原到纯粹先验现象的生活世界(自明、超经验的世界)。恰如一些学者(周勇,2013)所言,"胡塞尔的现象学本身乃是一种旨在拯救现实人生危机的人生教育学,但过于依赖思想史和康德主义,使得他的人生教育学未能深入现实人生"[①]。胡塞尔的学生、另一位现象学大师(也是存在主义大师)海德格尔另辟蹊径,通过研究人在现实世界中的一些非理性体验,如"畏""怕""烦""孤独""迷失"等人在现实生活中的存在状况及体验,从胡塞尔的先验现象学转向存在主义现象学,关注人的现实人生。在海德格尔看来,在所有存在者中,人是一种特殊的存在者。"我们用此在(Dasein)这个术语来表示(人)这种存在者。……此在在存在者层次上的与众不同之处在于:它在存在论层次上存在。"[②]因此,"彻底解答存在问题就等于说:就某种存在者——即发问的存在者——的存在,使这种存在者透彻可见"[③]。如此,关注现实人生就最终落到关注人这一特殊的存在者上——一切存在问题都是人的存在问题。要认识人的存在,就需回到人的现实人生中,去考察人这一存在者的历史演进过程。

(2)范梅南生活体验学说

马克斯·范梅南(Max Van Manen)是"现象学教育学"的开创者之一,并担任世界第一本目前也是唯一的一本《现象学教育学》杂志的主编。范梅南出生于荷兰,荷兰的生存哲学思想对范梅南教育现象学思想的形成有着深刻的影响,其曾就读的乌特勒支大学也是荷兰现象学教育学的发源地。范梅南从18岁起就大量阅读现象学的作品,深受胡塞尔、海德格尔、狄尔泰、梅洛-庞蒂、萨特、伽达默尔等思想家的影响,认为生存哲学和现象学有着共性:关注人,倡导人的生存和自由。范梅南将现象学中"存而不论""直观""加括号""面向事情本身"等方法运用到教育学领域,尝试用现象学的方法看待教育领域中的问题。

[①] 周勇.文学、电影与人生教育学——论教育学的现象学转向及其优化路径[J].全球教育展望,2013(8).

[②] [德]马丁·海德格尔.存在与时间(修订译本)[M].陈嘉映,王庆节 合译.北京:生活·读书·新知 三联书店,2006:14.

[③] [德]马丁·海德格尔.存在与时间(修订译本)[M].陈嘉映,王庆节 合译.北京:生活·读书·新知 三联书店,2006:9.

通过将体验作为生活世界的研究核心,范梅南将胡塞尔哲学视野中的生活世界植入具体的生活世界,重点关注人的经验(体验)。如其在《生活体验研究——人文科学视野中的教育学》一书中所言:"本书提供的方法是直接指向生活世界的,因此,要求我们尽量以无偏见的方式对待经验"[1],"作为一个现象学的教育学家,我总是认为'生活世界'是我们教育工作者思考教育的逻辑起点,也是我们教育研究的源泉"[2],"将现象学方法用于研究和思考教育的问题,就是一种独特的生活取向,一种生活实践的取向。现象学的教育学关注的是学生和教师的种种生活体验,并从中获取有益的反思,从而形成一种特有的教育机智和对具体教育情境的敏感性"。[3]

在《现象学教育学与意义问题》中,范梅南谈到现象学教育学有四个特点:关注普通日常生活经验,而不是沉重的认识论、本体论或形而上学的问题;具有规范性倾向,而不是坚持社会科学的价值中立;着重具体经验的反思而不是理论的抽象;现象学研究有一种不言自明的共识,即要求兼具写作深刻文本的高超才能和反思性的学识。[4]所谓教育现象学就是一门追问教育生活中具体现象的学问。这里的"现象"是指我们教育生活中具体的"情境",当情境中的交互主体发生了具有教育意义的行为时,即为"教育现象"。[5]可以看出,将教育现象学中的现象理解为生活中的具体"情境",意义是其核心。

范梅南的生活体验学说对本研究的启示在于:

首先,范梅南将体验引入了生活世界,使生活世界成为具体的生活世界。这在某种程度上克服了"胡塞尔过于依赖思想史和康德理性主义,使得他的人生教育学其实未能深入现实人生"的弊端[6]。研究儿童生活世界就是要深入儿童的现实人生,去探寻儿童存在及意义。

---

[1] [加]马克斯·范梅南.生活体验研究——人文科学视野中的教育学[M].宋广文 等译.北京:教育科学出版社,2003:3(再版前言).

[2] 李树英.教育现象学:一门新型的教育学——访教育现象学国际大师马克斯·范梅南教授[J].开放教育研究,2005(3).

[3] 李树英.教育现象学:一门新型的教育学——访教育现象学国际大师马克斯·范梅南教授[J].开放教育研究,2005(3).

[4] 宁虹.教育的实践哲学——现象学教育学理论建构的一个探索[J].教育研究,2007(7).

[5] 李树英,王萍.教育现象学的两个基本问题[J].华东师范大学学报(教育科学版),2009(3).

[6] 对于这一点,笔者认为对提醒我们面对具体人生有所启益,但以此来要求胡塞尔则有点太过于奢求。

其次,意义是通过生活体验得来的,研究人的意义就要研究人的生活体验。要研究儿童存在及意义,就要关注儿童的生活体验,它是构成儿童存在的内核。

再者,如周勇(2013)提到的,"兰格威尔德、范梅南等两代教育学者的现象学转向仅在方法层面上借鉴胡塞尔现象学,忽视了胡塞尔现象学本身乃是一种旨在拯救现实人生危机的人生教育学"[①]。范梅南的关注点给予本研究的反思在于:研究儿童生活世界,不能只看到现象学的方法、失却教育学的立场,要看到研究儿童生活世界的伦理指向——为了儿童。

因此,本研究结合胡塞尔的人生关注与范梅南的现象学方法的焦点,寻求一种适切的途径,对儿童生活体验进行研究。不过,与到文学、电影中去找寻人生教育文本不尽相同,本研究的旨趣在于到儿童的实际生活中去找寻意义更丰富、表达更生动的叙事文本。

根据以上对生活体验的理解,本研究认为,儿童在园生活体验指儿童在幼儿园生活中的感受,这种感受浓缩了儿童生活的全部意义。从时间线索上看,儿童在园生活体验包含了儿童的过去和现在;从空间线索上讲,还包含了影响儿童发展的一切环境,主要指家庭、幼儿园、社会(社区)。要理解儿童在园生活体验的意义,就要抓住儿童发展的时间线索和空间线索,追溯这种时空交织的过去的给予性,即儿童如何在这种时空因素的影响下一步一步发展而来。

2.儿童视角与儿童的视角

儿童视角最早出现在文学领域的叙事中。

吴晓东等人(1999)认为:"一般意义上的儿童视角指的是小说借助于儿童的眼光或口吻来讲述故事,故事的呈现过程具有鲜明的儿童思维的特征,小说的叙述调子、姿态、结构及心理意识因素都受制于作者所选定的儿童的叙事角度。"[②]并进一步将现实儿童视角设定为回溯性叙事中的儿童视角。该观点中,作者认为并不存在单纯的儿童视角,原因在于小说中的童年叙事都是成年人对本人(童年在场)或他人(童年不在场)儿时的回溯性叙事,叙事者的时空发生了改变。因此,不能保证儿童视角的"纯粹性",只能构成回溯性的儿童视角。这一观点间接地表明了对"纯粹儿童视角"的有限接近和无限追求。

---

① 周勇.文学、电影与人生教育学——论教育学的现象学转向及其优化路径[J].全球教育展望,2013(8).
② 吴晓东,倪文尖,罗岗.现代小说研究的诗学视域[J].中国现代文学研究丛刊,1999(1).

王宜青(2000)认为:"儿童视角,通俗来讲就是透过儿童的眼睛看世界……如果试着对儿童视角加以界定,我认为它是用孩童的眼光、态度、思维方式和价值取向,作为创作主体挑选素材、组织情节的过滤器、摄像机甚或监视孔,并表现与儿童感知发生联系的那部分现实生活景观。"[1]该观点强调运用儿童视角是立足于孩童的立场,帮助创作者挑选素材和组织情节,以表现孩童的部分生活世界。

二人的观点基本一致,强调基于儿童的立场,对孩童世界的有限把握。那么,我们所追求的那个无限的事物究竟是什么?在这种无限追求中我们仅仅能有限把握的事物又是什么?

凯瑟·席尔瓦在《儿童视角与儿童的视角的理论与实践》(*Child Perspectives and Children's Perspectives in Theory and Practice*)一书的前言中,区分了儿童视角(child perspective)与儿童的视角(children's perspective)。"儿童视角是实践工作者和理论工作者尝试'由外及里'(outside in)探究儿童所使用的方法;儿童的视角是儿童'由里及外'(inside out)的观点或立场表达,通常包括社会或环境心理学。换句话说,儿童的视角经常可以用儿童自己的话语、想法、图景来表达。具体来说,儿童视角是将成人的注意力引向对儿童感知、经验和行动的深层理解。因此,儿童视角是想要探寻并尽可能慎重、客观地还原儿童的视角的成人创造的。"[2]导致儿童视角与儿童的视角不同的根本原因在于成人与儿童的解释立场不同,"解释立场是一种典型背景假设:不同的人有着不同的立场……不同的解释立场会引起不同的情境定义"[3]。对于儿童而言,他或她是带着一定的情境定义进入某种情境之中的,通过其预设的解释立场在情境中表现出相应的言行,这是"由里及外"的表达;对于成人而言,则是一个相反的路径,即要从儿童在情境中的言行中形成分析文本出发,建立一定的解释框架,对儿童言行进行解释。能否建立起合理的解释框架,要看是否"将儿童的回应视为有意义的、富

---

[1] 王宜青.儿童视角的叙事策略及心理文化内涵[J].浙江师大学报(社会科学版),2000(4).

[2] D. Sommer, I. P. Samuelsson, K. Hundeide. Child Perspectives and Children's Perspectives in Theory and Practice, New York:Springer Science + Business Media B.V. 2010,pp. vi.

[3] D. Sommer, I. P. Samuelsson, K. Hundeide. Child Perspectives and Children's Perspectives in Theory and Practice, New York:Springer Science + Business Media B.V. 2010,pp. 128.

有理解力的和包含一定意义的话语"①。儿童视角的目标就是将儿童的回应视为有意义的、富有理解力的和包含一定意义的话语,并将这些言行重建为有意义的文本,进而去解释和分析。这是一种解释导向的路径,与传统意义上的以能力为导向的解释路径不同。以儿童问题回答为例,两种路径的比较如图1-1②:

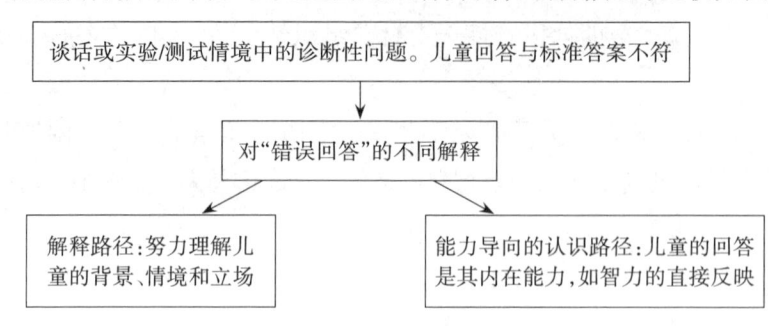

```
谈话或实验/测试情境中的诊断性问题。儿童回答与标准答案不符
            ↓
    对"错误回答"的不同解释
       ↙              ↘
解释路径:努力理解儿     能力导向的认识路径:儿童的回答
童的背景、情境和立场     是其内在能力,如智力的直接反映
```

图1-1 两种认识路径的比较

可以看出,儿童视角是属于成人的,是一种强调儿童本位的、以解释为导向的视角。其"由外及里"的路向指明了探究的出发点和目标:以儿童在其生活世界中的言行为依据,从儿童言行产生的背景、情境及儿童的立场出发,对儿童言行背后的认知体验进行理解,进而实现对儿童的经验世界的把握。儿童视角具有特殊性:一方面,尽管儿童视角努力接近儿童的经验世界,但仍属于成人的特殊视角;另一方面,儿童视角的特殊本质在于——以儿童生活世界中的外在言行为出发点,努力接近儿童对世界的认知、经验和行动意义。相比之下,儿童的视角是属于儿童的,是儿童"由里及外"的表达,聚焦于儿童对自己生活世界的认知、经历和理解。正是有了儿童的视角的出现、有了儿童"由里及外"的表达,成人运用儿童视角才成为可能——根据儿童外在的言语表达去揭示儿童言语背后的深层秘密。从这一层面来讲,儿童的视角既是运用儿童视角的前提,也是儿童视角努力接近(重构)的目标。

本研究认为,儿童视角代表了一种特殊的成人价值立场,即立足于儿童发展的、为了儿童福祉的研究立场。其特殊性在于:研究内容与方法是以儿童的

---

① D.Sommer, I.P.Samuelsson, K.Hundeide. Child Perspectives and Children's Perspectives in Theory and Practice, New York:Springer Science + Business Media B.V. 2010,pp.130.

② D.Sommer, I.P.Samuelsson, K.Hundeide. Child Perspectives and Children's Perspectives in Theory and Practice, New York:Springer Science + Business Media B.V. 2010,pp.136.

视角——儿童"由里及外"的表达作为出发点,依据儿童表现出来的言行,回到儿童言行产生的背景或情境中,去探明其背后的认知体验,从而理解儿童的经验世界。与"由里及外"的儿童的视角相对应,儿童视角指明了一条"由外及里"的研究路向——以儿童的外在言行为切入点,理解儿童内在的世界。

3.叙事研究理论

"叙事研究指的是任何运用和分析叙事资料的研究。这些资料可以作为故事形式(通过访谈或者文学作品提供的生活故事)而收集,或者以另外一种不同的形式(人类学家记录他或她所观察故事的田野札记或者个人信件)而收集。它可以是研究的目的,或者是研究其他问题的手段。"[1]从这种观点可以看出,叙事研究是一个很宽泛的领域——任何运用和分析叙事资料的研究都可以称作叙事研究。而且,叙事资料的来源也是多样的:一方面,从类别看,有访谈材料、文学作品中的生活故事、观察记录、田野札记、个人信件等;另一方面,从获取途径看,可以通过访谈、文学阅读、观察、田野考察、生活交往等方式获得。另外,以叙事研究作为研究的目的或手段都可以作为研究者选择的理由。

克兰迪宁和康纳利(2000)指出,叙事探究[2]是理解经验的一种方式。[3]这一理解经验的方式"处于两者(形式主义的研究和简约主义的研究)之间,即处于理论化、抽象化、普遍化的研究(形式主义的研究)和具体的、特定的、实证性研究(简约主义的研究)之间"[4],从"研究什么"的角度出发,"如果用一个关键词来捕捉叙述探究的理念的话,那就是体验经验(experiencing experience)"[5]。经验是起点,是所有社会科学探究的关键术语。而每一种经验都编织在一个富有意

---

[1] [以色列]艾米娅·利布里奇 等.叙事研究:阅读、分析和诠释[M].王红艳 译.重庆:重庆大学出版社,2008:2.

[2] 对于究竟用"叙事探究(narrative research)"还是"叙事研究(narrative inquiry)",这在克兰迪宁和康纳利那儿成为了一个问题。在二人的观点中,两个术语在使用上存在着共识性的区分:叙事研究是一个包罗万象的术语,而叙事探究是一个更专门化的术语,更具理性形式。因此,二人选择"叙事探究"这一术语。其他研究者基本都是在相同意义上使用以上两个术语,本研究也不作专门的区分。见:[美]谨·克兰迪宁.叙事探究——原理、技术与实例[M].鞠玉翠 等译.丁钢 审校.北京:北京师范大学出版社,2012:6.

[3] Clandinin,D.J. and Connelly, F. Miehael (2000). Narrative Inquiry:Experience and Story in Qualitative Research, San Francisco: Jossey-Bass.

[4] 陈向明.质性研究——反思与评论(第壹卷)[M].重庆:重庆大学出版社,2008:26.

[5] 陈向明.质性研究——反思与评论(第壹卷)[M].重庆:重庆大学出版社,2008:28.

义的内涵的网络之中。我们可以把这些编制在一起的意义和内涵称为"故事(story)"[1]。然而,叙事探究并不单单意味着"收集故事",其主要聚焦于提高经验的质量,这就需要对"故事"作"叙述性思考(thinking narratively)"[2]。叙述性思考意味着一种富有想象力的探索精神:"在此空间中正发生着什么?为什么事情在这个空间会这样发生?"[3]同时,要把握好两点:三位一体的叙事研究空间和研究者与参与者的关系。[4]这一观点将"经验"作为叙事研究的焦点,叙事研究要做的事情就是"体验经验"。经验通常植根于故事之中,要理解故事中的经验,需对故事做"叙事性思考"。

丁钢(2008)认为:"教育叙事探究(Narrative Inquiry in Education)是从质的研究(Qualitative Research)出发,相对以往科学化的研究而言,强调与人类经验的联系,并以叙事来描述人们的经验、行为以及作为群体和个体的生活方式。"[5]这一观点强调经验之间的联系,并以叙事作为描述人们经验和行为的手段。

鞠玉翠指出,叙事研究即"抓住人类经验的故事性特征进行研究,并用故事的形式呈现研究结果的一种研究方式"[6]。

综上,我们可以看出,叙事研究是与"叙事""体验""经验"等词紧密联系在一起的。本研究认为,叙事研究是探究人的经验意义及内涵的一种研究方法。这种研究方法立足于叙事主体(可能是研究者,也可能与研究者分离;可能是单个主体,也可能是多个主体)的叙事,研究者通过故事讲述实现体验经验,并阐发叙述性思考的过程,以发掘经验的意义及内涵,从而达到理解经验或提高经验的目的。

---

[1] 陈向明.质性研究——反思与评论(第壹卷)[M].重庆:重庆大学出版社,2008:29.

[2] 陈向明.质性研究——反思与评论(第壹卷)[M].重庆:重庆大学出版社,2008:28.

[3] 陈向明.质性研究——反思与评论(第壹卷)[M].重庆:重庆大学出版社,2008:30.

[4] 陈向明.质性研究——反思与评论(第壹卷)[M].重庆:重庆大学出版社,2008:38.

[5] 丁钢.声音与经验:教育叙事探究[M].北京:教育科学出版社,2008:9.

[6] 鞠玉翠.教师个人实践理论的叙事探究[D].上海:华东师范大学,2003:6.

(二)认识路径及叙事研究框架的构建

1.儿童生活世界认识路径[①]

结合现象学理论视域,儿童生活世界是儿童存在意义的完整展开:既包括儿童当下状况及体验,又包括儿童当下状况及体验的发生境域。因此,认识儿童生活世界就要对儿童当下状况及体验——"儿童如是"——进行描述;同时,还要对其发生境域——"儿童为何如是"——进行诠释。以此为基础,笔者从现象学视域出发,试图从儿童生活世界的认识原则、儿童生活世界的认识切入点、儿童生活世界的认识方法等方面入手,探寻一条儿童生活世界的认识路径。

(1)认识原则:面向儿童本身

现象学的一条基本原则是:面向事物本身。

胡塞尔认为:"合理地或科学地判断事物,这意味着朝向事物本身(sich nach den Sachen selbst rich ten),也即从言谈和意见回到事物本身,追问它的自身给予(Selbs tgegebenhe it),并清除一切不合事理的先入之见。"[②]面向事物本身意味着,对于事物的各种态度,在没有明证它们是来自事物本身的情况下,有必要对它们采取"加括号"的处理方式,即把它们"悬置"起来,而从那些具有明见性的现象(本质直观、本原的被给予方式的显现物)出发,使得每一个判断和推论都有可靠的依据。可是,如何才能做到悬置呢?答案是:反思。"反思的基本态度在于,现象学家要摆脱这个由于存在信仰而被投入到课题对象之中的状态。他不是在直向生活的大河中顺流而下,而是要将自己升高到河流之上;他不再对意指的对象的存在发生兴趣,而是因此而成为'不感兴趣的人''不介入的观察者'。"[③]

从"面向事物本身"这一现象学原则出发,要认识儿童生活世界,就需要"我"(认识主体)"面向儿童本身"。这要求"我"首先要回到儿童真实、生动、复杂的生活现实中,将儿童作为"我"的关注焦点,与儿童"面对面"。但是,当"我"

[①] 该部分内容主要来自《现象学视域下儿童生活世界的含义及认识路径》一文。见:李旭,李静.现象学视域下儿童生活世界的含义及认识路径[J].全球教育展望,2014(7).

[②] 张庆熊."朝向事物本身"与"实事求是"——对现象学和唯物论的基本原则的反思[J].哲学研究,2008(10).

[③] [德]埃德蒙德·胡塞尔.现象学的方法[M].克劳斯·黑尔德 编.倪梁康 译.上海:上海译文出版社,2005:28.

面对儿童时,身上不可避免地带有一些对儿童的"先入之见",即胡塞尔所说的"态度":一方面,对儿童的认识,在"我"之外存在多种态度,这些态度会影响"我"对儿童生活世界的理解和判断;另一方面,在"我"身上,本身也存在许多关于儿童的固有的态度观念,这也会影响"我"对儿童生活世界的准确理解和把握。因此,为达到对儿童生活世界的合理把握,"面向儿童本身"意味着要消除一切对儿童的"先入之见"。通过"悬置"可以做到这一点。悬置主要有三层意思:一是"我"对各种态度要"有意识",即意识到影响"我"认识儿童的各种态度是什么;二是"我"对各种态度要"能意识",即意识到各种态度是如何影响"我"认识儿童的;三是"我"对各种态度要"超意识",即要能够从各种态度的影响中脱身而出,做各种态度的主人,而不是成为各种态度的奴隶。

以"绿领巾事件"[①]为例,这是发生在儿童生活世界中的事件。要认识这一儿童生活事件,"我"需要进入事件中儿童的生活世界,与儿童"面对面"。在此过程中,"我"也会发现,对这一事件,支持者有之,反对者有之,中立者也不乏其人。这是属于外在的"态度",它们会影响到"我"对该事件的判断。同时,当"我"面对事件中的儿童本身时,在"我"的身上必然也存在一些固有的关于事件的"态度",这更是会影响"我"判断。这种情况下,"我"必须通过反思,要清楚地意识到各种"态度"是什么,对"我"的认识有着怎样的影响。在此基础上,对各种态度作悬置处理,将自己从纷繁复杂的关系影响中抽身出来,先使自己成为该事件的"不感兴趣的人""不介入的观察者"。这样,"我"才能保证自己在该事件中作为认识主体的合理身份。相反,如果"我"是一个不具备反思能力的人,"我"将会被各种态度所左右。如此,"我"实际上在该事件中就丧失了作为认识主体的合理性,"我"的认识在"我"这里就失去了合理性基础。

因此,"面向儿童本身"意味着"我"要实现对各种认识"态度"的超越,以纯粹认识主体身份进入儿童生活世界,直面儿童。这是合理认识儿童生活世界的首要保证,也是认识儿童生活世界的一条基本原则。

(2)认识切入点:儿童"是其所是"的显现

"我"回到了儿童生活世界、面向儿童本身时,面临的首要问题是:"我"以什么为切入点认识儿童生活世界,进而理解和把握儿童?我们可以对"儿童现象"

---

① 指2011年发生于西安一小学的"绿领巾"事件,起因是学校给差生戴上绿色的领巾,以区别于戴红领巾的优秀生。

进行分析，找到儿童生活世界的认识切入点。

在胡塞尔的眼中，世界是现象的存在，现象意味着对象在认识主体的意识结构中的显现之物。"用简单的公式来表示：所有的分析都是对世界以何种方式显现给人们的解释性构造分析；现象学构造研究的基本课题是作为显现（Erscheinung）、作为现象的世界。"[1]与胡塞尔类似，海德格尔认为："'现象'一词的意义就可以确定为：就其自身显示自身者，公开者。"[2]因此，现象学就是"让人从显现的东西本身那里如它从其本身所显现的那样看它"[3]。

从以上对现象的阐释出发，"儿童现象"就是儿童自身显示自身者、公开者。包含两层含义：一是儿童自身显示自身者，即儿童自身"是其所是"的显现；二是儿童作为公开者，即儿童在"我"的意识结构中的"显现之物"。前者是后者的基础和依据，后者是前者在世界中的延伸。因此，儿童生活世界的认识切入点就是儿童在生活世界中"是其所是"的显现。

回到具体的儿童生活世界，这种儿童"是其所是"的显现是什么？在"我"的意识结构中的"显现之物"又是什么？笔者认为，只有在实践层面上将二者澄清，才能对我们认识实践产生真正有意义的影响。否则，不仅不能对认识实践起积极指导作用，反而会在一定程度上引起认识混乱，不利于认识实践活动。循着这一思路，国外学者对"儿童视角"与"儿童的视角"的辨析对我们从认识实践上进一步理解儿童现象有一定启发。

正如前面提到的凯瑟·席尔瓦对"儿童视角"（child perspective）与"儿童的视角"（children's perspective）的区分，通过对二者进行对比，我们可以发现二者关系与现象学对"现象"的理解惊人的一致[4]：儿童的视角是儿童自身"由里及外"

---

[1] [德]埃德蒙德·胡塞尔.生活世界现象学[M].克劳斯·黑尔德 编. 倪梁康,张廷国 译.上海:上海译文出版社,2005:3.

[2] [德]马丁·海德格尔.存在与时间(修订译本)[M].陈嘉映,王庆节 合译.北京:生活·读书·新知三联书店,2006:34.

[3] [德]马丁·海德格尔.存在与时间(修订译本)[M].陈嘉映,王庆节 合译.北京:生活·读书·新知三联书店,2006:41.

[4] 实际上，在《儿童视角与儿童的视角的理论与实践》这一著作中，著者也多次提到了"现象"或"现象学"。一方面，我们可以看出现象学这一思潮对西方的深远影响；另一方面，也可以看出现象学理论本身对探讨"儿童视角"与"儿童的视角"的基础意义。见：D.Sommer, I.P.Samuelsson, K.Hundeide. Child Perspectives and Children's Perspectives in Theory and Practice, New York: Springer Science + Business Media B.V. 2010, pp. vi.

的表达,这类似于儿童"是其所是"的那个东西;儿童视角是成人"由外及里"地对儿童的视角的创造,这就相当于认识主体"如其所是"地反映儿童"是其所是"的显现之物。笔者在比较的过程中,在"是其所是"的基础上加了"如其所是"(前面海德格尔在对现象的阐释中也隐约提到了这一点)。请注意二者之间的区别,这就如同儿童的视角与儿童视角之间的区别一样:儿童的视角是儿童的本来面目,是儿童"是其所是"的显现,我们只有通过儿童视角,"如其所是"地无限接近它。换句话说,"儿童视角"表明了对"儿童的视角"的无限接近,这既是一种接近的无限可能性,同时又代表一种无限不可能性——二者永远都不可能完全叠合。

理论意义上,就像胡塞尔的意识现象学那样,我们可以对儿童进行"是其所是"的理解和把握。但在实践层面上,我们一直都没有达到、永远也不可能达到这一目标。我们唯一能做的就是依据"儿童的视角"运用"儿童视角","如其所是"地理解和把握儿童。这一立场代表了对儿童的敬畏,也是不断激起我们对儿童生活世界进行无限探索的愿景与动力。在这种立场之下,一个最为具体的问题就是:在儿童生活世界中,儿童"是其所是"的显现究竟是什么?回到以上思路,我们可以发现,儿童的视角与儿童视角是两条相反的路径:前者是"由里及外"的表达,后者是"由外及里"的探寻。我们不能直接去探知儿童的"里",但是,我们可以抓住儿童"外"的表达,去尽可能提高我们探索的儿童的"里"与儿童自身的"里"的吻合程度。儿童的"外"就是儿童在生活世界中的言行表达,我们可以通过这种外在表达抵达儿童的内在。简单地说,以儿童"是其所是"的显现作为认识切入点,就是抓住儿童在具体生活世界中的言行表达,通过这些言行表达,力图进入儿童生活世界。当然,外在言行仅仅是一把钥匙,打开门之后,我们能看见什么,能够解释清楚些什么,还得看我们的方法运用。这就涉及儿童生活世界认识路径的又一个重要方面——认识方法。

(3)认识方法:"聆听"儿童与回溯求证

当"我"投身到儿童生活世界之中,直面儿童本身,仿佛来到了一面"镜子"[①]面前:"我"正正衣冠,看看自己的装扮,深吸上一口气,拿起一把钥匙,打开了门,准备进入那个神秘的世界……

[①] 黑格尔曾用"镜面"对光的反应来隐喻"反思"。见:[德]黑格尔. 小逻辑[M]. 贺麟 译. 北京:商务印书馆,1980:242. 此处,笔者借用"照镜子"这一过程来比喻认识主体通过反思悬置各种态度的过程。

①"聆听"儿童:把握儿童当下状况及体验

如果说"我"在投身儿童生活世界、面向儿童本身时,找到了认识切入点——儿童"是其所是"的显现,那么,接着面临的问题就是:"如何才能把握儿童当下状况及体验? 答案就是:"聆听"儿童! 即在儿童"是其所是"的显现中,运用"我"作为认识主体的特性,去把握儿童当下状况及体验。

首先,"聆听"儿童意味着"无目的"地"听"儿童。这主要是由胡塞尔提出的一个重要的现象学概念——"明见性"——所决定的。"胡塞尔将哲学中的本原被给予称为明见性(Evidenz)。明见性的特征是直观,在这种直观中,'我'以无兴趣的、不参与的考察方式看到对象,即看到某些普遍的本质的联系。只要事物是在此时此地的当下中显示给我,那么对这事物的感知便是直观。"①可以看出,明见性是事物"是其所是"的显现在认识主体意识结构中的反映,是认识主体对事物最直观的把握。从明见性出发,在"聆听"儿童过程中,"我"最初应处于一种"无目的"地"听"的状态——"我"有意识地忘掉目的、完全面向儿童"是其所是"的显现而获得的状态。这一状态与儿童生活世界的认识原则和认识切入点是紧密联系的。它表明:"我"在"聆听"儿童过程中,一开始不要夹杂自己的主观臆断,以防漏掉反映儿童当下直观的一些材料,造成对儿童的偏见。只有通过对目的的有意识排除,"我"才可能全面获取儿童"在此时此地的当下中"的显现(言行)材料,达到对儿童当下直观的把握。获得儿童当下直观,这是认识儿童当下状况及体验的基础,也是认识整个儿童生活世界的基础。因为"哲学能断言的只应是在本原地给予的直观基础上对它来说可能的那些东西,不比这更多,也不比这更少"②。在认识儿童生活世界过程中,我们能够断言的,也只能是在儿童当下直观的基础之上,对于我们来说可能的那些东西。因此,通过"聆听"儿童把握儿童当下状况及体验,首先就应是"无目的"地"听"儿童。

其次,"聆听"儿童意味着"有目的"地"听"儿童。在认识儿童当下状况及体验的过程中,认识主体"无目的"地"听"儿童,不可避免地表现出认识的消极面——受制于儿童"此时此地的当下"。但是,借助于认识主体的"权能性",

---

① [德]埃德蒙德·胡塞尔.生活世界现象学[M].克劳斯·黑尔德 编.倪梁康,张廷国 译.上海:上海译文出版社,2005:9.

② [德]埃德蒙德·胡塞尔.现象学的方法[M].克劳斯·黑尔德 编.倪梁康 译.上海:上海译文出版社,2005:12-13.

"我"就能超越儿童本原的被给予方式的显现物,达到对儿童多种非本原方式的被给予之物的把握。关于权能性,"胡塞尔将这些在感知事物上出现的多种被给予方式称为'映射'。这些映射中的一部分——当下进行着的映射——'真实地'、直观地将事物显示给我,而其他的映射则是作为可能性而被我意识到的,我可以将这些可能性转变为真实的直观。这种可能性作为某种处于我权力范围之内的东西而被我拥有;因此胡塞尔将它们称之为'权能性'(Vermöglichkeit)。……权能性的关系为我展示的可感知之物的游戏场被胡塞尔称为视域(Horizent)"。[①]正是借助于认识主体的权能性,"我"才能在把握儿童当下直观的基础上,将儿童非当下的一些内容纳入"我"的视域、纳入当下直观中。恰如胡塞尔所言:"对象所指的是比在任何被给予方式中显现之物'更多'的东西。"[②]因此,认识主体除了"无目的"地"听"儿童外,还应"有目的"地"听"儿童,实现对儿童当下状况及体验的深层把握。

再者,"聆听"儿童意味着对儿童当下的指向和构造。如果说"明见性"体现了认识主体消极的一面,权能性体现了认识主体积极的一面,那么,胡塞尔提到的"意向性",则体现了认识主体能动的一面。胡塞尔认为:"意识是意向,即:指向对象。"[③]同时,"它(意向性)是指向一个意识自身的意义构造,在这种意义上,意向的指向就自然而然转化成一种意义的赋予和激活零散感觉素材的意向对象构造,意向性也就主要展现为一种构造性功能。"[④]正是认识主体意向性的指向和构造功能,将来自儿童当下直观和非直观的内容整合在一起,构成完整的儿童当下状况及体验。

"聆听"儿童表明,在认识实践中,只有建基于最能反映儿童当下状况及体验的直观材料,充分发挥认识主体的积极性和主动性,实现认识主体和认识对象的深度结合,我们才能完整把握儿童当下状况及体验,进而向其发生境域迈进。

---

① [德]埃德蒙德·胡塞尔.生活世界现象学[M].克劳斯·黑尔德 编.倪梁康,张廷国 译.上海:上海译文出版社,2005:10.

② [德]埃德蒙德·胡塞尔.现象学的方法[M].克劳斯·黑尔德 编.倪梁康 译.上海:上海译文出版社,2005:24.

③ [德]埃德蒙德·胡塞尔.生活世界现象学[M].克劳斯·黑尔德 编.倪梁康,张廷国 译.上海:上海译文出版社,2005:6.

④ 高秉江.胡塞尔与西方主体主义哲学[M].武汉:武汉大学出版社,2005:95.

②回溯求证:考察儿童当下状况及体验的发生境域

通过"聆听"儿童,我们实现了对儿童当下状况及体验的整体把握。接下来的问题就是:儿童当下为什么会有如此状况及体验?我们可以从胡塞尔提到的"时间"主题获得启示。

"胡塞尔的命题是:时间是——在奠基顺序的意义上——第一个被意识到的东西。意识是一条体验流,即一种流动的多样性……体验流的多样性的综合统一在胡塞尔看来就是时间性。"[1]这种体验流的多样性在时间顺序上包括过去、现在与将来。就此而言,儿童是由"儿童的过去"、"儿童的现在"和"儿童的将来"构成的完整统一体。并且,所有这一切,都以现在为坐标,一并融合于现在之中,即"本原地被给予的时间始终以作为其关系中心的现实当下来定位"[2]。同时,胡塞尔指出:"通过回忆和期待,我将过去和未来当下化,即:我将现实的、当下的、或近或远的时间性'环境'(Umgebung)当下化……所以,'回忆'和'期待'的被给予方式被归结到'当下拥有'的被给予方式上。"[3]从中我们又可以获知,不论是儿童的过去,还是儿童的将来,都将以"当下化"的方式凝集到儿童的现在之中。因此,儿童当下状况及体验来自儿童当下状况及体验的发生境域(当下意义生成的时空场域)对其意义的给予,发生境域在时间的体验流上,较之儿童当下是原初的、在先的,具有奠基意义。要寻求儿童当下状况及体验的意义,就需要回到其发生境域中,揭示其意义生成的过程。在此意义上,回溯求证是认识儿童生活世界、理解和把握儿童的必要环节。

回溯求证,就是要从儿童当下状况及体验出发,回到儿童生活世界现实场域中,去看看儿童在现实关系世界中,如何与世界发生互动而形成当下状况及体验;回到儿童生活世界的历史场域中,全面考察儿童与世界的关系历史,揭示儿童当下状况及体验发生的生活史依据。要做到回溯求证,必须对儿童生活世界的两条线索进行把握:一是横向的空间线索,二是纵向的时间线索。具体而言,在空间线索上,就是要回到儿童生活的家庭、学校(幼儿园)、社区等场景中,

---

[1] [德]埃德蒙德·胡塞尔.生活世界现象学[M].克劳斯·黑尔德 编.倪梁康,张廷国 译.上海:上海译文出版社,2005:18-19.

[2] [德]埃德蒙德·胡塞尔.生活世界现象学[M].克劳斯·黑尔德 编.倪梁康,张廷国 译.上海:上海译文出版社,2005:20.

[3] [德]埃德蒙德·胡塞尔.生活世界现象学[M].克劳斯·黑尔德 编.倪梁康,张廷国 译.上海:上海译文出版社,2005:20.

面向家长、老师、同伴等相关人员,运用观察、访谈等方法,探究各种场境因素之间的联系及其对儿童当下状况及体验的影响;在时间线索上,主要通过访谈家庭成员、老师等,了解儿童的生活史(包括家族的历史状况、儿童的孕育过程及养育状况、儿童的早期经验、儿童的教育经历等),探寻儿童生活经历对其当下状况及体验的影响。简言之,回溯求证就是要将儿童放入各种场境中,考察儿童在这些场境中的演进过程,进行"儿童为何如是"的诠释,与"儿童如是"一起构成完整意义上的儿童生活世界。

正是通过回溯求证,我们进入了儿童当下状况及体验的发生境域,对儿童进行"为何如是"的诠释。这种诠释本身就透露了一种对教育的价值判断,引导我们体悟儿童当下状况及体验的生成过程,并为我们教育观念的革新、教育行为的改变提供启示。从这个意义上讲,认识儿童生活世界又观照了"儿童的将来"或"将来的儿童"。如此,与胡塞尔的时间主题相联系,对"儿童如是"与"儿童为何如是"的探索,就将儿童的过去、儿童的现在和儿童的将来(将来的儿童)连在了一起,实现了对整个儿童生活世界的探索。

从现象学视域出发,探索儿童生活世界的认识路径。首先,要紧紧抓住"面向儿童本身"这一基本原则,这表明了认识主体首先要进入儿童的真实生活,通过反思悬置关于儿童的各种"态度"。其次,要以儿童"是其所是"的显现作为儿童生活世界的认识切入点,具体而言就是要抓住儿童"外在"言行表达,进入儿童生活世界。再次,通过"聆听"儿童,以整体把握儿童当下状况及体验。这意味着要"无目的"地"听"儿童、"有目的"地"听"儿童、指向和构造儿童当下三个方面。在此基础上,抓住儿童生活世界的空间线索与时间线索,回到儿童当下状况及体验的发生境域,探寻儿童当下的意义来源。与此同时,对儿童当下状况及体验及其发生境域的探索,隐含了对儿童的将来或将来的儿童的观照。这就将儿童的过去、现在和将来整合为一体,构成了整体的儿童生活世界。

探寻儿童的意义,同时也是探求我们自我存在的意义。儿童生活世界是儿童成长的土壤,那是属于儿童的生长地基,具有最为本真、最为纯洁的意义,也是我们诗意的栖居之所。正如泰戈尔的希望:"我愿我能在我孩子自己的世界的中心,占有一角清净地。"(泰戈尔,《孩子的世界》)然而,今天我们正在污染儿童世界的这份纯真。除非回到儿童的世界,找回纯真,如荷尔德林的诗句"只要良善/和纯真尚与人心相伴,他就会欣喜地拿神性/来度测自己"(荷尔德林,

《人,诗意的栖居》)。否则,我们难觅返乡之途,终究只能做一个异乡之客。

儿童生活世界时空线索见以下示意图(图1-2):

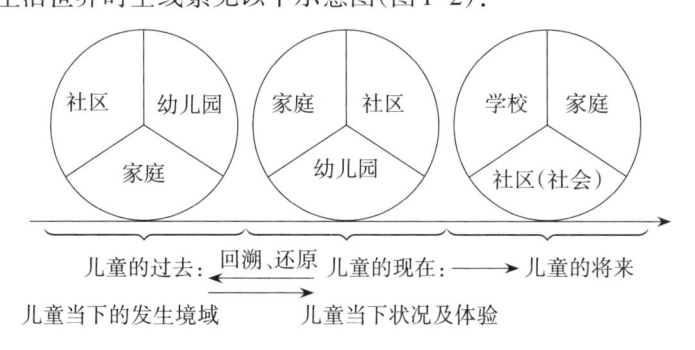

图1-2 儿童生活世界时间空间线索

2.叙事研究框架的构建

"故事'源自人类经验的观念,不管是个体性的还是社会性的人类生活,都是故事性的生活。人们用自己或其他人的故事来刻画他们的日常生活并以这些故事来解释他们的过去'。"[1]"叙事改变了人的存在时间和空间的感觉。当人们感觉到自己的生命若有若无时,当一个人觉得自己的生活变得破碎不堪时,当我们的生活想象遭到挫折时,叙事让人重新找回自己的生命感觉,重返自己的生活想象空间,甚至重新拾回被生活中无常抹去的自我。"[2]我们每天都生活在故事之网中,经历并体验着自己的故事,也与他人共享自己的故事或分享他人的故事。即使我们离开了、远去了、消逝了,故事仍会留在原来的时空中,等待人们的发掘……正如汤姆·斯潘鲍尔(Tom Spanbauer,1992)所言:"唯一能使我们不随风而逝的,就是我们的故事。故事给我们命名,给我们定位,让我们彼此相连。"[3]

选择叙事研究的方式对儿童生活体验进行探究的合理性何在?针对儿童生活世界的内涵与叙事研究的特征,如何安排叙事框架?这是本研究需要说明的问题。

---

[1] 陈向明.质性研究——反思与评论(第壹卷)[M].重庆:重庆大学出版社,2008:29.

[2] 刘小枫.沉重的肉身[M].北京:华夏出版社,2012:3(引子).

[3] 转引自[美]谨·克兰迪宁.叙事探究——焦点话题与应用领域[M].鞠玉翠 等译.丁钢 审校.北京:北京师范大学出版社,2012:41.

(1)选择叙事研究方法的合理性

一方面,现象学是叙事研究的重要理论基础。现象学有一条最为基本的原则:"面向事物本身,清除一切不合事理的先入之见。"这意味着要认识某一事物,就要到该事物所处的场域中去,并且要悬置认识主体的成见(态度),用加括号的方式将各种成见(态度)悬置起来。这样做的目的在于在认识主体身上实现一个纯粹的先验主体,以保证认识的合理性。叙事研究体现了这种探究精神。"他们(叙述探究者)从一个生活空间开始,随着生活空间中扑朔迷离的事情的呈现,来慢慢确定一种探究。他们不是带着假设的问题走进这个生活空间的,他们带着一种探究精神,来假设实际生活是可以被改进的。"[1]也正如一些学者所说:"叙事研究的旨趣可以概括为:面向事情本身;关注复杂(强调经验的故事性特征);重视意义理解与建构。"[2]本研究中,基于现象学形成了儿童生活世界的认识路径,与叙事研究的旨趣相符。因此,这成为本研究选择叙事研究方法的理由之一。

另一方面,研究儿童生活体验对叙事研究的诉求。"孩子/是由一百组成的/孩子有/一百种语言/一百只手/一百个想法/一百种思考、游戏、说话的方式……"瑞吉欧教育体系创始人马拉古齐在《其实有一百》一诗中,描述了儿童的多样性与独特性。不同的经历和体验造就了多样与独特的儿童。因此,我们想要理解儿童,就需要回到儿童生活世界场域,寻求一种"自下而上"的研究路径,去探究儿童成长过程中的经历和体验。"他们(康纳利和克兰迪宁)认为,教育研究的困境之一,即教育研究越是精确,其与人类经验的联系则越少。人们不禁要问:这究竟是谁的声音在说话?如何才能听到沉默的大多数(比如学生、教师、家长等)的声音?"[3]"在现代社会,有能力、有权利讲故事的人多起来。何况,现代社会中生活的可能性在不断增多——经济、政治生活形式的变化提供了更多生活实践的可能性,文化生活形式的变化也在提供更多的生活想象的可能性。"[4]因此,要了解儿童的生活体验,就要回到儿童生活世界,去倾听"沉默的大多数"的话语述说,收集各种关于儿童成长的故事。叙事研究一个重要的理

---

[1] 陈向明.质性研究——反思与评论(第壹卷)[M].重庆:重庆大学出版社,2008:30.

[2] 鞠玉翠.教师个人实践理论的叙事探究[D].上海:华东师范大学,2003:13-17.

[3] 丁钢.声音与经验:教育叙事探究[M].北京:教育科学出版社,2008:8.

[4] 刘小枫.沉重的肉身[M].北京:华夏出版社,2012:7(引子).

念就是"体验经验(experiencing experience)",这揭示了儿童的经验(体验)需要另一种体验来把握。要实现这一点,一个有效的办法就是"共情",即回到儿童生活场境中,倾听生活场境的诉说、倾听儿童及其生活世界关系人的诉说。要做到这些,叙事研究不失为一种适切的方法。

(2)儿童生活体验叙事研究框架的形成

一是儿童生活体验叙事研究内容及方法的确定。

叙述探究既是现象又是方法。[①]叙事研究是现象,是因为经验(故事)是其研究对象,经验(故事)是现象。叙事研究是方法,是因为叙事研究是一种思考方式,这种思考方式指导着研究者如何收集资料、如何诠释资料以及如何撰写研究报告。

本研究中,儿童生活世界有两层含义:儿童当下状况及体验;儿童当下状况及体验的发生境域。不论是儿童的当下,还是其当下发生的经验,都凝结成儿童的生活体验,这是本研究的主要内容。同时,儿童生活世界两层含义之间构成一种内在的逻辑:一方面,在儿童生活世界中,具有奠基性、原初性意义的是儿童当下状况及体验的发生境域。儿童的当下是由这一发生境域所生发、所给予的,这是一条给予、生长之路。另一方面,要诠释儿童当下,必须回到儿童当下的发生境域,去找寻儿童当下的奠基性、原初性意义。当下的发生境域是儿童生活体验的源泉,这是一条还原之路、认识之路。因此,儿童生活世界两层含义的内在逻辑之间又构成了儿童生活体验叙事的方法基础。

此外,从叙事研究一般方法层面——"进行经验收集、提供意义诠释、注意伦理规范"[②]方面,儿童生活世界的两层含义也提供了具体的指向。首先,儿童生活世界的内容指明了儿童经验的来源——当下及其发生境域,同时也间接指明了经验收集的主要方法——观察与访谈。其次,儿童生活世界的两层含义提供了一种经验意义的诠释方法——当下状况及体验的发生境域的给予性与生成性是儿童当下体验的意义之源。要诠释当下,就要回到过去。再者,对儿童生活体验的关注就是对儿童存在意义的关注,是"善"的流露与体现,这与叙事研究中"注意伦理规范"具有天然的一致性。

---

① 陈向明.质性研究——反思与评论(第壹卷)[M].重庆:重庆大学出版社,2008:28..

② 丁钢.教育叙事研究的方法论[J].全球教育展望,2008(3).

二是儿童生活体验叙事主体的确立。

关于教育叙事,从叙事主体的角度进行划分,其类型主要包括教师叙事、学生叙事、家长叙事和研究者叙事等。在一些教育叙事研究者的眼中,通常只有前两类叙事才称得上真正意义的教育叙事。对于研究者叙事,只是将其视为"特殊的教育叙事"。"从严格意义上来说,由于教育叙事是教育主体讲述的关于教育生活的事实或事件,因此,研究者叙事并不被看作教育叙事,而是与之有关的教育叙事。"[①]但是,在笔者看来,教育叙事不应将研究者(与叙事主体分离)这一视角排除在外,而且,由于这一特殊视角的存在,更能弥合教师、学生、家长等不同主体的叙事视角差异。同时,还能拓宽教育叙事的领域,甚至引出教育事实或事件的其他相关者视角,比如家长和社会等等,更能对教育事实或事件进行整体性的把握和诠释。并且,既然按照另一种标准——教育叙事主体中自我与他人的关系——进行划分,可分为自我叙事和他者叙事[②],也就更不应该将研究者视角排斥在外。

关于上面提到的,我们或许还可以从其他方面获得灵感。在中国国画艺术中,宗白华先生指出了构图的"三远"法:"对于同此一片山景'仰山巅,窥山后,望远山',我们的视线是流动的、转折的。由高转深,由深转近,再横向于平远,成了一个节奏化的行动。"[③]不同于西画中的"焦点透视","这种方法又称为散点透视,是指不受固定视圈的限制,在不同的视点上,将不同视圈内所观察到的事物巧妙地组织在一幅画内,使得视点像是在移动。这种散点透视法,在一些结构复杂、场面广阔的画幅里,更是经常被使用(如《清明上河图》)"[④]。中国国画中的这种方法特点,在中国传统史述、文学(比如《水浒传》、《三国演义》、《红楼梦》等)中也有充分的体现。[⑤]中国的艺术思维更注重整体,而西方艺术思维更重局部细节。这对于本研究的启示在于,一方面,不同的叙事主体就好比不同的视点,将不同视点上观察到的儿童生活世界故事进行剪裁、增补、拼接,融合

---

① 林德全.论教育叙事[D].上海:华东师范大学,2005:28.
② 林德全.论教育叙事[D].上海:华东师范大学,2005:28.
③ 宗白华.美学散步[M].上海:上海人民出版社,1981:107.
④ 丁钢.声音与经验:教育叙事探究[M].北京:教育科学出版社,2008:69.
⑤ 丁钢.声音与经验:教育叙事探究[M].北京:教育科学出版社,2008:69.

为一个完整的故事,共同反映出儿童生活世界的相关主题。另一方面,四名儿童作为叙事研究对象,各自相对独立,具有一定层次性,构成研究者审视儿童生活世界的不同"散点",有利于在较为宏观的层面上对儿童生活世界进行整体把握。在整体描述的基础上,同时借助西画中"焦点透视"式的思维,对最能反映儿童生活世界之矛盾部分进行"特写式"展示,以实现"由外及内"之目的。从这一点出发,这也是笔者在儿童生活体验叙事中确立多个叙事主体(叙事研究对象)的理由之一。

此外,最为重要的一点在于,本研究的研究对象主要限于幼儿园大班儿童,这个阶段的孩童因身心发展阶段受限,还不能完全用言语(成人能理解的语言)准确表达自我的体验与感受。因此,要研究他们的生活叙事,除听儿童本人的诉说外,一方面要通过观察当下生活场境,从中找寻生活场境的相关叙事;另一方面,还要倾听其他关系人对该儿童的故事诉说。在此基础上,由研究者(本文笔者)进行相关主题的叙事整合,这样更具有合理性和可行性。

因此,在本研究中,叙事主体角度包括:一是儿童自述,主要通过访谈的方式,对反映儿童当下体验及过去的经验的资料进行收集;二是教师叙述,主要通过访谈教师,向教师了解儿童在家庭或幼儿园中的生活经历;三是家长叙述,主要通过访谈的方法,向家长了解儿童在家庭或幼儿园中的生活经历;四是同伴叙述,主要通过访谈儿童同伴,了解儿童在相关生活场境中的经历;五是研究者叙事,通过研究者本人(文中笔者)对儿童的观察,将儿童当下的状况转化为儿童生活故事文本。在多个叙事主体中,研究者除了作为叙事主体而存在外,还承担整合儿童生活世界多重叙事角度的任务:审视各个叙事主体的立场和态度,在做出鉴别的基础上,进行儿童生活世界叙事整合。

三是儿童生活体验叙事研究的序列结构安排。

儿童生活世界的含义本身就构成了叙事序列的内在逻辑。"序列并非是一个单纯的时间自然序列,而是经过重组和构建的序列。"[1]因此,在叙事中,事件的"位置"就起着重要作用。"叙事探究内含的意义指向通过叙事的时间和空间位置而呈现,讲究时间和空间位置的叙事才能构成探究。"[2]同时,需要说明的

---

[1] 丁钢.教育叙事的理论探讨[J].高等教育研究,2008(1).
[2] 丁钢.教育叙事的理论探讨[J].高等教育研究,2008(1).

是,"这里所谓的'空间',不是指客观的几何空间,而是指鲜活的经验。如借用社会学的概念可概括为:场域或视界的空间意象在于把过去、将来和此时此刻体验加以关联,从而为诠释经验提供了可能。"[①]这与前面提到的胡塞尔的时间主题紧密关联:意识体验流是多样性的综合统一(时间性),在序列位置上包含了过去、现在与未来。并且,通过"当下化",过去与未来都被纳入现在(当下)之中。另外,可以看出,胡塞尔的时间主题中自然地包含了空间——"环境(Umgebung)"。当下化总是环境的当下化,意味着生活主体对社会(环境)的吸纳和贡献,这与叙事探究中将"生活空间作为一个三维空间"是相一致的。生活空间作为一个三维空间首先来源于杜威在经验分析中的两个关键层面:时间层面——过去、现在、未来,以及个人—社会层面。在杜威的二维空间基础上康纳利和克兰迪宁增加了一个术语——地点(Clandinin and Connelly, 2000)。增加地点这一术语的原因是,在叙述探究中故事在不同的地方发生总会对如何理解有关情境产生不同的影响。[②]

  基于以上考虑,本研究的叙事序列结构主要把握两条线索。从时间线索出发,以儿童当下(也包含了空间)作为叙事基点,回溯儿童过去的生活,探究儿童在园生活体验是如何由过去给予和生发而来的。探究儿童当下及过去,目的在于对儿童生活世界已经发生的、或正在发生的教育生活进行反思与合理性批判,以革新教育观点、改良教育行为,营造利于将来儿童的环境。从空间线索出发,主要以幼儿园为叙事基点,由对幼儿园生活的关注带出儿童在社区、家庭等生活场境中的生活经历。儿童生活世界叙事的时间线索与空间线索是相互交织的,这一叙事框架就是要将儿童放入各种故事场境中,考察儿童生活体验在这些场境中的演进过程,进行"儿童为何如是"的诠释,与"儿童如是"(儿童)一起构成完整意义上的儿童生活世界。叙事框架如下(图1-3):

[①] 丁钢.教育叙事的理论探讨[J].高等教育研究,2008(1).
[②] 陈向明.质性研究——反思与评论(第壹卷)[M].重庆:重庆大学出版社,2008:32-33.

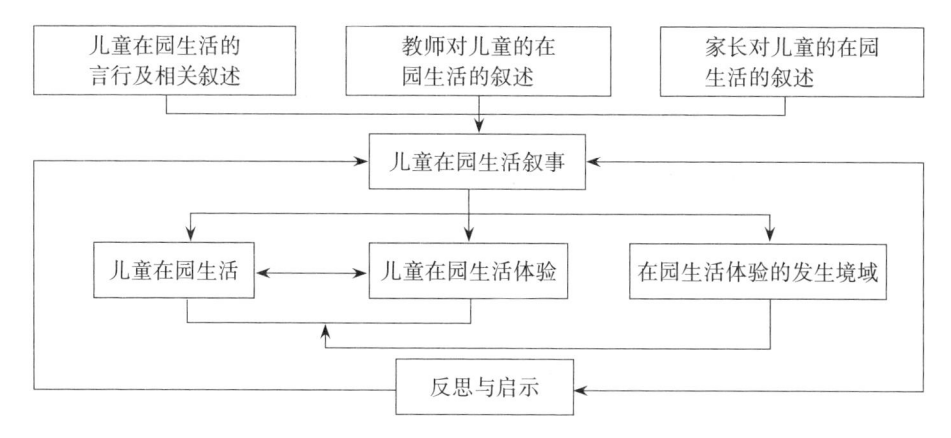

```
┌─────────────────┐   ┌─────────────────┐   ┌─────────────────┐
│ 儿童在园生活的  │   │ 教师对儿童的在  │   │ 家长对儿童的在  │
│ 言行及相关叙述  │   │ 园生活的叙述    │   │ 园生活的叙述    │
└────────┬────────┘   └────────┬────────┘   └────────┬────────┘
         └─────────────────────┼─────────────────────┘
                               ▼
                    ┌─────────────────┐
                    │ 儿童在园生活叙事 │
                    └────────┬────────┘
         ┌─────────────────┬─┴───────────────┐
         ▼                 ▼                 ▼
┌─────────────┐   ┌─────────────────┐   ┌──────────────────┐
│儿童在园生活 │◄──│ 儿童在园生活体验 │   │在园生活体验的发生境域│
└─────────────┘   └────────┬────────┘   └──────────────────┘
                           ▼
                    ┌─────────────┐
                    │  反思与启示 │
                    └─────────────┘
```

图1-3 儿童在园生活体验叙事研究框架

（三）研究方法的选择与说明

1.研究方法的选择

一方面，选择叙事研究的方法，与笔者自身的生活经历紧密联系。

在质的研究中，研究者本人就是最为重要的"研究工具"，而"研究工具"的灵敏度、精确度和严谨程度对研究的质量至关重要。[①]"研究工具"身上这些"主观性"是一把双刃剑，既是质的研究所必需的，同时也会使研究的"客观性"受到影响。因此，在质的研究中，不断地审视、反思"工具"自身，是非常有必要的。

笔者今年36周岁，自1996年中师毕业参加工作以来，"踏入社会"已整整18年（时间截止到2014年）。在这18年中，笔者既在异常封闭落后的山村待过，也在开放发达的大城市落过脚。在18年的生活历程中，笔者完成了从一个中师生向博士生、从一个初中教师向大学教师的转变。在此期间，笔者两次进入高校进修学习（分别于1998年、2002年进入贵师大参加为期两年的小教管理专业自考和历史学专业的学习），2008年硕士研究生毕业（教育学硕士）后得以进入高校。其间，笔者还做过小生意（菜场小贩），做过行政（读博之前）。当然，也增加了不少人生角色，如成为了一个丈夫、成为了一名父亲，成为大学办公室行政部门的一名科长……较为丰富的生活经历使得笔者对社会的各种面相都有一定的了解，更能够体会居于其中的人们的深切感受，也知道如何与他们"打交

---

① 陈向明.质的研究方法与社会科学研究[M].北京:教育科学出版社,2000:118.

道"。这是笔者做质的研究的优势所在。同时,自中师起笔者就深爱文学,拥有一定的文字创作功底。且师范三年在音乐、美术以及书法等方面的熏陶使笔者具备了一定的艺术表现力和鉴赏力,滋养并形成了笔者浓郁的人文情怀,使笔者对他人的内心世界更为敏感,更易于与他人产生"共情"。这也是笔者选择质的研究,特别是叙事研究的优势所在。重要的是,多年的阅历也使笔者养成了不断反思的习惯和能力,更能站在他人的立场上思考问题。这也能为质的研究的客观和严谨提供一定的保证。

以上经历和特质使笔者在资料收集、研究文本写作等过程中获益匪浅。

另一方面,本研究选择质的研究方法,主要是由本研究的特点和质的研究的特点所决定的。

在质的研究中,从研究问题的类型来看,本研究的问题属于意义类问题,采用的是现象学的策略和范式。Morse(1994)指出:"对于意义类的问题,比如了解生活经历的本质,采用的策略是现象学的策略、哲学(现象学)范式;除主要采用录音'谈话'、笔录个人经历中的有关轶事进行分析外,还兼对现象学文献、哲学反思、诗歌艺术资料进行分析。作为策略的现象学通常是指现象学常用的方法,比如本质直观的方法、一气呵成的步骤、意识的意向性等;而'范式'中的'现象学'指的是'学科'意义上的哲学流派。"[1]从研究的范畴来看,本研究的范畴属于生活经验(生活世界)的研究范畴,属于现象学和阐释学研究的学术传统。"Miller 和 Crabtree(1992)指出:生活经验(生活世界)的研究范畴主要关注作为个体的行动者的意向;与社会相连的行动者。属于现象学和阐释学的心理学研究的学术传统。"[2]

然而,如同陈向明教授所言,讨论质的研究的分类问题,一个假设前提是:内容和手段是可以分开的;而在研究的实践中这两者可能无法分开。不仅如此,实际上在质的研究中,针对所要研究的问题,我们会发现范式与范式之间有重叠之处、不同方法策略之间有共通之处。所以,有些研究者认为质的研究无法分类,至少无法将不同范式、不同方法策略截然分开,将质的研究看作一个连续体[3]:

---

[1] 转引自:陈向明.质的研究方法与社会科学研究[M].北京:教育科学出版社,2000:47.

[2] 转引自:陈向明.质的研究方法与社会科学研究[M].北京:教育科学出版社,2000:49.

[3] 陈向明.质的研究方法与社会科学研究[M].北京:教育科学出版社,2000:63.

完全自然主义的研究 ←——→ 半自然主义的研究
↑ ↑
自然情境 实验情境
开放型 控制型
没有假设 验证假设
描述为主 论证为主

图1-4 作为连续体的质的研究

在"完全自然主义的研究"的一端,研究者到达研究实地时态度非常开放,尽量悬置自己对研究现象的假设。甚至是一开始根本就没有自己的研究问题,在进入研究实地后才逐渐形成自己的研究问题。在"半自然主义的研究"的一端,研究有比较强的理论倾向,通常有比较正式的研究设计,收集资料的主要目的是对自己原有的假设进行验证,建构自己的理论。在质的研究实际中,不存在"完全自然主义的研究",因为随着研究者进入研究实地,或者说甚至是处在研究实地的人员有了进行研究的念头,自然情境中的平衡或多或少会被打破、没有假设意图的情境不复存在、对情境描述的主观意图也无法完全消除。因此,质的研究只是处在两端之间的连续体,是一种整体性的、情境性的研究。正如其他学者指出:质的研究方法是一种以"整体观"(holism)和"情境性"(contextuality)为核心的探究形式,它重视社会情境的整体性,重视研究现象中"人、事、物、情境"之间的互动,重视符号语言的功能与指涉、现象产生的意义,重视研究者与被研究者自身的反思与反诘(Patton,1990)。因此,质化研究是以一种自然的方式对现象进行深入的探究,需要研究者以自身为主要研究工具,尽量接近要研究的人和情境,深入了解实际中发生的事情。它更多地关注研究问题的过程,关注人们对一些问题的想法和做法。(Bogdan & Biklen,1992;Guba & Lincoln,1981;Patton,1990;Yin,2002)[①]

本研究中,儿童在园生活体验具有整体性和情境性。儿童在园生活及体验、体验的发生境域是紧密不可分的。同时,对二者进行描述和诠释,目的在于

---

① 转引自:于泽元.学校课程领导对教师投入新课程改革的影响:中国内地一所小学的个案研究[D].香港:香港中文大学,2005:115.

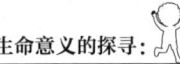

革新教育观念和改良教育行为,以利于将来的儿童。这样,儿童的过去、儿童的将来就与儿童的现在发生联系,构成一个不可分割的整体。另外,以儿童当下状况及体验作为切入口,追溯其发生境域,就是要观察儿童的关系互动、关注儿童的体验,在具体情境中去理解儿童。同时,关系互动具有情境性,理解其背后的意义体验离不开一定的情境。

本研究的特点与质的研究的特点比较吻合。因此,本研究选择质的研究方法。

2.研究对象的确定

本研究选择重庆市北碚区S幼儿园大E班的儿童作为研究对象,主要出自几个方面的考虑:一是该幼儿园作为重庆市首批示范幼儿园、一级幼儿园,其生源具有多层次性和多样性,更有利于反映地区的社会特点;二是该班的一名教师从小班就开始带这个班,对这个班的儿童各个方面的情况都非常了解,更有利于收集到儿童在幼儿园的成长资料;三是笔者在担任国培班的班主任助理期间,与该班的带班教师有过一段时间的接触和相处,该老师对笔者的研究主题有一定的了解,有利于建立起良好的信任。经过一段时间的预调查与预观察,笔者也与班上的其他教师建立起基本信任。

基于此,本研究主要选取大E班儿童作为研究对象,在对该班儿童整体生活情境进行考察的基础上,运用目的性抽样中的强度抽样选取四名儿童[①]作为叙事研究对象,即A、C、W、J[②]四名儿童。四名儿童分别代表发展明显有问题的,大家觉得发展较好、但笔者觉得存在问题的,一般的,笔者觉得发展较好的四种类型。

3.收集资料的方法

(1)文献法

从儿童生活的历史研究、儿童现实状况的研究、儿童视角的研究、生活世界主题的研究、叙事研究等方面进行文献收集。通过对相关文献的整理分析,形成儿童生活世界认识路径,以此作为儿童在园生活体验叙事研究的方法指导。同时,构建出儿童在园生活体验的叙事研究框架。

---

① 主要根据研究者的观察,结合老师、同伴的评价,选取在幼儿园场境中拥有不同状况和体验的儿童。一是尽量保证四名儿童的构成能全面反映班级的整体情况;二是保证每名儿童身上都含有丰富的研究信息。

② 为保护当事人隐私,本文涉及的儿童、老师姓名以及幼儿园、班级名称都用大写字母代替,如有重复,则在字母后加数字进行区别。

(2)观察法

观察目的:获得儿童在园生活情境资料,了解儿童当下状况及体验。

观察对象:主要以大E班儿童作为观察对象,并以A、C、W、J四名儿童为重点观察对象。

观察内容:儿童在生活情境中的行为表现、关系互动。

观察地点、范围:观察地点主要在幼儿园,部分涉及幼儿园以外的家庭和社区。幼儿园的观察范围包括集体教育教学活动、区角游戏活动、户外活动以及幼儿园一日生活常规活动等;家庭、社区的观察范围包括儿童的家庭生活场境和儿童社区生活场境。

观察方式、手段:采用参与式观察和非参与式观察结合的方式,将时间取样和事件取样相结合。

观察记录手段:主要利用观察日记、照相、摄像、录音等多种手段进行记录,设计互动事件观察记录表作为辅助记录手段。观察记录表的制定主要参照陈向明(2000)[1]、刘晶波(2006)[2]的相关研究。(观察记录表见附录1)

(3)访谈法

访谈目的:深层理解儿童在园生活体验以及体验的发生境域。

访谈内容:儿童对相关生活主题的认识和理解、他人对儿童的认识和看法以及儿童过去与现在的生活情况。

访谈对象及范围:访谈对象包括儿童、家长、教师。其中儿童包括相关互动事件的当事儿童、各类儿童作品的制作者以及与互动事件相关的其他儿童;家长包括从班级中抽取出来的个案研究对象的父母及其他相关家庭成员;教师包括班级的现任教师以及本班的部分历任教师。

访谈地点:对儿童的访谈在幼儿园自然情境中进行,对教师的访谈通过约谈在幼儿园工作场所或其他场所进行,对家长的访谈通过约谈在幼儿园(接送时段)或其他场所中进行。

访谈方式:对儿童的访谈采用非结构式、半结构式相结合的访谈方法,对成人的访谈主要采用半结构式、结构式相结合的访谈方法。

---

[1] 陈向明.质的研究方法与社会科学研究[M].北京:教育科学出版社,2000:247-248.

[2] 刘晶波.社会学视野下的师幼互动行为研究——我在幼儿园里看到了什么[M].南京:南京师范大学出版社,2006:51.

访谈工具、记录工具:制定出相应的访谈提纲(访谈提纲见附录2、3、4)进行访谈,采用书面文字记录和录音记录工具。

(4)文本分析法

对儿童在各生活场域(主要是幼儿园)制作的各类作品(绘画、手工等)进行分析,了解儿童对相关主题的认识与体验;对针对儿童而形成的文本资料(如儿童的成长档案、儿童的观察记录、儿童的辅导案例等)进行分析,以了解相关人士对儿童的认识与理解。

(5)田野调查法

依托于对四个叙事研究对象的观察和访谈,对幼儿所在的幼儿园、家庭、社区(会)进行田野调查,撰写田野日记,了解影响幼儿成长的更深层次的社会结构因素,为揭示儿童在园生活状况及体验的发生境域提供一手资料。

4.整理分析资料的方法

在资料的整理分析中,本研究主要采用互动模式的思路。即:资料的浓缩(实质就是资料的分析)与资料的收集、展示、建立结论与验证结论等环节相互结合、相互照应。最为关键的就是要通过资料浓缩将资料中的核心概念或主题提取出来,使用这些概念或主题将所有的资料内容统领起来,然后将这些概念或主题放回资料中,使它们在特殊的、具体的事物中表现出来。[①]

针对本研究的资料收集,结合叙事研究的特点,整理分析步骤如下:

(1)整体阅读研究现场原始资料,包括观察记录、访谈资料、摄像、录音等,将这些资料进行初步整理,转化成文字。在进行文字转化时要力求客观、真实、完整、准确.

(2)反复阅读转化后的文字资料,并进行初步归类、编码,形成不同主题叙事。

(3)对各个主题叙事进行深度描述,不仅要交代行动的事实,还要描述出行动的意图和情境等。

(4)将整理分析资料的各个环节联系起来,让整个过程形成互证、互补,力求最大限度地揭示出真实。

5.研究效度

在本研究的设计中,主要从以下几个方面确保研究信效度:

---

① 陈向明.质的研究方法与社会科学研究[M].北京:教育科学出版社,2000:275-276.

首先,亲历现场,确保第一手资料的真实性。本研究的资料收集历时四个月,在资料的收集过程中,所有资料收集工作笔者都亲力亲为。

其次,丰富资料,多种资料收集方式的运用。本研究中,运用传统笔记、录像、录音等多种收集资料的方式进行研究资料收集,以保证资料的充盈丰富。就资料的类型而言,有观察记录、录音资料、录像资料、访谈资料、儿童作品等。

再者,参与者检验,多主体互证。研究过程中,笔者与一同进入研究现场的另外两位硕士(一个师弟、一个师妹)就资料的收集、整理、分析工作展开充分讨论;在此基础上,并就分析结果与大E班老师、家长进行交流,积极听取他们的意见建议,以保证研究的效度。

最后,多方视角融合。本研究以笔者的观察和儿童自身叙事为基础,结合其他主体的叙事视角,力求对儿童生活体验做出客观、真实的描述和阐释。

此外,在推论方面,本研究更注重"内部推论"(陈向明,2000),力求真实客观反映叙事研究对象的生活体验。对于"外部推论"(陈向明,2000),期待叙事文本本身能够引起读者的共鸣而实现。

6.研究伦理

本研究遵循"自愿原则"和"保密原则"。

在收集资料前,告知当事人本研究的目的意图,在当事人完全知情的情况下开展研究。并对图片等资料的使用征求当事人意见,保证研究文本中的所有图片获得当事人的授权。同时,对研究中涉及个人隐私的资料进行特殊处理,如图片中部分信息用马赛克进行处理,人名、幼儿园名称、班级名称等用字母来代替。此外,对幼儿进行的访谈都是在幼儿园班级走廊、教室、户外等公开或半公开场合进行。

当然,研究问题与研究方法并不截然对立。相反,研究问题与研究方法紧密联系不可分割,质性研究尤其如此(或者说质性研究更应如此)。如同"现象"一词——"现象即问题、问题即现象",二者须臾不可分离。同样,研究问题的确立也离不开研究方法的选择,研究方法的选择更离不开研究问题的指引。二者往往深度交织、互融互渗,研究问题客观实然地存在,能不能发掘出来关键在于理论方法的正确选择与应用。诚如现象学之"意向性",一切现象都是人的意向结构的选择和构造——一切研究问题都是研究者对相关研究方法做出选择的结果。

第二部分 体验叙事篇

第二章

沉重的"天鹅"：
A儿童在园生活体验叙事研究

> 我长大了想当天鹅
> 　　教大家游泳
> 　　给大家带来快乐
>
> 我长大了想当仙女
> 　　保护大家

——A儿童

这是A儿童所画的《天鹅》中的文字，笔者刚见到A的时候，她还是一个不到6岁的小女孩，长头发扎成马尾辫，戴着眼镜。一开始，笔者就被A的一幅画——《天鹅》——给吸引住了（见图2-1）：橘红色的脚，天蓝色的身子、脖子和头，黄色的喙；身子较小、脖子很长，再加上一颗硕大的脑袋和长长的喙，脑袋上还别着一只深蓝色的蝴蝶结。画中天

图2-1　A儿童画的《天鹅》

鹅的主色调——蓝色,是A非常喜欢的颜色。夏天,A经常穿着带有蓝色圆点的连衣裙、一双纯蓝色的凉鞋,佩戴一只蓝色的发夹……

一、A儿童在园生活状况深描

A儿童的成长手册上写(画)着:出生日期——2007年8月18日;最喜欢的活动——看书、跳舞;最喜欢的颜色——蓝色。(见图2-2)

图2-2　A儿童的基本情况

在幼儿园,当笔者第一次将相机对准A时,她用双手捂住了自己的脸,甚至爬到桌子下面躲了起来,嘴里发出尖叫声……当笔者将注视的目光投向A时,发现她总是低垂着脑袋,两只手或绞在一起,或拉扯着衣襟,或紧紧地拽着衣角,目光茫然、游离,面对老师或小朋友的问询、邀请等经常不做任何回应……

然而,一旦离开幼儿园,A又像一只欢快的百灵般轻捷、跳跃、无忧无虑、无拘无束。

什么原因导致了A的这种反差?在A的生活世界中究竟发生了什么故事?此类疑问深深地吸引着笔者,促使笔者去了解、发掘、还原A的生活世界……

现在,让我们一起进入大E班,去看看A在幼儿园现实场景中的状况。

(一)"游离"于集体之外

在大E班,我们经常可以看到A在某个角落、在班集体边缘打转儿。

5月29日①,大E班在一楼葡萄架下进行户外活动,当小朋友们都积极投入游戏时,A于集体之外,绕着葡萄架柱子不停地转圈,沉浸在一个人的世界中。有时,看到小朋友们这边热烈的场面,A会跑近一点儿,像是要加入小朋友们活动的行列。不过,才刚靠近一点儿,A马上又转身离开。老师试图让A加入进来,但没有成功。A一个人倚着远处的柱子,半掩着身体,看着大家玩闹。活动结束,大家准备整队回教室时,A才怯生生地、慢吞吞地从柱子后出来,排到队列的后面,低垂着头,目光不时地"瞄"一下其他人。(A20130529L)②

大E班的小朋友们游戏时,A自始至终都是一个人在葡萄架下"自娱自乐";很多时候,即使身处集体之中,也少有与他人的互动联系。

5月27日,大E班教室内。A穿着一件白色的上衣、一条蓝色的裙子、一双蓝色的凉鞋,端坐在餐桌前,在U的帮助下,喝着酸奶。喝完后,她拿起一个蓝色的坐垫,来到教室靠后的位置,独自坐下。她双手环抱着腿弯,脑袋撑在膝盖上,眼睛直直地盯着地板,不知道在想什么。就在她旁边,小朋友们正热烈地交谈着、打闹着……(A20130527Z)

在幼儿园,不论是在室内还是室外,我们都会发现A经常处于一种"游离"状态,幼儿园内的人、事、物仿佛与她都不相干。她就是一个"旁观者",在"舞台"之外看着幼儿园每天上演的常规故事,偶尔被大家拉到"台上客串一下",反倒会让她感到非常的不适应。

(二)生活自理能力差

A在幼儿园很多时候都不知道该干什么、怎么做。就连一些简单的事情,也需要在老师或其他小朋友的监督或帮助下才能完成:

3月18日早晨,大E班小朋友们都坐在教室里吃着点心。A拿着饼干,在教

---

① 指2013年5月29日。文中出现的日期如无特殊说明,年份都是2013年。

② 本研究的叙事研究对象的资料编码形式,首字母A表示观察、访谈内容的对象(A、C、W、J),中间的数字表示日期,末尾的字母表示收集资料的方式(Z表示照片,L表示录像,G表示观察笔记,F表示访谈)。

室里转来转去,好像在寻找什么。小J老师发现后,一问,才知道A想找一把剪刀剪开饼干袋子。A转了一大圈后,仍没有找到剪刀。事实上,剪刀正安静地"躺"在美工区桌子上一个较为显眼的位置。小J老师看到A实在找不到剪刀,就让U(班上一小女孩)[①]帮助A。U很快找到了一把剪刀。A拿过剪刀,什么也没有说,用剪刀笨拙地剪开袋子后,将剪刀随手放在近处的一堆书上。然后,回到座位上,慢吞吞地吃起饼干来。当小朋友们都吃完点心后,A还剩下很多。后来,小J老师说:"U,去帮助一下A!"U来到A身边,手把手地喂了起来。(A20130318G)

在班上,A每天都是最后一个用完餐的人,U是老师经常安排帮助A的小朋友之一。有时候,甚至小J老师、小C老师或者X老师会手把手帮助A处理一些生活事务。在每次用餐时,老师都会对A说:"A,现在应该去端饭了。"A才会缓慢地从椅子上起身,先用目光"瞄"周围,再"小心翼翼"地将椅子放到桌子下面,然后来到取餐处,接过老师给的餐点,慢慢地"拖着"脚步走回自己的座位。如果是去洗手间之类的事,我们会发现A进去之后,大半天都不出来。只有当老师想起她时,叫其他小朋友将她叫出来,我们才会重新看到她。

(三)对老师的要求一味顺从

A对老师提出的要求,即使是不合理的、自己不喜欢的,也不会做任何的反抗,只是一味地顺从。

6月8日上午,A没有及时取杯子,被X老师叫了过去。X老师一边将杯子递给A,一边将她轻轻推进卫生间(洗杯子)。几分钟后,A走出卫生间,用杯子倒了一杯水喝。喝完后,X老师叫她拿杯子去接牛奶。在A喝牛奶的过程中,X老师走到她面前,说:"A,你今天吃饭要多吃点儿,快把牛奶喝啦!"不一会儿,X老师又走到她面前,说:"A,你的牛奶喝完没有?还没喝完啊,一会儿过后你还没喝完的话你就要'遭'(重庆话,指'受惩罚')。赶快喝!"当A把杯中的牛奶喝完后,X老师说:"再喝一杯,你明明(重庆话,指'原本',有'本来能做某事但却

---

① 在本研究的观察记录和访谈记录中,用"[ ]"标示出的内容为在原文基础上补充完整的内容;用"< >"标示出的内容为在原文基础上删减的内容;用"( )"标示出的内容为对原文做的进一步解释。

装作不能'的意思)喝得了的,再喝一杯!"于是将A的杯子拿去,又倒了一杯牛奶。A什么也没有说,拿着牛奶慢慢地喝了起来。一边喝,一边用手摸着肚子。(A20130608G)

从小J老师口中,可得知A不大喜欢喝牛奶。但是面对X老师的"强制"要求,A没有任何反应。A对外界(来自小朋友或老师)的要求、指责甚至是惩罚基本不做任何反应,只是一味地顺从。这种一味地顺从,在与其他小朋友的比较中尤为突出:

同一天上午,大E班的小朋友搬着椅子坐在了教室中间。观察者[1]发现A站在卫生间门口,就问:"你在这儿做什么?快拿上椅子到你的位置上去吧。"在接连问了几遍之后,A才向卫生间方向指了指。开始笔者没明白是怎么回事,后来看到G(班上另一小女孩)正在卫生间里面,才明白A是在等G。小J老师也看到了,问:"A,你在那儿干什么?快搬凳子坐下!"观察者向小J老师说明了情况。后来X老师也看到了,说:"A,你已经是大班的小朋友了,要知道自己该干什么。快搬凳子坐下!"A才搬上凳子,慢慢地在边上走着,想找到一个合适的位置。后来,小J老师让A和G搬上凳子坐到了整个班级的前面(很多时候是给不遵守纪律或犯错误的小朋友留的特殊位置)。一会儿,G向观察者招招手。观察者走过去,G凑到观察者耳边悄声说:"把凳子搬过来,陪我们坐!"观察者搬上凳子坐在了二人的后面。不久G又让观察者坐在她的正后面。在此过程中,A没有任何反应。与G坐在一起,A不时地侧身向G张张嘴,而G耷拉着脑袋,面无表情,不说一句话。(A20130608G)

与A不一样,G对来自外界的看法要敏感得多。老师让她们二人坐在班级的前面,G觉得是一件比较"丢脸"的事。所以让笔者坐到其身后,以获得安全感,消除被集体"抛弃"带来的孤独感。对于A来说,至少在表面上看起来,没有G的那种感觉,甚至因为多了一个人陪伴而感到高兴,一反常态地与G时有交谈(A在班上通常都是一个人待着,而此时有两个人反倒让她觉得高兴)。这或许

---

[1] 除特殊说明外,本书笔者(一般行文中出现)、观察者(观察记录中出现)、访谈者(访谈记录中出现)都为同一人。

就是一种自我的差别:G身上有强烈的自我存在感,A的自我还被某些东西强烈地包裹着(或者说慢慢被一些东西包裹起来)。

(四)遇事容易退缩

幼儿园中,当有人与A打招呼时,A很多时候肩膀会"抖一抖",然后才慢慢地将目光投向此人,"瞄"上一眼后又会迅速地收回。

6月14日上午,大E班小朋友晨练结束,回到教室坐下。A才从家里来到幼儿园。只见她低垂着头,慢吞吞、怯生生地走进教室,边走边用双手拨弄着书包的带子。小J老师说:"A,早上好!"A用眼神"瞄"了一下小J老师,迅速收回眼神,耷拉着脑袋,没有说话。小J老师:"A,老师给你问好了,你应该怎么回答?"A还是没有做任何回应。小J老师轻声说:"A,到我这里来!"A开始没动,在小J老师的再次要求下,来到小J老师身边。小J老师:"宝贝,你也对老师说'早上好,小J老师'。"A轻声地照着说了。小J老师继续说:"认识L老师①吗?去向L老师问声好。"A向观察者"瞄"了一眼,没有进一步的行动。小J老师追问:"认识L老师吗?"过了一会儿,A才低声说:"不认识。"小J老师笑了。(A20130614G)

或许大部分人都经历过这样一种场境:某一天,你上学迟到了,教室里坐满了人,老师也在。你在众目睽睽之下走进了教室,全班同学都盯着你,老师也盯着你。这时候,你内心的感受是什么?笔者类似经历的感受是"脸上有点儿发烧,觉得好像有虫子在脸上爬来爬去,很期望地上有条缝,能让自己遁身而逃"。这是一种感觉"做了不光彩的事儿"而不想别人知道,只想静静地找一个角落坐下,不想受到众人"关注"的一种感觉体验。A上面的经历大致与此差不多,于是小J老师的"问好"在A看来并不是那么善意(可能小J老师本来想传递一种善意和关心,但即使在笔者看来,也有点儿"来者不善"的意味)。不过,与大多数人的反应不同,正如前面提到的,"A自我意识的不凸显",A的"慢吞吞、怯生生"是一种对情境消极的反应,代表一种"自我"的撤退——通过撤退来避免与情境发生正面冲突,以消除紧张。这也就不难解释当小J老师问A"认识L老师吗"

---

① 本文的笔者、观察者、访谈者,事实上A认识L老师。

时，A回答"不认识"。或许，在此种情境之下，A所关心的是"如何逃脱紧张的情境"，所以对其他一切都以一种"无意识""下意识"的反应进行回应。

在幼儿园中，A常常退缩到自己的"世界"之中，"享受"着一份自给自足的"快乐"：

> 5月14日上午，A与几个小朋友在建构区。当小朋友们三五成群、热火朝天地用各种材料搭建起楼房、公园、高速公路等建构作品时，A独自一人在一旁拿着一个木块在软垫上磨蹭着，不时用木块敲打软垫上的一块木板，口中还念念有词。过了一会儿，A抱起木块和木板等，走到了软垫的另一边。她将两块木板重叠在一起，在上面放置了一个木质圆柱体。旁边的小朋友向A这边的木板挤了过来，A站了起来，双手一字排开，像是怕碰到她放置在地上的木板。接着，又在自己放置的木板旁跳来跳去。另一位小朋友在走过她的木板时，将木板上的圆柱体弄下了木板。该小朋友发现后，将圆柱体重新放到了木板上，并拿来一个易拉罐放到木板上，对A说了一句话，A没有回应，该小朋友就走开了。A左手轻轻拿起圆柱体，右手拿起易拉罐，将易拉罐口子对准圆柱体，"倾倒"起来。然后再将圆柱体放回木板上，又独自拿着易拉罐在一旁跳起来。跳了一会儿，停了下来，将易拉罐凑到自己嘴边，"喝"了起来。一不小心，易拉罐掉在了地上，被其他小朋友捡走了。A也不在意，又独自跳了起来。一边跳，一边说："我是宝宝，我是宝宝。"又说："我长大了，我就变成了树宝宝。"……
> （A20130514L&G）

在幼儿园中，"'游离'于集体之外、生活自理能力差、对老师的要求一味顺从以及遇事容易退缩"构成了A在园生活的基本状况，这些状况使得A在幼儿园看起来就像其画中的天鹅一样：耷拉着脑袋，步履缓慢，缺少一个孩子应有的朝气和生长能量。

然而，笔者发现，一旦出了幼儿园，A又表现出"轻松欢快"的一面，与在园时判若两人。

(五)走出幼儿园便轻松欢快

5月13日下午,A早早地背上了书包。一见到妈妈,便迫不及待地"蹦"出了教室,观察者跟着一起离开了教室。A在离开幼儿园的途中表现出轻松、欢快的一面,全然没有在幼儿园中的紧张和不知所措。一路不停地与其他小朋友打招呼,并且会离开妈妈身边很远,一个人到路边的小店去打量各种物品,还不时问上几句、摸上几把。

观察者问:"你们往哪儿走?"

A妈妈:"我们到前面她爸爸的办公室,等他下班一起回家。"

A问(观察者):"你和我们一起去办公室吗?"

观察者问:"什么办公室?"

A:"到我爸爸的办公室!"

观察者:"呵呵,我就不去了。"

分手时,A高兴地与观察者道别后,蹦蹦跳跳地与妈妈一起向爸爸的办公室走去。(A20130513G)

这种在幼儿园之外的轻松和欢快,从下面A所画的一幅画(见图2-3)也可以看出一点儿"端倪"。

图2-3 A儿童画的《姐姐与妹妹》

美国著名的儿童绘画心理学家格罗姆(Claire Golomb,2008)说过:"绘画是为情绪所掌控的,图画之中充满了意义。"[①]通过与A的谈话,笔者了解到上面这

---

① [美]Claire Golomb.儿童绘画心理学——儿童创造的图画世界[M].李甦 译.北京:中国轻工业出版社,2008:6(引言).

幅画画的是 A 与自己的妹妹在一起玩的情境。左边人物是 A 自己,右边是妹妹。在左边姐姐的着色上,A 选择了自己喜欢的蓝色作为主色调,黄色的小靴子、深蓝色的袜子、紫色的衬裤、蓝色的连衣裙、深蓝色的发带;右边妹妹的着色上,选择了绿色作为主色调,绿色的靴子、深蓝色的袜子、黄色的衬裤、绿色的连衣裙。姐姐斜挎一个小包,脸上打了腮红,睫毛温柔下垂;妹妹也打了腮红,睫毛下垂,唇线微弯向上。姐妹俩手拉手,借助人物的姿态以及飘动的裙摆展示出人物的动感。背景除了红红的太阳外,布满了代表爱的心形。整幅画色彩明快,传递了 A 小朋友的欢快、轻松。

二、A 儿童的在园生活体验诠释

在 A 儿童"'游离'于集体之外、生活自理能力差、对老师的要求一味顺从以及遇事容易退缩"等状况的背后,隐藏着更深层次的内在体验。

(一)不安、焦虑,想要逃离幼儿园

6 月 8 日,笔者与 A 经过了很长一段时间的相处后,取得了她的同意,与她进行了一次谈话。谈话中,笔者强烈地感受到了 A 对幼儿园表现出的不喜欢与不信任:

……

访谈者:好,来、来,我再问你一个问题。来,过来,A。哎,坐下! 你喜欢幼儿园吗?

A:嗯,我的朋友讨厌幼儿园,可是我喜欢。

访谈者:你的哪一个朋友?

A:我不说了,他们会听到的。

访谈者:哦——(访谈者拉长了声音,A"呵呵"笑了起来)在幼儿园你最喜欢做什么?

A:最——,不知道!

……

访谈者:我还问你,你想——(A 跑到了远处,边跳边发出"啊、啊"声),你想不

想上小学?(问了三次,A不作答)好,那我们进去吧,我们进去吧。你不想进去呀?

A:我永远都想在外面!

……(A20130608F)

谈话中,当笔者在问A"你喜欢幼儿园吗"时,A回答"朋友讨厌幼儿园,可是我喜欢",却不说明"朋友是谁",理由是"他们会听到的"。或许根本就不存在这个朋友,这样说只是出于自我保护(怕老师知道了会惩罚自己)。其回答"不知道"在幼儿园最喜欢做什么,更是戳穿了自己喜欢幼儿园的谎言,后来说"我永远都想在外面"也进一步印证了该谎言。

A对幼儿园的不喜欢、不信任的背后是其身处幼儿园的不安和焦虑,并想要逃离幼儿园:

……

访谈者:你每天从幼儿园放学之后[做什么]——

A:我、我、我从幼儿园去玩……我就过来搬椅子,然后我就去,那个橡皮擦说它想和我一起回家,我说不行、不行、不行,我就说橡皮擦它想和我回家,不行、不行、不行。

访谈者:橡皮擦?

A:橡皮擦要用来擦那些画错了的地方,我就开着水龙头<去>洗手。可是、可是、可是、可是我听到小水滴在和我说话,它<也>说它也想和我一起回家。然后,我说不行,小水滴它是液体的,我抓不起来。<而>于是呢、于是呢我听到、我又听到了一个声音,原来是盆栽在和我说话。

访谈者:盆栽在和你说话?哦——经常有这些东西在和你说话吗?

A:盆栽在和我说话。盆栽说它也想和我一起回家,可是我就心想还是不行、不行,盆栽带回家了就会弄"焉"(音译,应为"蔫",在西南一带常将"蔫"念为"焉")的。然后大象玩具说也想和我回家,我说不行,大象玩具已经和他粘在一起啦,我抱不起来。

访谈者:哦,呵。

A:于是——

访谈者:快坐着、坐着。

("轰",头顶热水器发出打火的声音)

A:热水器,那个是!

访谈者:对,坐着!坐一会儿。

A:我又听到了一个声音。原来是那个鼓在和我说话,它说我,它说它也想和我一起回家。我说,我就说不行、不行,这个鼓是大家的音乐,回家了大家都听不到音乐啦。于是、于是、于是——(声音渐小)

访谈者:于是怎么啦?

A:于是——,于是——,于是——(蹦到离访谈者较远的地方)白板娃娃和黑板娃娃也想和我回家,我说不行、不行,白板要用来拼拼图,黑板要用来画画、写日期的。

访谈者:哦——

A:于是,大家都对我——,于是——,于是——,于——是——,于是呀,熊也说想跟我回家,可是,我就说不行、不行,我要是把你带回家啦,妈妈再也找不到你啦。大家都说想和我回家。然后,那——,然后粉笔也说它想和我回家,可是,粉笔呢它要用来在黑板画画,所以我说不行,你要用来在黑板上画画,还要在黑板上写日记。每个人都——,于是呀,魔镜也想和我一起回家,可是魔镜是不能带回家的,因为还有一些人想来问魔镜谁是世界上最美丽的人。

访谈者:你问过吗?

A:问过呀。

访谈者:你问过魔镜没有?

A:问过。

访谈者:它怎么回答的?

A:它说我是最漂亮的,它说——

访谈者:就是说A是世界上最漂亮的哈。

A:它说——,可是我不能把魔镜带回家。有些人要——,因为有些人他(她)也想来问魔镜。于是呀——,于是安全出口(看到墙壁上的安全出口标志)它也想和我回家,可是我就说不行,我带回家了你们再也——回不了幼——儿——园啦。(声音渐低)你看嘛我们幼儿园连一扇门都没有,我们教(室)一扇门都没有,我们平时都是坐这个、这个电梯(用手拉着窗帘的拉链)下去的,平时我们都是坐电梯下去的。

访谈者:是吗？我们是走楼梯吧。

A:可是如果有人上去,他(她)就会把这个绳子伸长带我们下去。

访谈者:哦——,那我们先坐一下。快,先坐着,坐一会儿。

A:嗯,你看,幼儿园一扇门都没有。我们平时都是用头发,用头发放在吊床上拴住下去。然后——,我们平时都是把头发给拴到窗户外面去,然后吊着出来的[①]。可是,我们觉得那样太危险啦,我们就在这安了几个电梯。

访谈者:谁告诉你那样危险？

A:是我觉得这个太危险啦。看,这个好高嘛。

……

(A20130608F)

可以看出,A有着非常不错的想象力和语言表达能力。橡皮擦、盆栽、鼓、白板、黑板、魔镜、门、窗、安全出口等等,A把这些物品意象组合在了一起,不断地提到"它们"想要和她一起"回家",但最终都被她以"各种理由"(各种物品的功用)给"拒绝"了。在向笔者描述这些物品想和她回家时,A一直在走廊上蹦来蹦去,语气急促。明显,弗洛伊德的本我与超我在A身上发生了冲突:一个声音说"我想回家",而另一个声音说"你不能回家,因为不允许"。A在幼儿园中找不到任何东西代替"家",又摆脱不了幼儿园。于是,"当本能的冲动或欲望得不到满足或受到压抑时,自我就把这些冲动和欲望转移到其他人或周围的事物上"[②]。在对话中,A多次提到很多常见的物品想和她一起回家,将想要逃离幼儿园的情感投射向各种物品。而且,A还多次提到"门""窗""电梯""安全出口"等(出口的象征,也是逃离的象征)投射物,揭示出她身处幼儿园的不安、焦虑以及想要逃离幼儿园的愿望。后来,甚至提到了"危险",更是表明了幼儿园在她心目中是不安全的。

---

① 谈话中A提到了很多童话故事中的人物情节。其提到"把头发给拴到窗户外面去",是《格林童话》中一个有名的童话故事《莴苣公主》中的一个情节:莴苣姑娘被巫婆困在高塔中,为了和自己心爱的王子见面,将自己长长的头发从塔上垂下,让王子从塔底顺着头发爬上塔,和自己相会。华特·迪士尼动画公司于2010年推出的动画片《长发公主》就是根据《莴苣姑娘》改编而成。见:360百科。

② 王振宇.儿童心理发展理论[M].上海:华东师范大学出版社,2000:132.

而且，A将多个童话故事组合在一起，编制着自己的童话，进一步显露出自己不安、焦虑的情绪体验：

……

A：以前我就……可是地震把房子给打垮啦，我们就，我们就跑到××地方去啦，王子他要挑选新娘①。

访谈者：王子要挑选新娘？

A：对呀！

访谈者：王子要挑选新娘怎么了吗？

A：我们还有一只海宝②，还有两个妹妹。

访谈者：谁是王子？

A：海宝。

访谈者：海宝，海宝是谁？

A：……

访谈者：海宝是谁？你说的海宝是谁？是一个人吗？

A：是一条……

访谈者：啊，是什么？海宝是一个人吗？

A：对呀。

访谈者：他住在哪儿？

A：他住在王宫。

访谈者：呵呵，坐着，坐下吧。

A：它有一次呀，船被打翻啦。

访谈者：哦，这是一个故事。

A：海的女儿(安徒生童话故事)！

---

① 日本于20世纪80年代初推出的动漫《天鹅湖》中的一个情节：齐格菲尔德王子历经重重困难，甚至不惜牺牲自己的生命以证明对爱情的忠贞，终于与心上人奥杰塔成为幸福伴侣。环球影视公司后来于2003年推出了《芭比之天鹅湖》的动漫，情节与日本动漫《天鹅湖》大致相当。二者延续了俄罗斯著名作曲家柴可夫斯基芭蕾舞剧《天鹅湖》中的情节。见：360百科。

② A在谈话中提到的海宝，笔者推测应为《海宝有约·奥比岛宝物大搜索》丛书系列中的人物——海宝(2010年上海世博会吉祥物)。该丛书包括《海宝有约·奥比岛宝物大搜索：魔法搜查令》《海宝有约·奥比岛宝物大搜索：拯救纳多王子》《海宝有约·奥比岛宝物大搜索：征服奥比斯山》等系列。谈话中的一些情节多为丛书中的故事情节。见：百度百科。

访谈者:哦,海的女儿,我知道这个故事。海的女儿——

A:你听过吗?

访谈者:嗯,我看过。

A:船很快就被打翻了,海浪发现了海豚、鲨鱼。

访谈者:嗯,海豚、鲨鱼。还有呢?

A:还有母鲸,还有蝴蝶、鹦鹉。

访谈者:哦——

A:还有海星,还有海马和他的妹妹,那个大的一个海马他们跑到船上去,然后他就像一片树——(拉长)一样,很快就被打翻啦。所有的人都掉进了海里,而海豚、母鲸也掉到水里,因为鳄鱼、海龟、海鲸、海马和他的妹妹也掉到水里、海里面去啦。

访谈者:你紧不紧张?你看到这个地方的时候紧不紧张?

A:……

访:担不担心,为他们?

A:这个地方很危险了。

访谈者:哦,那个地方很危险。你为他们担心吗?

A:不。(很小声)

访谈者:为什么呢?那么危险你为什么不为他们担心呢?

A:因为鲨鱼——,鲨鱼它跑到我们的船上去啦,因为那个大风暴来啦(一边说着,一边不停跳着)。

……(A20130608F)

上面谈话中,A把故事发生的场境置于大海。从"王子挑选新娘"开始,转到"海宝",最后到"海的女儿",两次提到"船被打翻了"。海豚、鲨鱼、母鲸、蝴蝶、鹦鹉、鳄鱼、海龟、海鲸、海马等都出现在了大海中,伴随着"鲨鱼它跑到我们的船上""大风暴来啦"。这一切都显露出A儿童内心的不平静——紧张、不安、焦虑等交织在一起,就像是海上起了一场大风暴。

同时,A也会将自己世界中的现实生活与童话情节相互交织,延续这种不安与焦虑:

……

访谈者:来,我再问你一个问题,好吗? 你在家里面最喜欢做什么?

A:最喜欢啦,最喜欢推磨。

访谈者:最喜欢推磨?

A:对。

访谈者:你喜欢爸爸妈妈吗?

A:喜欢!

访谈者:爷爷奶奶呢?

A:爷爷奶奶啊?

访谈者:对。

A:喜不喜欢啊?

访谈者:嗯。

A:让我想一想。

访谈者:想一下!

(不停地走)

访谈者:喜不喜欢?

A:喜不喜欢啦?

访谈者:嗯。

A:我妹妹她经常搞破坏。她一天就知道骂人。

访谈者:那爸爸妈妈喜欢你吗?

A:爸爸妈妈呀?

访谈者:嗯。

A:不喜欢。

访谈者:不喜欢? 不会哦。

A:继父的嘛,继父!

访谈者:继父?

A:对呀。

访谈者:谁是继父?

A:爸爸去世啦,妈妈去世啦,找了一个保姆来带我们。

访谈者:带你呀?

A:对呀。那个保姆她非常爱人家。

访谈者:那也就是说你现在——,你的爸爸不是你的(亲)爸爸啰?

A:爸爸是继父,妈妈是保姆。

访谈者:妈妈是保姆?

A:对呀。我妈妈很早以前就去世了。然后,生下了"两对双"(重庆地区称双胞胎为"一对双","两对双"指两对双胞胎(这里是不是不对,四个孩子?感觉是两个。根据录音内容记录的,有时候小朋友表达得并不清楚),"两对双"是一样大的。他们两个都是,他们两个都是六个月。

访谈者:那你是哪一个呢?

A:因为他们两个都是一起生的。他们没有先生和后生,他们两个是一起生的,他们两个是"一对双"。(不停地跳,连说话都气喘吁吁的)

访谈者:那爷爷奶奶喜欢你吗?

A:他们就是我们说的双胞胎,就是那"两对双"。

访谈者:那你也是双胞胎吗?

A:我不是双胞胎,他们是"两对双",他们长得都一样。

访谈者:是你的妹妹,对吗?

A:她是我的妹妹,一个是九月份生的,一个是五月份生的。大的一个是九月份,小的一个是十月份。她们两个是一起生的呀!

访谈者:九月份和十月份悬殊那么长的时间,怎么会是一起生的呢?

A:因为她们两个想要成双胞胎,所以她们就一起生。在古代那些人没有、在古代那些人没有长得一样,全是双胞、古代那些人全是双胞胎。

……(A20130608F)

继父、爸爸死了、妈妈死了、"一对双"……这些看似莫名其妙的说法,多数来自A所阅读的一些童话书,被其"精心"挑选出来,一起构建起她对幼儿园(世界)的理解。

(二)渴望友谊和认同——对朋友与"五星评比"①的选择

A用自己编织的故事表达着自己的体验,也透过这种体验观察着世界、编织自己的世界。一旦觉得外界不安全、不值得信任,她就会退到自己的世界"居所"内,以无声的语言拒绝着外界的一切。不过,A也不时会做出一些走出自己"居所"的努力,试图与他人的世界发生联系。

图2-4是A在2012年12月制作的一张邀请卡,邀请的是Q(班上一小男孩)。图2-5是A儿童画的《Q是我的好朋友》。当笔者在与A的几次非正式谈话中,问及"你在幼儿园的好朋友有哪些"

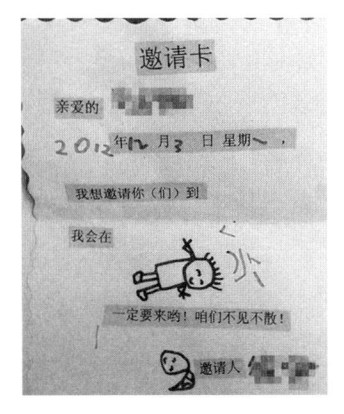

图2-4 A儿童制作的邀请卡

时,A都无一例外地说"我的好朋友是Q"。不过,就笔者的观察,其实Q对A并"不好",有时还强行从A手中抢东西:

一次,A和Q都在画画,Q就坐在A的对面。A将手中土黄色的笔放到桌上的笔筒里,准备去拿笔筒内红色的画笔。Q一把夺过笔筒,在笔筒里挑来挑去。观察者(与笔者一起的另一观察者)对Q说:"A是你的好朋友,你是男生,你要让她点啊。"Q不满意地"嗯——"了一声,稍后放下笔筒,到另一边去找东西了。观察者(同前)将笔筒递

图2-5 A儿童画的《Q是我的好朋友》

给了A,A没有要笔筒,拿着自己的画,透过眼镜向Q的方向"瞄"一下,什么也没有说。过了一会儿,A拿起画笔,也不继续画了,只是用力将所有画笔拽在一起,放入笔筒中,坐在座位上"发呆"。(A20130315L)

---

① 幼儿园班级中每学期都要进行"星级宝贝"的评比,有"智慧之星""安全之星""运动之星""纪律之星""文明之星"等五种类别。

后来，笔者在与小J老师的谈话中，了解到了A将Q视为好朋友的一些缘由：

......

访谈者：我在班上问过她(A)两次，问她最好的朋友是谁，她回答都是Q。

小J老师：就是Q噻。

访谈者：但是Q的反应(显示)并不是和她很(要好)。

小J老师：是这样的，原来Q挨着她坐一桌噻，现在变了位置了。好，还有原来做操的时候也是挨着的，他就去牵她。Q呢，对哪个(任何人)都很耐心，对A也是，也不吵她，还去牵她，去帮助她。所以她就一直认为Q是她的好朋友。

访谈者：现在我看到的Q可能是因为要大点儿了，那个时候因为要小点儿，可能想到去呵护她，(是不是那时)实际上也没有怎么和她交流？

小J老师：没有啊。

访谈者：现在是和C(班上的另一个男孩，也是本研究的一个叙事研究对象)坐在一起的。

小J老师：是的。但是C太能干了，她(A)感到他不是她的好朋友。(她觉得)Q可能跟她差不多吧，好像是在中班的时候她和Q相处得很那个(很好)。[而对]C，她可能感受到和她不是一个(类别)。因为那一段时间，Q其实很多事情<他>也是在缘边窜(在集体边缘)。你看到没有嘛，体育活动、户外活动，[Q]净是(都是)在边边窜。

访谈者：也是有点儿游离那种，有点点儿。

小J老师：他(Q)是啥子嘛，<他是>就是新东西他不能接受的，特别是户外活动的时候，你看他在前面了嘛，反正一会儿就跑到后面去了，基本没有参加活动。我们以前的王老师很喜欢他，一天抱抱抱。我说你看嘛，他一会儿就跑到外头去了。他就是不<得>参加，我一般走去就把他拉到第一个。让他做了再说，他比较横噻。不做就是不行，小J老师跟你一起做都可以。他做得两回他就<爱>敢做了，开始是怕，一个是他是小班完了(结束后)，中班的时候过来的，不是原来这个班上的。Q、K、P等，还有走了一个，四个一起过来的，(走了的)那个提前进入小学，那个还要恼火些。她(A)觉得他们(A和Q)还是比较相当，其实娃娃还是感受得到哪些(小朋友)是一个什么样的，对吧？

访谈者:娃娃所认为的好朋友的话,肯定还是有很多共同点之类的。

小J老师:肯定噻。那个Q和V是好朋友,是因为他们两个都喜欢车。好,然后C、E、H,他们几个,现在K正在融入他们<里头>,原来不得是的哦,原来K都是在外头(融入不进去)。

……(A20130520F)

对于C抛来的"橄榄枝",A似乎并没有表现出特别的"热情",反倒是对于与自己发展相当的Q表现出"热情"。在笔者看来,即使Q对A并不热心,A也一直视Q为自己的好朋友,很珍惜这份友谊。

同时,在小J老师看来,A虽然不怎么和其他人交流、表白,但并不代表她内心没有想法——她还是想试图展示自己。

……

小J老师:她(A)愿意当智慧之星,不愿意当其他的。

访谈者:智慧之星是哪个的(怎么回事)?

小J老师:当智慧之星只需要会说噻,但其他的要会做。做是她的弱项,你以为她不清楚嗦(重庆方言尾音)。我们评星级宝贝,随便哪个(重庆方言,"不论如何")她都要当智慧之星。当时我跟小朋友说,因为像我们M也想当智慧之星,(我就对他说,)"你如果受了伤,或者不安全的话,啥子都做不出来",他(M)就会改为"我要当安全之星"。而她(A)就不改,随便哪个都要当智慧之星。

访谈者:她想法很坚定哈。

小J老师:她晓得其他方面是她的弱项,她在集体中已经感受到了,我的感觉哈,[其他]是她的弱项噻,哪样比得过别个(重庆方言,"别人")嘛。有些小朋友会当啥子跳绳高手啊,还可以当啥子啥子啊。

……(A20130520F)

在幼儿园中,A渴望被他人认同。这种认同不是来自他人的"施舍",而是需要自己通过努力付出所获得。因此,也就不难理解,在对朋友的选择中,A宁愿选对自己并不是最为照顾的,但与自己"实力相当"的Q,而不选择对自己照顾有加,但在各方面远远超过自己的C;在"五星宝贝"评比中,A根据自己的优势,坚持要当智慧之星,决不当其他类型的星级宝贝。在这种渴望认同的背后,映射出了 A 在幼儿园陷入了不为他人所认同的处境,她自身也深深体会到了这一点。即使 A 也做出了一定的努力,但还是不足以使她摆脱这种不被他人认同的强烈体验。同时,这也构成了其在幼儿园各种状况的深层缘由。

(三)渴望"爱"——画中全是"心形"

就在笔者一行进入大 E 班不久,A 就作了一幅画——《出租车》:

图2-6 是 A 在幼儿园作的,A 先画上了汽车,等汽车画好之后,又在汽车的周围画上了许多心形,将整个汽车紧紧包围。整个汽车的形状,车窗、车门的狭小,人物的形状色彩及车胎,给人一种压抑的感觉。这与同样也是在背景中出现了很多心形的《姐姐与妹妹》(见图2-3)表露的情绪不同。在这幅画中,这种反复出现在绘画中的形状或许揭示了 A"爱"的欠缺和对"爱"的强烈渴望。同时,联系前面 A 的体验,这幅画或许还有更多的含义:A 在幼儿园感受到了强烈的压抑,就像"居于"这辆狭小的汽车一般,她需要大量的"心形"将自己紧紧裹住,才能摆脱幼儿园环境给她带来的不安与焦虑……

图2-6　A 儿童画的《出租车》

笔者多次观察发现,A 在大 E 班最怕的老师就是 X 老师,其次是小 C 老师;最喜欢的是小 J 老师。一般情况下,小 C 老师、小 J 老师都对 A 格外照顾。但即使如此,这种照顾也是有限的,用小 J 老师的话说,就是"不可能一天到晚都盯到她(A)噻"(A20130520F)。这让 A 陷入了对他人"爱"的强烈需要。当大 E 班出现了一个对她特别好的人时,A 就会表现出对此人极大的依赖。

4月15日上午,观察者进入大E班教室。A慢慢地向观察者的方向靠拢,走到观察者跟前,问:"曹老师今天不来吗?"观察者愣了一下,不知道她说的是什么意思。当得知该天只有观察者一个人来时,A的眼中流露出深深的失望……后来,观察者才了解到:原来,A口中的曹老师是观察者师弟、师妹的同学,上个星期五(4月12日,观察者临时有事没能到大E班)临时与师弟、师妹一行到了大E班,对A特别好,A也特别黏她(师弟、师妹语)。后来,接连几个观察日,A都会问观察者一行三人:曹老师今天来不来?每次得到否定的回答后,都表现出失望。不过,这种失望一次比一次弱,直至"消失""无望"而终……(A20130415G)

这种"失望"是让人揪心的,在A的幼儿园生活中并不少见。正是一次一次的失望,反衬出A在园生活中来自他人的关心、"爱"的缺失,其只好用满满的"心形"来填补这种缺失,表达自己对"爱"的强烈渴求。

虽做出一定的努力,A在幼儿园中还是无法摆脱被"边缘化"的境地,不被同伴所接纳。Schaffer(1997)指出,被忽视的儿童有以下行为特征:害羞,攻击少,对他人的攻击表现退缩,反社会行为少,不敢于自我表现,有许多单独行为……[1]在笔者看来,这些行为特征在A身上有过之而无不及。被忽视儿童在处理日常事务(如试图参加到一个群体活动中)时,会干脆呆呆地站在远处观望[2]。这是A在园生活状况的生动写照,其背后既有身处幼儿园的不安、焦虑,想要逃离,也有对他人认同及"爱"的渴望。

---

[1] 张文新.儿童社会性发展[M].北京:北京师范大学出版社,1999:153.
[2] 张文新.儿童社会性发展[M].北京:北京师范大学出版社,1999:156.

第三章

挺拔的"小白杨"：
C儿童在园生活体验叙事研究

他就像一棵小白杨
在阳光中闪耀
占尽了风光

可是他的内心啊
还是有些许慌张

——笔者

C儿童在班级中比较高，长得"挺拔"，在幼儿园非常受欢迎，园长、老师们都喜欢他，小朋友们对他十分佩服（羡慕）。笔者后来听C外婆说到她与C外公大学毕业时分配到了新疆工作，C也去过新疆，所以一下子就想到了"小白杨"这个形象。

一、C儿童在园生活状况深描

C儿童是一个6岁多的小男孩，在大E班年龄最大，个子也比较高。其成长手册上写（画）着（见图3-1）：生日——2006年12月1日；最喜欢的运动——骑自行车、球类、轮滑；最喜欢的颜色——红色。

图3-1 C儿童的基本情况

C给笔者最深的印象就是挺直:不论是坐着,还是站着或者是走着,其腰板都挺得直直的。若不是亲眼所见,真不敢相信一个6岁多的小孩有着这么"自律"的直。与其身体的"直"相一致,C说话做事都是有板有眼的,既有着积极主动的一面,同时又保持了一定的克制。正是这种第一印象深深地吸引了笔者,促使笔者想要去了解在C的生活世界中究竟有着什么样的故事……

(一)班级正式组织中的"权威"

在大E班,班长一职并没有固定的人选,只设有值日班长,主要负责班级纪律监督。但C在大多数时间内都履行着班长的职责。

3月5日下午,小朋友们要去看望托班的小朋友。大家实在是太兴奋了,教室内一片喧哗声。C在小J老师的要求下,负责去检查各位小朋友的准备情况。C在教室内认真地查看起来。看看这位小朋友准备的图书,看看那位小朋友准备的礼物……C来到H(班上一小男孩)身边,拿起他的糖果和玩具飞机(准备的礼物),看了看。同时,发现H在不停地讲话,C伸出手,指着H,警告他不要说话……(C20130305G)

在大E班的一日生活中,经常会听到小J老师或小C老师说:"C,你去看一下,究竟是谁在说话?"或者X老师边给小朋友们盛饭,边说:"C,你去检查一下大家在座位上都听话不?"每每如此,C都一本正经地履行着老师赋予的职责,认真负责地完成老师交代的任务。

6月24日上午，大E班的小朋友户外活动刚回来，解便洗手后，小C老师要求大家身子伏在餐桌上休息，等待午餐。但有几个小朋友并没有按照老师的要求做，不停地在座位上打闹。小C老师对几个小朋友发出警告后，还有小朋友仍旧在打闹。于是，小C老师就让这些小朋友将椅子搬上，坐到了教室中间。并叫C监督大家，看这些小朋友有没有坐好。C来到了教室中间，围绕着这几个小朋友，不紧不慢地走着，不时瞄上几眼。过了一会儿，F小朋友（坐在教室中间的一小男孩）弯曲着背，用手支着脑袋，歪斜着身子坐在椅子上。C立刻走上前去，并不言语，只是伸出右手，用食指指着F。开始F并不理会，依然我行我素。C就一直站在他面前，用手指着他，并瞪大了眼睛，直直地看着F。F终于拗不过，将身子摆正，规规矩矩地坐在椅子上。C离开F，又围绕这几个小朋友不停地转着圈。不久，W（坐在教室中间的一小女孩，也是本研究的叙事研究对象）小朋友又发出"啊"的一声，并在椅子上不停地扭动。C飞快地走到W小朋友面前，同样是一言不发，用手指指着W。W瞪了C几眼，最后还是乖乖地坐在了椅子上。随后，C又在教室中间围着这几个小朋友转起圈来……（C20130624G&Z）

除了在老师赋予的职责范围内行使纪律监督员的"权力"外，当班集体过于吵闹时，C也会主动地站出来，用响亮的声音说："大家安静一点儿，不要吵！"听了这话之后，通常情况下大家都会安静一会儿。

(二)小团体中的"带头大哥"

在班级正式组织中，C是权威。而C所在的班级小团体中，一些事情也都是C说了算，其他成员往往要看他的眼色行事。关于这一点，小J老师给笔者讲到了一些情况：

在幼儿园，C周围有一帮要好的朋友，分别是F、H、K、O等几个小朋友（也是C自己认为的好朋友）。其中，C与F、H、O几位小朋友在小班就十分要好。几个人中，C年龄最大，一起玩的时候大家都会听他的。K小朋友后来才慢慢融入了这个小团体。几个小朋友都比较关注战争、武器、自然科学现象等，时常喜欢玩的就是用雪花片拼装出各种战车，或者在探索区一起玩水，或者在图书角一起看图书。最近，班上的另一位小男孩M一直想跟他们一起玩，但是一直都融入不进这个小团体。M很聪明嗉（重庆方言中的尾音），于是，他就整天跟在C的后面，但C还是一直都不理他。小团体中的其他几个小朋友也就没有理他，一直到现在为止，M都想努力地靠近他们，可还是没有完全被他们接受。(C20130520F)

有一次，笔者也注意到了一件有趣的事：

一天上午，大E班的小朋友正准备吃午餐，小C老师叫H（C所在小团体中的一员）去选播一首轻音乐。本来这件事情一直都是由C负责，但那天C的表现让老师觉得不满意，而H又因表现好受到了老师的表扬。所以老师就叫H去播放音乐。H听到老师让自己做这事，非常高兴。快步走到电脑前，准备在电脑屏幕上搜索歌曲。忽然之间又像想到了什么，回过头向C看了一眼。C面无表情，没有理睬H。H又继续在电脑上搜索着，后来，终于找到了播放文件，点开一首曲子。音乐响起，C大声对H说："H，你怎么放这首歌曲，吃饭时放的歌曲不是这首！"H回头望了望C，又望了望在一边的老师，显得有点儿不知所措。C见H没有将曲子换过来，就径自走到电脑旁，拿过H手中的鼠标，迅速地将曲子换了过来。H在边上小声说："我本来也是找这首的，可没找到。"C什么也没有说，只是瞪了H一眼。(C20130625G)

不论是作为班级中的纪律监督员，还是作为C小团体中的"带头大哥"，C都拥有一定的权威地位。这种权威主要是源自C在其他方面出色的表现。

（三）出色的能力表现

1.令人羡慕的跳绳高手

C在运动方面发展很好，在各种体育项目中都表现出色，尤其是跳绳。

4月3日上午，S幼儿园大班年级组正在晨练场地上举行一分钟跳绳比赛。C小朋友也参加了比赛。轮到C所在的组别上场，7个小朋友站成一排，随着裁判一声"准备——，开始"，小朋友们立刻跳了起来。在场下小朋友的一片加油声中，只见C手臂轻摆，脚尖微踮，绳子"呼呼呼"地从脚底飞快地穿过。在一分钟的比赛时间中,一些参赛小朋友中途时有中断,但C却基本保持着最开始的速度和频率,从未间断。随着比赛的进行,大E班的小朋友有节奏地高声喊着:"C,加——油——!C,加——油——!"比赛结束后,裁判报出每位参赛小朋友的跳绳个数,C跳的数目竟然是令人吃惊的162个(该组最少的小朋友跳了81个)。小J老师立刻大叫一声"Yeah",竟然跳了一下,兴奋地鼓起掌来。大E班的小朋友也欢呼了起来,拼命地拍着自己的双手。C听到了自己跳绳的数目后,也露出了灿烂的笑容。参赛选手下场后,C继续留在场上。小J老师为C拿上外套,并亲自给他穿上。大E班的小朋友也在兴奋地传递着一个讯息:"C打破幼儿园的纪录啦!C打破幼儿园的纪录啦!"不一会儿,W园长上场给C颁奖。W园长走到C身前,和C握了握手,俯下身子,与C拥抱了一下。随后,拿出奖品——一个卡通玩具和一个阳光罐。每拿上一样奖品,W园长都向场下的小朋友展示了一番,然后再双手递到C手中。W园长拿上话筒,向小朋友们宣布C在一分钟跳绳比赛中获得了特等奖,创造了S幼儿园大班年级组一分钟跳绳比赛的纪录——162个,并带动大家再一次用掌声向C表示了祝贺。W园长在讲到"阳光罐"时,准备现场给大家展示一下阳光罐绚丽的色彩。由于户外光线太强烈,并不能看出效果。于是,W园长请现场的老师带领C到较暗的地方看一下。C跟着老师走出了场地,不一会儿就回来了。W园长请C告诉大家是什么颜色,C大声地说:"黄色和蓝色!"小朋友们都高兴地叫了起来。在给C颁奖之后,W园长又为其他的参赛选手一一颁奖。C拿着奖品走到自己班级区域,大E班的小朋友立刻拥了上去,小J老师和小C老师也走了上去,并把阳光罐用盒子装了起来……

回到大E班教室,大家仍然十分兴奋,T(班上一小女孩)对C进行了一次模拟采访:

C面带笑容,用左手将头支撑在桌面上,侧着身体坐在桌子旁。T站在C侧面,微笑着握起拳头(模拟话筒),伸到C的嘴前:今天你得了跳绳特等奖,你高兴吗?

C:上台领奖的时候很高兴,回来的时候不高兴。

T:为什么?

C:因为我那个时候名字被撕了。

T:啊(什么)?

C:回来的时候看到名字被撕光了。

T:什么名字?

C:我背后的那个名字被撕光了。

T:那就找老师呗。

C张了张嘴,"啊"了一声,然后侧歪下了头,靠在了桌面上。随后,C又充当采访者,对T进行了"采访":

C:请问你(在跳绳比赛中)得了一等奖吗?

T:No!

C:请问是二等奖吗?

T把C模拟话筒的手拉到了自己的嘴边,(有点儿不好意思)轻声地说着什么。然后放开了手,端起牛奶喝了起来。C收回了手,面露微笑,没有说什么,也不再继续对T进行"采访"了。

……

后来,W园长来到了大E班,询问了班上的获奖情况。得知班上得了五个阳光罐后,说:"你们太厉害了,有的班级一个都没有得。"并再次强调了阳光罐的意义。对在活动中创纪录的C说:"C,我好崇拜你哦。"

小朋友们也说:"我们也是。"

……(C20130403L&G)

C在幼儿园大班组一分钟跳绳比赛中创造了纪录,这在全幼儿园都掀起了不小的波澜。幼儿园园长、大E班老师及其他老师、大E班小朋友及其他班级小朋友都对C的表现佩服不已。对C在跳绳比赛中取得的成绩,大E班全班上下都很兴奋。小朋友们更是羡慕C的表现,甚至像W园长所说的那样——对C充满了崇拜。

在幼儿园,C在诸如跳绳之类的各种运动中的出色表现,给C带来了极大的荣誉和自信,成为他获得权威地位的重要条件。此外,C其他方面的能力也为他增色不少。

2.清晰的逻辑思路

在与C的交谈中,笔者发现C对数字"情有独钟",特别喜欢用数字来说明问题:

……

访谈者:现在家里面一起住的几口人?

C:三口人,等7月9日的那天我就去新疆了。有两个人去新疆,在这里(重庆)就剩一个人啦。

……

C:我告诉你,就是有一次夏天的时候呢,北京时间午夜12:00的时候,新疆才刚刚暗下来。

……

C:上床睡觉一般都是在九点三刻的时候。就是二十一点三刻。

访谈者:就是二十一点四十五(分)吗?

C:嗯。我睡着的时候已经是凌晨一点啦。

……

C:有一次我凌晨五点才睡觉。

访谈者:为什么那么晚才睡觉?

C:那次从厦门到重庆的飞机晚点两个小时,本来是23:00起飞,2013年2月17日午夜,23:15起飞的,结果晚点了1个多小时呢,直到2013年2月18日零点飞机才下来,才坐上飞机的。

访谈者:哦,然后呢?

C:那个,那个,飞机到达江北机场已经是2013年2月18日凌晨3点了。回家的时候呢,用了1个小时。然后在家里又等了1个小时才睡觉。

……

在谈到厦门有一次发大水时,C说:那个水都一米五啦。

访谈者:哦,这么深啊,像你们(这样高)的话都淹过了。

C:我一米二七。

……

C:P就是有一次把我[搭建]的一米三的高楼给打了,然后就搭不起啦。

……

C:我还知道2013年6月10号的时候神舟十号起飞,知道昨天的时候,神舟十号又降落。

访谈者:哦,对,昨天回来了,是吧?

C:对。绕轨飞行15天了嘛。

……

C:昨天晚上我看了一次新闻,昨天晚上我看了报纸,看到了2013年6月27日晚上的8:00到2013年6月28日早上6:30的时候,朝阳小学南校将停电。

……(C20130627F)[1]

在与C的谈话中,C喜欢用数字来说明问题,尤其是对表现时间的数字用得特别准确。这反映出C对用数字体现逻辑关系的喜好和优势,也反映出其清晰的思路。正是这种清晰的思路,让C在大E班的各种活动中,都能够清楚、准确地表达自己的想法,这又为其自信的获得和地位的巩固增加了"筹码"。

3.超强的克制力与自律能力

C总是班上站得最直、坐得最正、走得最稳的。恰如俗语所说:坐如钟、站如松、行如风。如前所言,不是亲眼所见,难以想象一个不到7岁的孩子能有如此表现。在这种表现的背后是超强的克制和自律。笔者从观察中发现,C的性格实际上是比较急的,甚至一急起来就有点儿语无伦次,或者并不言语,仅付之于动作表情。这从C外婆的口中也得到了印证:"我们C比较急,一遇上什么事,特别是觉得受到不公平的对待时,就会紧攥着拳头、瞪着眼睛、喘着粗气,并后撤一步、胸往前挺、头往上扬,就像一头发怒的小公牛。"(C20130620F)小J老师也说过:"这个娃儿(C)你要说到他的痛处(点子上),如果他觉得你说得不对,他立马就会跟你急。"(C20130520F)不过,在各种因素的影响下,C对自己的情绪有着比较清楚的认识,在他制作的故事书《我长大了》中有这样一幅画(见图3-2):

---

[1] 此为录音整理故保留"午夜"。

图3-2 C儿童制作的故事书《我长大了》中的一页

画中描述了C从发怒,到调节,最后归于平静的过程。在这种不断"磨合"的过程中,C的情绪得到了控制。所以,尽管我们看到C在很多情况下容易急,但他大部分时间能够把自己的情绪控制在一个较为合理的范围。这种控制在很大程度上给了C强烈的心理暗示,与外在的纪律约束一起,形成了C超强的自律能力。

在幼儿园生活中,C儿童所表现出来的权威地位、出色的能力等构成了其基本生活状况,使其看起来犹如一棵挺拔的"小白杨",因自己出众的能力品质而占尽了"风光"。

二、C儿童的在园生活体验诠释

C身上拥有各种出色的品质,在幼儿园各种活动中占尽了"风光"。然而,在这些"风光"背后,仍然有着"别样"的体验。

(一)烦与累——"我想多玩一会儿"

1.妈妈有点儿"烦"

C是老师心目中的"好孩子",是同学们佩服与"艳羡"的对象。然而,在C的内心世界里,有时也会有一丝无奈:

……

访谈者:我每天都看到是外婆来接你,你们每天下午放学的时候是直接回家,还是要在路上玩一会儿?

C:直接回家的。

访谈者:回家都做些什么?

C:回家每天晚上做作业都要做到八点多,玩只能玩十分钟。

访谈者:只能玩十分钟?做作业都做哪些作业啊?

C:珠心算、写字,还有算术题。

访谈者:哦,难不难?

C:有点儿难,就是那个珠心算有点儿难,就是那个算术太难了。

访:那你喜欢吗?

C:(停了停)有的喜欢。

访谈者:是外婆给你安排的还是谁给你安排的?

C:妈——

访谈者:哦,妈妈给你安排的啊。

C:妈妈有点儿烦呢。

……(C20130627F)

一声拖长了的"妈——",一句"妈妈有点儿烦呢"道出了C内心的几多无奈。除了妈妈给C安排额外的作业外,从C的口中,笔者了解到妈妈对C的态度也比较粗暴:

……

访谈者:你下午回去在家看不看电视?

C:最近我看电视的时候,妈总是骂我。

访谈者:嗯,她怎么骂你呢?

C:(模仿妈妈说话的口吻)不许看电视!

访谈者:你看的是什么电视吗?什么节目?

C:每次看的都是《熊出没》。

访谈者:《熊出没》,呵呵,看《新闻联播》吗?

C:从七点到八点那时候我都坐在沙发上看电视。

访谈者:然后你看《熊出没》了妈妈就骂你,就不让你看?

C:对。然后,《新闻联播》完了后,我就休息一下,我又看《天气预报》,《天气预报》完了后我又休息,又看《焦点访谈》。(语速越来越快,似乎很兴奋)直到《焦点访谈》完了才休息。

……(C20130627F)

从C急促的语速中,笔者能够感受到他兴奋中夹杂着一丝自豪,似乎暂时忘却了各种要求所带来的累和烦。

在家里,C所看的电视节目是受到严格控制的。在C制作的故事书——《我长大了》中,其中有一幅画(见图3-3),画面上全是《新闻联播》中的内容:对钓鱼岛行使主权、十八大召开、民族复兴路、航母下海、神九升空等。显然这些内容都是C"爱关注的"(C外婆语)。不过,C毕竟是一个6岁出头的孩子,他也和同龄的孩子一样,喜欢看看动画片。而这个时候,妈妈都会骂他,这让C觉得有点儿烦。

图3-3 C儿童制作的故事书《我长大了》中的一页

在C画的另一幅画《妈妈》(见图3-4)中:妈妈微翘的羊角辫、圆圆的脸、一字排开的双手、绚丽的短裙、高跟鞋,为我们描述了其心目中的妈妈。这幅画是在"三八妇女节"这天画的,C极力地想表现漂亮的妈妈。然而,在笔者看来,画面上上扬的眉毛、瞪着的眼睛以及大大的嘴巴,再加上一字排开的双手……使得这幅画还有着其他的意味:似乎C在画妈妈的时候,听到妈妈正在对他说着"不许看电视"之类的话。

图3-4　C儿童在"三八妇女节"画的《妈妈》

2.幼儿园更添"累"

妈妈对C的要求让他觉得累和烦,而幼儿园额外的作业更增添了C的这种"累":

……

C:幼儿园的老师我觉得非常好。不过我讨厌全班的老师。

访谈者:为什么呢?

C有点儿犹豫,不大想说。

访谈者:没事,你悄悄给我说。

C:因为老师每次都给我布置作业,我家的作业本来就很多。如果老师再给我布置作业的话,那得折腾到[晚上]十点啦。

访谈者:哦,是在小班还是中班的时候?

C:大班。

……(C20130627F)

C既觉得幼儿园的老师非常好,又觉得老师非常讨厌,这种复杂的情感揭示了C矛盾的内心:一方面,C出色的表现令老师喜欢,并给予了C展示各种才能的机会,这让C觉得老师很好;另一方面,C的出色表现引发了老师对C的高要求,增添了C的"累",这又让C觉得老师讨厌。

(二)怀疑与不安——"我还会得到表扬吗"

在各种"烦"与"累"之下,C流露出一丝怀疑与不安:

……

访谈者:老师经常表扬你吗?

C:不会的。

访谈者:我觉得你还是经常得到老师表扬呢。

C:现在不啦。以前从小班到中班,从小班上学期到大班下(应该是"上")学期的时候老师都一直表扬我,大班下学期的时候老师就有点儿,就经常批评我啦。

访谈者:额,为什么会这样呢,你觉得?

C:太不好啦。因为我现在总是做错事。

访谈者:做错事哈。

C:不过,老师有时候也是在背后说我的坏话啦。

访谈者:呵呵,是吗? 不会吧。老师肯定不会的。

C:会。

访谈者:你有错误她肯定当面给你指出来。比如说,你举个例子:哪一次大家在背后说你坏话啦。应该没有吧?

C:我在上小班的时候,每个小朋友都在告我的状。结果呢,他们告的状全都是假的。

访谈者:嗯,全都是假的哈。

C:老师结果还是批评了我,没批评他们。这是表扬他们!

访谈者:那你被批评的时候心里面是怎么样想的?

C:我就想,可恶,下次有你好看的。

访谈者:哦。那你受到表扬的时候你心里面又怎样呢?

C:我心里面是这样子的,我就很高兴。然后我就想以后还会不会表扬我呢,说不定还是、还是批评我。

……(C20130627F)

C在小班和中班经常得到老师的表扬,但到了大班后,认为老师不再像过去那样表扬自己了。对此,他进行了两个方面的归因:一是自己确实做得不好;二是有人在背后诋毁自己。事实上,就笔者的观察了解,老师们对C的态度和以前相比并没有多大改变,不过是随着C年龄的增大、能力的提高,对他提出了更高的要求。正如李静教授所言:"试图用各种诱人的奖励让孩子养成良好行为习惯,不仅很难实现教育目标,甚至有可能削减孩子的兴趣和动机、扼杀孩子的创造力、破坏孩子的人际关系。"①特别是在"破坏孩子的人际关系"上,在C身上得到了印证——C形成了老师在背后说我的坏话、每个小朋友都在告我的状的认知。很多时候,这些认知(包括C觉得自己做错了事)都是自己的想象,其实根本不存在。在各种赞誉之下,C似乎自信满满。但是,这种外在赞誉往往比较脆弱,当稍有变化,就会在C心中引发怀疑与不安。

C相对于班上的其他小朋友来说,显得更"成熟""稳重"。各种出色的能力既让他从众多小朋友中"脱颖而出",受到大家的关注;同时又让他感受到更多的压力,觉得"累"和"烦"。在一片赞誉声中,C感受到了快乐。但是,当外界一旦有"风吹草动",又会疑虑不安。这构成了C在幼儿园的基本状况及体验的各个面相,其有着更深层次的原因。

---

① 李静. 别让不恰当的奖励束缚孩子成长[N].中国教育报,2012-05-13(第004版).

第四章

班级"小闯将"：
W儿童在园生活体验叙事研究

我们的"小闯将"
走路夹风带雨
在班上总是横冲直撞

其实她的内心呀
只希望你能朝她
望上一望

——笔者

一、W儿童在园生活状况深描

W儿童是一个5岁多的小女孩，其成长手册上写（画）着：出生日期——2007年3月15日；喜欢的活动——游泳、拍篮球和跳舞；喜欢的颜色——红色、蓝色和粉色（见图4-1）。

图4-1　W儿童的基本情况

W长发,圆脸,中等身高,微胖,戴着一副粉色边框的眼镜。在幼儿园中,W走路一向风风火火、横冲直撞。她所到之处,不是带翻了凳子、碰落了碗筷,就是碰到了某个小朋友——即使有时候小朋友离她的距离并不算太近。于是,只要有W的地方,经常会听到"稀里哗啦"的声音,那是凳子翻倒在了地上,或者是碗筷弄掉在了地上。也经常会听到小朋友们向老师告状:老师,W刚才又撞到我了! W会立即往该小朋友面前一站,双手叉腰,眼睛圆睁,眉毛上挑,撮着小嘴,鼻子里发出"哼哼"声。老师每次都会把W叫过去,教训一番,叮嘱上几句。每每遇到这种情况,W都会向老师极力争辩或狡辩,开脱自己的"罪责"——哪怕自己的错误很明显。事后,W依然我行我素,在教室内外行走,俨然一个"小闯将"。W的这些行为表现让笔者觉得十分好奇,激发了笔者深入W的生活世界去一探究竟的想法。

(一)幼儿园内横冲直撞

W在幼儿园班级中总是横冲直撞,不论立在她前面的是人还是物,大有"一切为我让道"之势:

4月3日上午,大E班区域活动时间。W参加了建构区,与另外几个小朋友坐在室内的软垫上,用各种形状的积木进行建构游戏。玩了一会儿,W站起身来,准备到堆放积木的地方找几块积木。三个小朋友蹲在软垫上,正好挡住了她的去路。只见W一言不发,全然不顾前面的小朋友,急急地探出右脚,硬生生从两位小朋友靠得较近的肩部挤了过去。随着W的"路过",两位小朋友也被带倒在地,立刻喊了起来:"W!"W回过头看了两人一眼,没有说什么,拿起几块积木回来。经过两位小朋友时,又一次将其中一位小朋友带翻在地……(W20130403G)

"只要是有W在的地方,你要是听到'哗啦啦'响声,那多数是W把什么东西弄到了地上;要是听到某个同学喊'W',肯定是W又把哪个同学给碰到了。过不了多久,就会有小朋友来告她的状。"(小J老师语)(W20130520F)据笔者观察,小J老师的说法在班上还真是灵验。而且,很多时候,W会用自己的椅子去挤其他小朋友的椅子以获得自己想要的位置:

3月15日上午,大E班集体教学活动。小朋友们按照个子高低的分组方式,坐在各自的位置上。W起身洗手回来,搬上自己的椅子准备坐到第二排。但第二排已没有了空位,W用自己的椅子,使劲儿去挤另一个小朋友的椅子。开始,那个小朋友并不相让,W无法挤动。但她加大了力气,仍然"执着"地去挤对方的椅子。最后,W居然硬是给挤出了一个位置,将自己的椅子放了进去,然后若无其事地坐下。(W20130315G)

有时候,W做这种事情竟然是为了纠正"错误"、"帮助别人":

5月29日上午,M的椅子不见了,小C老师亲自到外面找椅子,M将小C老师的椅子拿到自己的位置上坐了下来。一会儿,小C老师拿着一把椅子走进了教室。W立刻走了过去,将椅子取回来,准备给M(M刚离开位置)换上。但是M所在的位置上有两把椅子靠在一起,椅子之间的间隔太小,不足以放进一把椅子。W也不管其他椅子上有没有坐着人,一个劲儿地用手中的椅子去挤M位置上的椅子,想挤出一个空位,把自己手中的椅子放进去。不过,不论她怎么用劲儿,还是不能得到一个椅子的间隔。一会儿,M回来了,把自己位置上的椅子拿了出来,W才将手中的椅子放了进去。(W20130529G)

W在幼儿园的"横冲直撞"显现了其"强势""霸道"的一面,这与她的另一种表现——"喜欢支配他人"——"相得益彰"。

(二)喜欢支配他人

儿童同伴支配行为是指儿童在与同伴互动中针对对方发出的旨在影响、约束、改变、领导他人的行为或控制某种资源的行为。[1]W在幼儿园中,与同伴交往经常处于支配地位,表现出控制、支配他人的言行。

3月6日上午,大E班区域活动时间,W、X_2[2](班上一小女孩)、Y_2(班上一小

---

[1] 杨瑾若,刘晶波. 学前儿童同伴支配行为成因探讨[J]. 乐山师范学院学报,2009(3).

[2] 本文用字母代替小朋友的姓名,因所涉及小朋友甚多,当遇到字母相同的情况,就在字母后加阿拉伯数字区分。

女孩)三位小朋友在教室外走廊处玩"看病"游戏。W首先对角色进行了分配:自己扮演医院"院长",X_2扮"医生",Y_2扮"病人"。三人拿着音乐活动区(在教室外走廊上,大E班与隔壁班级共用的区域)的竹制打击乐器(制成锤状的中空的竹节和一根小木棍)充当"捣药工具",站在一起"捣药"、熬制"药液"。三人将熬好的"药液"在竹制容器间倒来倒去。一会儿,Y_2在游戏过程中离开了,W立刻将她拉了回来,说:"快回来看病!"

Y_2:"哎呀,还要看病啊。"

W:"是嘛,你还没有好,还在流鼻子(鼻涕)嘛!过来休息一会儿嘛,我还要给你治。"

Y_2很不情愿地被W拖回了原处。W又走到蹲着的X_2面前,说:"快来熬药!"X_2站了起来,说:"还要熬药啊?我都以为下班啦。"W没有说什么,也把X_2拖回了原处。

X_2想把W手中的"捣药工具"拿过来,W没给。X_2说:"[不是要]熬药了嘛。[怎么不给我工具?]"

W说:"你去拿一个倒药的杯子。"

X_2去拿回了另一副"捣药工具"[充当杯子]。W立刻制止了X_2,给她找了一个杯状容器,说:"你可以用这个当杯子!"一会儿,W又对X_2说:"把你的杯子给我!"并将自己手中的"捣药工具"递给了X_2,拿回了X_2手中的"杯子"。又过了一会儿,W将X_2"捣药工具"中的药液倒进了自己手中的"杯子"中,把"药液"给Y_2喝了下去,并对Y_2说:"你可以走了,你可以走啦!"Y_2就离开了,W不忘叮嘱上一句:"你明天再来哈。"

X_2也来到了W面前,说:"下班啦,我要去——"话还没有说完,W凑到X_2面前,"啊——"了一声,X_2立刻停止了说话。W将X_2拖住,说:"还没有下班呢。"X_2就又回到了原处,伸手向W要其手中"熬药"的工具。W将拿"熬药工具"的手缩了回来,指着另一副"工具",说:"你用那个熬嘛!"X_2就去拿回了另一副工具,两人又开始"熬"了起来……(W20130306L)

在上面的游戏活动中,游戏的角色分配、道具选择、情节安排、开始与结束时间等都由W做出规定。就游戏而言,W以"老板"自居,这与W的家庭环境(后文要重点提及)有关——W爸爸的家庭经营餐饮生意,其对"老板"角色有充分的认识;另一方面,也与W自身的性格特征——喜欢支配他人——有关。

如该游戏事件所示,W在与同伴日常交往过程中也经常处于支配地位。然而,这种支配他人的权力显然不是他赋的权力[1],而是一种自赋的权力。而且,这种自赋的权力并不是来自亲和权(来自支配者的个性特征,以及同伴对这种个性特征的认可)与专家权(来自追随者感到领导者具有专门的知识技术,可以满足其需求),而是来自强制权(来自追随者感到支配者有能力惩罚他,使他痛苦)。"这种权力主要体现在攻击支配中,儿童因为具有身体上的优势而获得支配地位,而对方因为担心受到攻击而对他顺从。年龄越小的孩子,这种支配权体现得越明显。"[2]从案例中可以看出,无论是在语言方面,还是在动作方面,W的言行都具有一定的强迫性,含有威胁攻击的意思。这种威胁攻击的意味,在下面这件小事中则完全体现出来了:

6月25日上午,T在教室内图书角的地上捡到了一个小饰物,就问是谁的。大家都说是D的。T就起身准备将饰物交还给D。W跑过去抢夺,T不给,说:"我自己给她。"W就站在T面前,头凑近T,圆瞪着双眼,嘴巴紧撮,鼻子里还发出"哼哼"声。身体微弯,并排开双手,不让T过去。眼看T就要哭了,C上前将W拉开,说:"就让T拿给D。"
……(W20130625G)

在这个事件中,W的行为尽显攻击威胁的意思,如此行为在W身上随时、随处可见。这让同伴们因为"怕"她而对其产生追随行为。这种追随行为往往不是自愿的,而是被迫的。也正因如此,在极大程度上W在与同伴交往过程中容易产生冲突。

(三)常与同伴发生冲突

上面提到的3月6日的事件中,在游戏的后期,扮演医生的X_2和扮演病人的

---

[1] "他赋的权力是指由外在环境赋予个体的一种支配权。"与此相对应,"自赋的权力是由支配者本身的特点而形成的互动中的支配权"。见:杨瑾若,刘晶波. 学前儿童同伴支配行为成因探讨[J].乐山师范学院学报,2009(3).

[2] 杨瑾若,刘晶波. 学前儿童同伴支配行为成因探讨[J].乐山师范学院学报,2009(3).

Y_2都脱离了游戏。W希望游戏继续下去,想让X_2重新回到游戏中来。但X_2拿起了音乐区域的打击乐器,敲打起来。W强行将X_2手中的乐器夺回,放回了原处。X_2立即伸手要W手中的"捣药工具",意思是"你既然要我一起玩,那就把你手中的工具给我吧"。但W没给,指着放在旁边的另一副"捣药工具"说:"这儿还有一副嚛,你拿这副嚛。"X_2没有去拿,而是又拿起了打击乐器,独自敲打起来。同样,扮演病人的Y_2也不愿意继续游戏了。于是,W就去游说另一个小朋友R(班上一小男孩)扮演病人(因为没有医生,W还可以自己当医生。但没有病人可不行)。后来的整个区域活动时间,W都在游说R,始终没有成功。

造成这种情况的原因一是W缺乏组织游戏的能力,并不能"导演"出精彩的游戏情节,以吸引大家;二是W缺乏与同伴协商的意识与能力,完全按照自己的意思对游戏进行安排,让同伴觉得整个游戏很乏味、无聊;三是W缺乏亲和力,不容置疑的控制、支配言行让同伴反感。因为W一贯的"强势"——她因为强制权而在同伴交往中获得的支配地位——让同伴们反感,并不能让同伴们"信服"。当W遇到的小朋友同样也是一个独立意识、自我意识较强的人时,一个想控制、支配,另一个并不认同这种控制和支配,就会导致同伴交往中冲突的发生。这种冲突在W与同伴的交往中也经常可见:

5月29日上午,大E班第一组(W所在的小组)的桌子摆放的方向变了,小朋友们都弄不清楚自己座位的方向了。

W:"开心(班上一小女孩K_2的昵称),你应该坐在我的对面。"

K_2:"不对,我应该坐在这里。"

W继续指着自己的对面,说:"开心,你应该坐在这里。"K_2还是坐在W的左面,不动。W跑到周老师(排练节目期间到大E班来帮忙的一位老师)处,向老师告状。

K_2立刻将自己的座位移到了W的右面,将W的椅子挤出了原来的位置。

W回来了,说:"开心,你坐的是我的凳子。"

K_2:"这是我的凳子。"

W:"不对,就是我的凳子,刚才就在这儿!"

K_2:"你凭什么说这是你的凳子呢?"

W指着凳子上的斑点说:"我的凳子这儿有(斑)点,还有这儿也有点。"

K_2指着凳子上的一条缝:"你看,这里有一条缝,我的凳子这里有一条缝!"

这时,小组的其他小朋友也回来了,由于桌子方向变了,找不到自己的位置,都争论了起来。X老师走过来,将桌子方向还原,小朋友们才陆续坐下。K_2还是坐在W的右边。(W20130529G)

在上面的事件中,W试图采用简单的方式去控制、支配K_2。然而,K_2显然也不是"省油的灯",强烈的自我意识让她对W做出的安排提出意见,进而以"将W的椅子挤出了原来的位置"表达了自己的抗拒,并在一系列事情中"寸步不让"(如关于是谁的椅子的问题)。在各种活动中,正是W简单的控制、支配言行激起了大多数小朋友的反抗,导致矛盾和冲突经常发生。

(四)常犯错并极力辩解

W在幼儿园生活场境中,经常犯错误或做出不符合规定的事情。每当这种情况发生后,W总是寻找各种借口,极力为自己辩解,尽量开脱自己的"罪责"。

5月29日下午,大E班晚餐时间。W将肥肉吐入垃圾盘中,K_2立即站了起来,大声说:"老师,W将肥肉吐掉了。"小J老师问:"吐到哪里了?"K_2指着餐桌上的垃圾盘,说:"吐到这里了。"小J老师说:"W,[为吐肥肉这件事]道个歉。"W毫不犹豫地争辩说:"不是,外婆叫我不要吃肥肉。"(W20130529G)

我们无法得知外婆有没有对W说过这样的话(极有可能外婆也这样说了),但很多时候,这种借口有时甚至是"信手拈来"的:

6月14日上午,小朋友们回到了教室,G(班上一小女孩)摸着门口桌子上的一个生日蛋糕,对W说:"今天是C_2的生日。"W一把抓住G,用眼睛将G狠狠地瞪了一下。G看着W,没有说什么,使劲挣脱了W的手。W又上去抓住G的手。这时,X老师看见了,说:"你们在做什么?"

W马上说:"G不洗毛巾!"……(W20130614G)

在上面这一事件中，并不清楚W为何要对G做出如此言行。但可以肯定的是：事件的始末并不存在"G不洗毛巾"一说，这仅仅是W随口而出的借口。像这种情况，在W的生活中比比皆是。

在对W外婆的访谈中，外婆也谈到了W犯错误的事：

……

W外婆：因为我们这个娃儿(W)呢，她有点儿像儿娃子(重庆方言，"男孩")的性格，逗啷个(无论如何)都压不下来。因为她可以说是跟我搞宿(音xiu，"不怕"的意思)了的。在屋头凶哦，态度这些，只有打雷的时候才怕。我说"你看嘛，你平常没有孝心，你跟我大吼大闹的"。她声音特别大，我们平常都说"你是妹妹哦，你要注意到哦，你恁个(这么)像儿娃子性格一样"。然后，上学走路<这些>经常风风火火的，不是把这个同学撞到，就是把那个同学撞到。

访谈者：嗯，很多时候确实是这样。

W外婆：撞到之后她都不晓得，那些同学就(到我这儿)告状："外婆，你们W把我撞了。"我说"真的呀，她怎么闯(撞)的你啊？"。同学就说"路过的时候撞的"。可能她(W)还不晓得这个("撞到了人"这件事儿)，我马上说"W，你去给你们同学道歉"。好，她(W)说"对不起"。反正她那个态度呢，都很不情愿那种。她好像觉得自己没错那种。可能有时候她错了还不晓得错在哪点。

访谈者：她有时候找借口，[而且]她很会找借口。

W外婆：是的，像这一次呢，星期三、星期四、星期五天气比较大(气温高)，老师就说"可以中午来接娃儿"。我呢，中午就没有来接，我想到隔得近，幼儿园又有空调设施这些，环境也不错，所以就没有来接。她(W)第二天就说"外婆，你中午十二点钟来接我"。我说"为啥子呀？"(她说)"老师说的，放高温假。全部小朋友，全部家长十二点钟来接。"我说"你在哄我，我听到老师讲了的[并不是这样]，你不能这样子(撒谎)"。她反正不得(不会)说她自己错，她就是找借口。好，假如说，她跟你<哪个>争啊，争得你很冒火的时候，你鼓捣(强制性地)把她压下来的话，你也压得了她。她就会说"你个较劲儿(喜欢狡辩，寻歪理的人)，我不怕你嘿较(强，厉害)"，她就会这样说。

……(W20130624F)

从各个生活场境看,W 经常为自己的错误言行辩解,努力(甚至不惜撒谎)证明自己言行的正当性。

在幼儿园中,挤撞、支配与冲突、犯错与辩解构成了 W 生活的基本面相,使 W 看起来既像一个大大咧咧的"小闯将",同时又像一只随时会竖起长刺的刺猬。

二、W 儿童的在园生活体验诠释

W 在幼儿园中,似乎大大咧咧的,时不时露出自己身上的"长刺"。不过,在这种表现的背后,也有着她自己独特的体验。在笔者看来,不论是"幼儿园内横冲直撞",还是想要控制、支配他人,抑或是极力为自己的错误找寻借口,背后实际上都隐藏着 W 渴望他人的关注与认同。这种渴望揭示出 W "被忽视""不被认同"的独特处境和体验。

(一)被忽视——"请你看看我"

当我们一行三人第一天来到大 E 班时,一个小女孩向观察者走来,站在观察者面前,叫了一声:"爸爸!"

观察者愣了一下,问小女孩:"你说什么?"

小女孩:"我叫你爸爸,你就当我的爸爸吧!"

观察者才回过神来,就说:"好吧,那我以后就当你的爸爸! 你先告诉我你叫什么名字?"

小女孩:"我叫 Z!"

观察者:"嗯,好的,我记住了!"

另一个小女孩(后来得知她就是 W)大声地叫了起来:"她叫他爸爸,Z 叫老师爸爸!"

小朋友们都围了上来,W 立刻奔向了我们一行中的另一人,拉住他的手,也叫了起来:"爸爸,爸爸! 以后你就当我的爸爸!"小朋友们都笑了。这时,小 C 老师叫大家回座位上坐好,小朋友们陆续回到了自己的座位上……
(W20130304G)

在上面情境中，W虽不是走向笔者一行的第一人，但当班上一个小女孩认笔者做了"爸爸"后，W先是"惊奇"地叫起来，随后也立即将笔者一行的另一人认作"爸爸"。据笔者的后续观察，W后来与她的这位"爸爸"关系很亲密。有时遇到"爸爸"因事情耽搁没有去幼儿园，也会"缠着"笔者，询问"爸爸"为什么没有去幼儿园。当然，在"认爸爸"这一事件中，除了想要获得关注外，就W的背景（离异家庭，后文会重点提及）而言，或许包含了更多的意味。

在W身上，存在许多"破坏性行为"，这种行为很多时候也是为了引起老师和他人的注意：

4月10日，早餐时间。小C老师抱着一沓盒子，向教室外走去。W几大步跑到小C老师面前，说："老师，T（班上一女孩）把香蕉弄在地上了！"小C老师"哦"了一声，继续向教室外走去。W又来到了X老师那里，向她说了这件事。X老师正在为大家分派早餐，并没有看W一眼，只是说："大家注意哈，吃早点要小心点儿，不要掉在地上，既浪费，又影响环境卫生。"W噘噘嘴，一阵风似的转过身，回到了自己的座位上。指着T说："把香蕉捡起来！"T没有理会，继续吃着自己盘里的水果。W"吱嘎"一声拉开自己的椅子，使劲站起身来，来到T的位置，把香蕉拾了起来，使劲地摔到盘子里。并拿起盘子，"哐当哐当"地砸了几下。M站了起来，朝着X老师的方向，说："老师，W在砸盘子！"X老师朝这边望了望，大声喝道："W，坐好！"W回到自己的座位，在那儿翘着嘴巴，两只鼻孔"呼呼"出气……（W20130410G）

在这一事例中，W最后的"破坏性"行为终于引起了老师的"注意"，这也让大多数人忘记了她这样做的初衷。这些事例似乎都在向我们静静诉说着：请你看看我，好吗？

（二）不被认同——少有的表扬与难得的贺卡

不论是在家里，还是在幼儿园，因为W的大多数言行不大符合各种要求，使得她经常受到家长、老师的批评和同伴们的责怪。与这种批评和责怪相对应的是，W渴望得到家长、老师、同伴等人的认同。

1."我"也被表扬过

……

访谈者:我再问你,被老师批评过吗?

W:被[批评过]呀。

访谈者:那你记得最清楚的一次是被哪位老师批评了?

W:小J老师。

访谈者:嗯,她怎么批评你?

W:[我]要讲话,她又批评我。讲话也批评我!

访谈者:那<老师批评你>你当时是怎么想的?

W:我当时是想着,我要乖乖听话。呵呵(笑了起来)。

访谈者:你要乖乖听话。后来呢,听话了没有?

W:听话了。(拿起访谈者的录音笔,对着录音笔)所以说昨天——

访谈者:嗯,昨天我知道(W被表扬了)。

W:我把这个给你挡到起。所以——,你这个听得到啊?

访谈者:嗯嗯。

W:所以,所以——

访谈者:听不了。(访谈者想从W手里把录音笔拿过来)

W:哎呀,我来。所以,所以,所以——。干吗呀,我刚刚说到哪里啦?

访谈者:就是说老师批评你,你是怎么想的?

W:哦,我想,所以说昨天我就被表扬了。

访谈者:被表扬了?

W:是呀。

访谈者:昨天是做什么事被表扬了?

W:这个,拿着话筒,好吗?(拿上录音笔,凑在嘴边)

访谈者:嗯,[就当这]就是话筒。昨天是做什么事情被表扬了?

W:昨天是被——我不讲话,上课。

访谈者:不讲话老师表扬你了,那你心里面是怎么想的?

W:我心里面是——。(拨动录音笔上的按钮)

访谈者:哦,不要动,不要动。(访谈者准备拿回录音笔)

W:我来,我来。

访谈者：被老师表扬了你心里面觉得怎么样？

W：我心里面觉得很开心。

访谈者：很开心哈，呵呵。

W：妈妈也表扬我，小J老师也表扬我，还有外婆也表扬我，婆婆、姨姨也表扬我。

访谈者：哇，这么多人表扬你啊。

W：对呀。

访谈者：因为你做了什么她们表扬你啊？

W：因为我昨天的前天我被批评啦，然后我感觉不舒服。所以说，所以说，所以说我，所以说我今天表现得很好。所以说我昨天还表现得很好。

……（W20130627F）

在上面访谈中，有一个很有意思的细节：当W说到被老师批评时，她拿着录音笔，说"我把这个给你挡到起"；而当说到被老师表扬时，W则"拿上录音笔，凑在嘴边"。即使是因为"不讲话"而得到了老师的表扬，也让W觉得异常兴奋。继而回忆（憧憬）着"妈妈也表扬我，小J老师也表扬我，还有外婆也表扬我，婆婆、姨姨也表扬我"的美好。不过，因为受到的批评和指责太多，这种憧憬似乎成了一个易碎的梦。

这个梦反映出W对来自他人认同的强烈渴望，也让她感受到了身处集体中不被他人认同的落寞。

2. 谢谢你的生日贺卡

来自老师及家长的关注和认同对W来说弥足珍贵，从W的表述中可以发现，这种关注和认同在W的生活中似乎太少，即使有，多数时候也是建立在其改正错误的基础之上。来自同伴的接纳和认同，对W来说同样重要，并且十分珍惜：

3月15日上午，大E班户外活动回到教室。W来到班级信箱处，看到自己的信箱里有一封信，拿了出来，向观察者扬了扬手中的信，说："看，我有一封信。"观察者问："谁给你写的信？"W略微提升了嗓门："X（班上的一位女孩）！"打开一看，是用一张粉红色的纸制作的生日贺卡。贺卡上方写着"我们永远都是好朋友",纸中间左面写着"生日快乐",正中画着两个玩耍的小孩,下方落上了寄信人和时间。观察者问:"今天是你的生日吗?"W说:"是的!"观察者向W道了一声"生日快乐",W向观察者看了看,略露少有的羞涩之态,对观察者说了声"谢谢",并用双手将贺卡展开,举在胸前,请求观察者给她拍一张照片。然后,把生日贺卡小心翼翼地照原样折叠起来,放回了信封内,回到教室内,搁入自己的书包中。(W20130315G)

在大E班,许多小朋友在生日这天,都会从家里带上一个生日蛋糕到幼儿园,与班上的小朋友和老师一起庆生。庆生现场,会在教室的前面摆上一张桌子,将蛋糕放置在桌上,过生日的小朋友邀请自己的好朋友到桌前,互相拥抱,并接受朋友们的祝福。然后,亲自切分蛋糕,与在场的所有人一起分享蛋糕。笔者在W生日的当天并没有看到这一环节,除了X通过贺卡向她表达了生日祝福之外,没有看到其他人对她表示过相关的祝福。或许正是这种少有的祝福使得W感到珍贵,就连笔者一句简单的"生日快乐",竟也使平时似乎"大大咧咧、毫不在乎"的她露出了少有的"羞涩之态"。这些实际上也反映出W对得到他人的接纳和认同的强烈渴望。

在幼儿园的各种生活场境中,W的"强势霸道"背后隐藏着她在幼儿园"被忽略""不被他人认同"的内心感受。为了获得他人的关注和认同,W不惜动用一切手段表现自己:挤撞行为除了部分由于自身视力的原因外(外婆语),结合其他方面的行为,有向他人表明自己"强大"、引起他人关注的意味[①];能够控制、支配他人是得到他人认同的一种表现,W需要这种获得他人认同的表现来表明"自己在老师、同伴中还是受欢迎的,还是有号召力的";极力为自己所犯的错误寻找各种借口进行辩解,是为了在他人心中塑造一个完美的自我,为能获得他人的认同、进一步支配他人增加"砝码"。这似乎是一个矛盾——越是想通过这种方式获得认同,却越是不能得到大家的认同。生活中,小朋友们都会表现出自己所拥有的各种优势以获取他人的认同,比如说运动技能、绘画才能、音乐舞

---

① 笔者做出这样的推断,主要的理由在于:一是许多研究表明基础教育阶段后进生或表现平凡的学生正是通过一些非正常的言行方式引起老师和同学们的注意;二是通过与W的相处,W多次要求笔者为其拍照,或拿出自己制作的各种作品给笔者看并主动请求笔者拍照。在笔者一行三人进入研究现场时,W是主动与我们打招呼的小朋友之一,在知道Z称笔者为"爸爸"后,W也将我们一行中的另一人认作了"爸爸"。

蹈能力、各种见闻见识等。然而,在这些方面,W表现得并不突出,甚至远远低于班上的"平均水平"。因此,在W的成长过程中,就需要采用其他方式以获得这种认同。于是,也就不难解释W为什么要极力地去支配和控制同伴、极力地为自己的错误寻找借口,甚至为了吸引别人注意而不惜冲撞他人。

第五章

盛开的"古丽":
J儿童在园生活体验叙事研究

> 舞台中央的"古丽"呀
> 着一袭鲜艳霓裳
>
> 那些潜藏在内心的种子
> 总是由内及外地
> 次第开放

——笔者

一、J儿童在园生活状况深描

J儿童是一个5岁多的小女孩,其成长手册上写(画)着(见图5-1):出生日期——2007年10月4日;喜欢的活动——轮滑和玩芭比娃娃;喜欢的颜色——粉色、绿色、紫色和黄色。

笔者开始关注到J,还是从J的妈妈开始的。进入大E班,笔者发现几位家长在各种活动中经常帮助大E班的老师们一起进

图5-1 J儿童的基本情况

行筹备。其中,有一位家长非常投入:她不仅参与各种活动的准备工作,而且每天送小孩上幼儿园,要在幼儿园一直待到9点钟左右才会离开幼儿园。在幼儿园中,不仅关注自己的孩子,还协助老师开展各种常规活动。后来慢慢知道,这是J的妈妈。从关注J妈妈开始,笔者也开始关注J,对J的生活世界产生了浓厚兴趣……

在笔者看来,J在幼儿园中的表现有诸多问题,这些问题似乎将J置于"不利"处境中。

(一)言行不被他人所接受

1.容易引起冲突的语言表达

在笔者进入大E班不久,J与班上的C(也是本研究的叙事研究对象)就发生了一次冲突:

3月15日晨练,C用绳头打了一下J。J立刻哭了起来,直掉眼泪,并跑到妈妈身边哭诉。观察者问C为什么打J。C说:"J跳绳的时候对我说'大笨猪,来抓我呀'。所以我才用绳头打她。"J妈妈问J:"你究竟有没有这样说C?"J说没有。J妈妈又叫来C询问,C又把对观察者说过的话说了一遍。J妈妈找来其他小朋友问,有两位小朋友说没有,C说他们是在说谎。后来,一位小朋友说J说了那话的。J妈妈说:"不能用绳头打人,你打了别人,别人也会打你的。"小C老师也过来了,将C带到一边,询问事情的缘由,并批评了C。C最后点了点头,似乎认识到了自己的错误。(J20130315G)

在本次事件中,不管J有没有对C说过那样的话,就笔者后来对C的了解,两个小朋友间引起冲突的原因应该都是语言引起的。事实上,在笔者对J的访谈中,C还是J所认为的好朋友。在与同伴的交往中,J时有这样容易引起冲突的语言表达:

5月13日早晨,观察者刚进大二班教室,就看到J妈妈站在教室门口。因为J的脚受伤了,J妈妈就让女儿在教室内的图书角看书,没有到楼下去参加晨练活动。这时,L(班上一小女孩)与爸爸一起来到了教室,L带来了老师布置的作业——恐龙画。J拿起L的画,看到上面写着L的名字,一边跳一边说:"L是恐龙,L是恐龙。"并向L招手,说:"来呀,恐龙快过来呀。"L没有说一句话,只是圆瞪着眼睛,死死地盯着J……(J20130513G)

其实,在笔者看来,J的这些话语并没有多大恶意。但还是给她在幼儿园的交往带来了一定影响。因为这些话语,同伴们没少向老师告状,让J经常受到老师的批评。

2.喜欢用"动作"来表达

除了喜欢用容易引起冲突的语言外,J还喜欢用"动作"来表达自己的情感,这种方式也容易让同伴们"误解"。

5月20日,S幼儿园升旗仪式。J站在队列中,不时摸摸前面R(班上一小男孩)的头、拍拍R小朋友的肩。R后来有点儿不胜其烦,回过头瞪了J几眼,并扬了扬拳头。J并不介意,只是对着R一个劲儿地笑。当R转过身去后,还是照常与R发生身体"接触"。

……

升旗仪式后,小朋友们回到教室,在老师的要求下,J安静地伏在桌子上。可是仅仅安静了一会儿,J向同小组的Z(班上一小女孩)伸出双手,嘴里说着什么,并用手拍打了一下Z。Z也立即用手回拍了J,就这样你来我往了几个回合,直到老师发现后,大声地制止了她们的这种行为。J伏在桌子上望着Z偷偷地笑,Z却一脸不高兴。(J20130520G)

笔者还多次观察到,在集体活动中,J经常搂着坐在自己身边的小朋友的肩,或者回过头去与后边的小朋友说说话,甚至径自站起来在教室里走上一圈,抑或上一趟厕所。

不可避免地,J的这种"动作"的表达使她经常受到老师的批评:

6月24日上午,X老师要求大家安静地坐在自己的位置上。但J坐在座位上,不停地用手去拍打同组的H_2(班上一小女孩)。H_2在被J拍打后,也用手去拍打J。不久,这个情况就被X老师发现了。

X老师:"J、H₂,上来,到前面来!"

J从座位上站了起来,站在了X老师旁边。

H₂边起身边委屈地说:"是J先用手打我的。"

X老师轻推了一下J,J没有反应。

X老师:"老师说话的时候你们就在下面不停地捣乱,你来主持嘛。"

一会儿有小朋友告状,X老师:"这么小的事情就要告状。其他小朋友也是,非要去摸别的小朋友,管不住自己的手。J管不住自己的手,明天将她丢到小班去。"(J20130624G)

J的这种"动作"表达经常连累坐在她身边的同伴和她一起受到批评。每每这样,身边小朋友都会说"是J先摸我的",显得十分的无辜。而J总是一副若无其事的样子,依然我行我素。

同时,J在各种集体活动中并不主动。笔者在观察中很少看到J主动举手回答老师的问题,多数时间都显出漫不经心、很不专注的样子。笔者曾就此问题问过小J老师。小J老师说"那要看她(J)的情绪,可能哪天遇到她喜欢的,她会很积极踊跃。[但]这种情况很少。但是,都比原来好很多了。原来她完全就是一会儿就要上厕所,一会儿就要上厕所"(J20130520F)。

3.喜欢玩"骗人"的小把戏

6月26日上午,观察者刚进教室,Y(班上一小女孩)就来到观察者身边,说:"老师,J骗我和W₂(班上另一小女孩)。"

观察者:"她是怎么骗你们的?"

Y:"她说要给我们带孔雀蛋,可是她给我们带了只蚂蚁。"

观察者:"哦,她从哪里得来的孔雀蛋啊?"

Y:"她说她家里的。"

W₂:"她骗人,孔雀蛋只有公园才有,要很多钱才能买到。"(J20130626F)

笔者在当天与J的谈话中,问及此事:

……

访谈者:"今天早上我听Y和W_2说你骗她们,是怎么回事啦?(J笑了笑)她们对我说'J要给我们带孔雀蛋'。但你并没有给她们带孔雀蛋来。"

J:"孔雀蛋在家里面,H_2(班上一个小女孩)给我的……"(后面的话听得不大清楚)

访谈者:"[你]真的有孔雀蛋吗?我都没有看到过孔雀蛋呢。"

J:"嗯,我说的是那个书。"

……(J20130626F)

在此次事件中,究竟J有没有骗人,对两个小朋友说的是真正的蛋还是一本书,笔者无从得知。不过,前前后后在J身上发生的一些事,还是让笔者有点怀疑J的说法是否真实。甚至怀疑前面所提到的J在那次同C发生冲突中的辩解。

5月27日上午,大E班小朋友用完早点后,先做了区域活动计划。然后就在区域活动粘贴板上将自己的名字贴上去。有小朋友为了选美工区,将其他小朋友的牌子拿了下来。H_2说是J拿下来的,J说不是。另外也有小朋友说肯定是J。小J老师叫大家不要乱说,要调查了再说。(J20130527G)

图5-2是5月27日大E班小朋友区域活动分布情况。当天上午去美工区的小朋友特别多,粘贴板上美工区的最后一枚姓名牌上的名字就是J的(出于隐私考虑,图片打上了马赛克)。有几个小朋友都说是J将别人的姓名牌取下

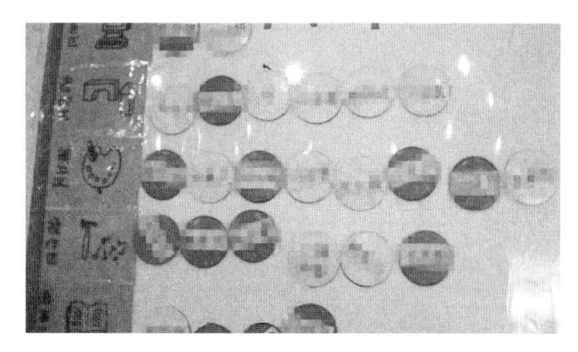

图5-2 大E班区域活动分布情况

来,然后将自己的姓名牌粘了上去。但J极力否认。在笔者看来,如果真是有人把别人的姓名牌摘掉,再把自己的姓名牌粘上去的话,J的嫌疑应该是最大的。不过,小J老师并没有细究此事。

从J的情况看,她在班级中似乎有诸多"不利":语言沟通方面有问题,在同伴交往中"动作"语言较多,还不太诚实。然而,这些"不利"并没有影响J同小朋友们之间的交往。笔者在大E班的一学期里,经历了四位小朋友的幼儿园庆生活动①,J有三次作为庆生小朋友的好友被邀请到台上。有一次,班上一位小男孩庆生,J还是唯一被邀请到台上的小女孩。同时,即使面对小朋友的"回击"、老师的批评,J仍然显得十分自信从容,似乎这些事并没有对她造成什么影响。

(二)运动"高手",自信从容

在J的爱好中,有一项就是轮滑。J的轮滑水平在大E班,甚至是整个大班、整个幼儿园都是最好的。除此之外,在班级的各项体育活动中,J的表现都非常出色。

3月6日上午,大E班进行了一项户外活动——"纸杯接乒乓球"。来到户外,小朋友们都非常兴奋,每人到X老师那里领了一个纸杯和一个乒乓球。在听老师讲解了接球的要领后,各自练习了起来。只见J左手拿着纸杯,右手拿着乒乓球,将球往空中一抛,然后急忙把纸杯凑了上去,但还是没有接住。在连续试了几次后,都没有成功。接着,J调整了抛球的高度。很快,就能将球接入纸杯中了。后来,J又将球抛得高些,微蹲下身,稳住身体,试着接了几次。在练习了几次之后,J将球接住的成功率越来越高。而对于其他小朋友,大多数还没有掌握接球的要领,更多时间是捡掉到地上的球。

同一天下午,大E班还进行了一项名为"袋鼠跳"的体能竞赛活动。小朋友们排成四个纵队,每四位小朋友为一组,进行体能竞赛。轮到J这一组,四位小朋友首先站到了代表起点的呼啦圈内,随着体能老师一声:"预备,跳!"四位小朋友模仿着袋鼠的跳跃动作,一步一步地向前跳去。四位小朋友中,J的动作最为协调、规范,速度节奏也是四位小朋友中最快的。在返回的时候,当然也是最早一个到达终点。(J20130306Z&L)

---

① 到了某位小朋友生日的时候,多数家长会让该小朋友带上一个生日蛋糕到幼儿园,与班上其他小朋友庆生。在庆生过程中,有一个环节就是庆生的小朋友邀请自己最要好的朋友到台上和自己一起许愿、吹蜡烛并拥抱。对于小朋友来说,被庆生小朋友邀请是一件非常荣耀的事。

谈起J的运动能力,在J妈妈看来,与J"与生俱来"的天赋和早期训练有关系:

> J一生下来,我们说的命心(囟门)都是满的,说明在肚子里面(娘胎)钙化得非常好,而且生下来后我们妹妹(重庆人对自己的孩子喜欢称呼为"弟弟"或"妹妹")是九个多月就走路,九个多月就大走。但我们之前做了很多工作。生下来的第二天,就爬在我的身上,就仰头了。头就抬起来,坚持一段时间,头又耷下来了(低下来)。然后一哈(一会儿)累了,又抬起来。这就很好地锻炼了她的脊柱。好,有了恁个(这样)一个基础过后呢,就坚持让她在床上爬,爬了过后就做一些按摩。然后她很快就会爬了,四个月就会爬了,爬得走了。当时<四个月>还很冷,因为她是十月份生的噻,我们就开起空调,穿一个棉毛衫、棉毛裤让她爬。所以她锻炼得很好,给现在打下了坚实的基础,现在都看得出来。到了(在)幼儿园小小班的时候,那阵还不是很突出。因为她"反"("调皮""好动")噻,像这些地方(指窗台)她就搭起凳子上去。(J20130517F)

从小J老师的口中,笔者也了解到"那个娃儿(J)运动也很协调,她年龄[虽]小,但是很多体能方面的运动她敢于参加,她也敢于去那个(做),而且她做出来的效果也还可以。还有跳绳,你想嘛,[她]可以跳到年级第一"(J20130520F)。在小J老师看来,J年纪虽小,但在各种运动项目中表现出来的协调性、灵活性以及爆发力等,展示了J出众的运动智能,这极大地增强了J的自信心。"她(J)的自信就是从体育活动中、体能活动中[开始的],还有我们后面引进的一些早晨的晨练啦,轮滑呀、跆拳道呀。她轮滑也很强,然后后头到大班又跳绳啦,中班就是跆拳道和轮滑。她在这些活动中就表现出她的[运动]智能上的一些优势。好,[这样]就得到了肯定,得到了肯定过后在其他方面就慢慢地进步,包括表达这块。"(J20130520F)

正是在运动方面的出色表现,使J收获了进入幼儿园的第一份自信,使其在幼儿园能从容地面对自己身上存在的诸多"问题"所带来的不利处境。

二、J儿童的在园生活体验诠释

J身上似乎存在很多"问题",但她在幼儿园生活中还是显得十分自信从容。

这份自信从容主要来自 J 各方面出众的能力,使其在幼儿园中体验到了快乐、轻松与愉悦。

(一)快乐——随处可见的漂亮舞蹈

6月22日,北碚缙云山上,大 E 班毕业联欢晚会正在如火如荼地举行。节目表演中,J 为大家献上了一支名为《古丽①》的新疆舞。J 头发扎成了许多小辫子,头上向后披戴着一条长长的红纱巾,身着颇具民族特色的红裙——裙上镶嵌着许多金色的边,脚穿一双红色的舞鞋。在一阵曼妙的音乐旋律中,登上舞台。J 面露微笑,柔美的舞姿和着动人的旋律,犹如一朵鲜美无比的花,在微风中极尽招展,向台下的观众讲述着动人的故事:有多少小姑娘都叫古丽/我不知道哪个古丽就是你/为什么你有一个花一样的名字/是不是古丽都比鲜花美丽/有多少小姑娘都叫古丽/我不知道哪个古丽就是你/为什么你有一个花一样的名字/是不是古丽都比鲜花美丽……(J20130622L)

在上面的舞蹈表演中,J 踏着轻快的舞步,不仅自己沉浸在快乐中,也用自己的快乐影响着现场的每一位观众,以至于表演现场除了观众的节拍声、舞蹈音乐,基本听不到其他任何的声响。这在小朋友们当天的表演中并不多见。

在幼儿园中,你会发现 J 会时不时地来几下"踮脚"、翻转几下手腕、转几个圈、抖动几下脖子、绷紧身体、放松四肢,就像鲜花那般,在风中极尽招展、纵情挥洒。不为谄媚、不为俗世,只为生命能量的增长!

在与 J 的谈话中,J 说得最多的就是练功、锻炼、节目排练等。这些并没有让 J 觉得讨厌,相反,从她的话语中更多地透出一份快乐和自豪。因为,她与妈妈有一个共同的梦想,就是"到大舞台上去跳舞"。当笔者问"多大的舞台"时,J 骄傲地回答:"就是上电视呗!"(J20130626F)语气中充满了自豪。

(二)轻松愉悦——明亮、干净的画作

J 绘画方面也是一把"好手"。在幼儿园中,除了舞蹈带来的快乐与自豪外,J 在绘画之中,也享有了一份轻松愉悦。

---

① "古丽"是新疆维吾尔语,意思是"花朵",J 经常跳一支名叫《古丽》的舞蹈。

下面这幅画(图5-3)画于2012年10月,J那时刚5足岁。在这幅画中,画面展示了色彩的多样性、人物的多样性,还有表现形状的多样性。同时,该幅画对生活常识的把握较为准确——在夜里,警察、环卫工人、急救出诊医生等人不睡觉。这对于一个5岁儿童来说实为难得。更绝妙的是,J用一双圆睁的眼睛表达了"不睡觉",尽显该年龄段儿童的思维特点及童真。

图5-3 J儿童的画《夜里什么人不睡觉》

图5-4的时间比上一幅画时间更早一些,画于2012年9月25日。在画中,J通过"能够当升旗手了"作为"上大班了"的标志。图中的语言为"上大班了,我想到台上去当升旗手"(当然,我们可以认为这主要是老师的引导)。整幅画色彩明亮、颜色多样,反映出J成长过程中的渴望与喜悦。

图5-4 J儿童的画《上大班了》

从画中小组内的人物情况看,下图(图5-5)应该比前两幅画的时间略晚。在画面最左端坐着的是J小朋友(名字用马赛克隐去)。从画中可以看出,J掌握了一定的焦点透视,初步画出了人的侧面形象,区分了人物正面与背面的表现形式,出现了画面层次的遮挡。与大多数学前期儿童在绘画中表现出的游点透视、"透明"等特征①相比较,J在绘画方面的发展还是较为超前的。同时,J的笔触对细节的把握也十分到位,画中对不同服饰细节的展现、对不同人物的发型饰物的描绘等,都表现得极为细腻,流露出与同伴在一起的快乐。

图5-5　J儿童的画《我们小组》

以上三幅图画,笔者虽对作画背景不甚了解。不过,就画本身而言,J在画中描绘的生活现实、对成长的渴望、与小组成员的和谐相处等,向我们静静地叙述了她在生活中的轻松愉悦。这种轻松愉悦我们从下面的画(图5-6)中也可以看出来:

图5-6　班级故事书《我班都是动物园》中J儿童的两幅画

J的绘画尽显了她在生活中的积极体验。即便如此,在J的幼儿园生活中,也存有一丝不和谐的体验。

(三)委屈——"又不是我的错"

正如前面所说,J在幼儿园中存在诸多"问题",这些"问题"让J经常受到老师的批评和同伴的指责。

---

① 李静. 汉字中的幼儿教育——幼儿汉字多元化教育研究[M].成都:四川教育出版社,2007:98.

……

访谈者:你悄悄给我讲,你被老师批评过吗?

J:额——,(笑了),批评过,原来批评过,现在没有这么多了。

访谈者:哦,现在没有这么多了。那被老师批评了心里面是怎么想的?

J:哎——,为什么要批评啦? 又不是我的错。

访谈者:又不是你的错,我为什么要受批评啦,是吧?

J:那天就不是我的错,因为那天K本来发的是《白雪公主》,我就把它放到书包里面,A的就被K收了。那个《白雪公主》A就没有了,睡觉的时候小C老师看到A没有《白雪公主》,她就来拿我的给她赔。

访谈者:哦。

J:她(小C老师)以为是我拿了她的。

访谈者:那你给老师讲了没有?

J:A说:"是J拿的。"明明是K,K都还说不是他。

访谈者:那这个情况你给小C老师讲了没有呢?

J:我讲了,但是小C老师说不用什么理由的嘛。

访谈者:哦,你们每个小朋友都有一本《白雪公主》吗?

J:我和A本来是有的,但A那本被K收啦。给其他没有《白雪公主》的小朋友啦。

访谈者:那K给收到哪儿去啦? 你去给她找出来不就得啦。

J:我不知道放在哪儿的。

访谈者:是什么时候的事情?

J:是——,K把它放到了放礼物的那里。把它和其他的(书)和成了一堆,搞乱了。

访谈者:那你给小C老师讲了吗?

J:这(那)段时间<那天>K一直没有来,结果不知道幼儿园讲了什么规则,然后他就挨批评了。挨批评了很多次,原来一点儿都没有[被]批评,一次都没有遭(被)[批评]。[现在]天天都在(被)批评。

访谈者:那被老师批评了心里面会怎么样?

J:很不舒服。

……(J20130626F)

在J看来,小C老师这种"不明事由"的批评让自己觉得很委屈,以至于表扬自己慢了,也让其有点儿耿耿于怀:

……

访谈者:老师表扬过你没有?

J:老师表扬过了的。

访谈者:你记得最清楚的老师表扬你的一件事是什么事?

J:是因为那天我休息得最好,小C老师就表扬了我。她说"J休息得最好,她可以吃零食,她可以看动画片"。

访谈者:哦,那你心里面觉得怎么样?

J:觉得很快活,当还没有点到我的名字的时候我已经休息得很好啦。不知道小C老师在看哪里,都还没有点到我的名字。

访谈者:哦,没有点到你的名字,也就是没有表扬你?

J:她没有点到我,也没有表扬我,也没有批评我。

……(J20130626F)

虽时有这样的"不和谐"体验,但对J在幼儿园中的整体生活状态并没有产生多大影响,J大部分时间都处在快乐、轻松、愉悦之中。

在J看似"问题"言行的背后,其实并不是问题,这对她在园生活体验并没有产生太大的影响。与前面其他三个幼儿——A的问题"显而易见",自己却"悄然不觉";C表现优秀得到所有人的赞扬,内心却疑虑不安;W的强势霸道,但渴望认同——相比,J更显从容,更像一个"孩子"的模样。

第三部分 生命意义篇

第六章

生命意义的探寻：
儿童在园生活体验的发生境域

我们成为什么样的人呀

关键在于我们遇见什么样的人

我们在他人的目光旋涡中苦苦挣扎

却发现一切都徒劳无益

直到有一天

我们发现

我们也成为了他人的旋涡

——笔者

A、C、W、J四名儿童的在园生活状况及体验都不尽相同，笔者现将他们的在园生活状况及体验整理于下表（见表6-1）。

表6-1 儿童在园生活状况及体验

儿童	在园生活状况	在园生活体验
A	游离于集体之外；生活自理能力差；对老师的要求一味顺从；遇事容易退缩；走出园门便轻松欢快	不安、焦虑，不喜欢；需要肯定、包容；渴望"爱"
C	班级正式组织中的权威；小团体中的"带头大哥"；出色的能力表现	烦与累——"我想多玩一会儿"；怀疑与不安——"我还会得到表扬吗"

续表

儿童	在园生活状况	在园生活体验
W	幼儿园内横冲直撞；喜欢支配他人；常与同伴发生冲突；常犯错误并极力辩解	被忽视——"请你看看我"；不被认同——少有的表扬与难得的贺卡
J	言行不被他人所接受：易引起冲突的言语，喜欢用"动作"表达，喜欢玩骗人的"小把戏"；运动"高手"，自信从容	快乐——随处可见的漂亮舞蹈；轻松愉悦——明亮、干净的画作；委屈——"又不是我的错"

从表6-1中可以看出，A儿童在园生活状况背后有着更深层次的体验，在状况与体验之间基本上是相符的，都是以负向为主。C儿童在园生活状况与体验之间存在一些差异，在C积极的生活状况后面，也存有负向的生活体验。W的在园生活状况似乎揭示出其在幼儿园处于一种"强势"的地位，但在这种"强势"的背后却有着更多的消极体验。J的在园生活虽存在"问题"，但更多表现出自信从容的一面，其背后有着积极的体验支撑；不过，也夹杂了一丝委屈。四名儿童在幼儿园中，有着不尽相同的生活面相。在这些生活面相的背后，同样有着不尽相同的体验。有些体验如同儿童表面看起来那般——看到其生活面相，我们就知道他（她）有什么样的感受和体验。有些体验却与外表面相并不相同，内心是"苦"的、"伤"的，外在却表现为"乐"的；内心是"脆弱"的，外在却表现为"强悍"的、"强势"的；内心是"在乎的"，外在却表现为"无所谓""漫不经心"……

有了这些在园生活及体验，A就像她画中的天鹅一样，硕大的脑袋形同其在幼儿园背负的压力，是其幼小身躯所不能承受的。天鹅想要教大家游泳、想要给大家带来快乐，愿望虽美好，但自身也没有感受到快乐、不知道如何获得快乐，又怎能为他人带来快乐啊？！C正如长在山城的一棵"小白杨"，虽挺拔、醒目、出众，但也显得"另类"。小白杨在阳光下发出耀眼的光芒。然而，微风吹动，树叶婆娑，也投下了些许细碎的阴影。W恰似一个"小闯将"，其挤撞、支配他人、为犯错辩解（狡辩），原来是为了支撑她那颗渴望被关注、渴望被认同的心灵。J是一朵盛开的"古丽"，在舞台上尽情地绽放、散发出迷人的芬芳，用自己的快乐陶染着身边的每一个人。即便有一丝委屈，也被风吹得很远很远。

沿着四名儿童的在园生活及其体验之历程，笔者接下来关注的问题是：在四名儿童的成长轨迹中，哪些因素导致了他们的这些生活状况及体验？回到儿童当下的发生境域，去探寻原因，又是一些令人激动、唏嘘、感叹的故事……

一、家庭：儿童在园生活体验发生境域之一

A的爸爸是北碚某医院的一名办公室行政人员,妈妈是重庆市璧山某中学的一名教师。二人平时都很忙,因此A主要由爷爷奶奶照顾。C的爸爸在厦门一家跨国公司工作,妈妈是重庆一加油站的员工。二人同样也都很忙,C主要由外婆照顾。此外,C的外公在新疆工作。W的爸爸、妈妈在其一岁多时就离异,W跟着妈妈。由于妈妈在重庆主城区上班,所以平时也主要由外婆照顾。W爸爸那边是一个做生意(开火锅店)的大家庭,W也经常出入爸爸的家庭。J所在的家庭是一个四口之家,有爸爸、妈妈和一个在念初二的哥哥。爸爸在外做事,妈妈是一位家庭主妇,主要照顾J与哥哥的生活起居。

(一)A儿童:家庭养育的过度呵护和父母角色的缺失

在A的成长过程中,家庭养育中的过度呵护、父母角色的缺失是形成其幼儿园生活状况及体验的重要原因。

1.家庭养育的过度呵护

对于A身上出现的一些状况,A奶奶也意识到了一些:

……

访谈者:A从幼儿园放学后,你们<接的时候>①是直接回家还是要在路上玩呢?

A奶奶:这个娃儿性格不很好,<她就是说>性格很内向,她一般<呢就是说>放了学不得(不会)在外头,除非是很固定的两个地方,就是回去了过后她喜欢在××(地名,录音中不清楚)去耍,然后呢就是喜欢在肯德基的一个游乐园去。在那两个地方耍。这种情况都是放了学回去过后才提这个要求,她一般不得。因为她很内向,我们都觉得很恼火。你看嘛,她在托儿所,这阵还好得多了,不喜欢跟这些接(触),不合群啦,我们也很着急。有时我们也是有意无意的呢,其实我们对我们娃儿还可以,因为她妈妈本来也是学这个嘛。我们娃儿确确实实

---

① 同前。在本文的观察记录和访谈记录中,用"[ ]"标示出的内容表示在原文基础上补充完整的内容;用"< >"标示出的内容表示在原文基础上删减的内容;用"( )"标示出的内容表示对原文作的进一步解释。

走了很多地方,有时候就是想到让她出去开阔一下[视野],多接触一下,让她长点儿见识。但是,就是说在外头屋头很活泼,她一到了学校,一接触这些,马上就变成两个人了。

访谈者:是,我一来幼儿园就对A比较关注,我觉得她在幼儿园比较收缩,不知道是她觉得不安全,还是什么原因?但是有一次,她妈妈来接她,我就想到和她妈妈交谈一下,我就跟着她们一起出去。<但>我发现她一出幼儿园就好开心,自由自在的那种感觉。

A奶奶:嗯,就很自由自在。等于就完全变成另外一个娃儿了。在屋头也是很活泼,你看她在学校,在班上,跳的那些舞尽管她没跳,但是她回来就学得有板有眼的。

访谈者:这些方面她还很好,其实她动作还是很好的。

A奶奶:嗯。她就是在学校就不像这些娃儿在班上这么活泼。等于就是说这是我们当家长的很大的一个(担心)。<好,就是说她妈妈呀,>我也经常给她妈妈说,她妈妈也是搞教育的,她妈妈也跟我讲没啥子,说娃娃慢慢来,慢慢来。那哈儿(时)我们也说要得要得,也还不急(现在有点儿急了)。我们呢也希望娃娃呢健康成长,就是这个样子的。<等于>我们娃娃呢,我就怀疑,<等于一直就是,>在屋头(家里)小时候呢,等于一直就是我们老的在(照顾),<等于>跟到爸爸妈妈的时间呢就要少些,<等于>基本上从生下来开始,<好>就是我们在带。然后我们就是舅公、舅舅、舅婆啊这些,<等于是说全部>都是我们这些老的都在围到她转。所以说出去耍呢,也是我们这些老的[陪着],因为她妈妈爸爸不可能,是我们这些老的在带她,所以她在我们这些人面前呢就很随便,说话啊、讲故事啊她都很那个(不错)。

访谈者:对,她很会讲故事。

A奶奶:嗯,到了同学这点她就变了一个人了,这就是,我也觉得这就是最大的(担心)。(A20130624F)

在与奶奶的谈话中,提到了"我们这些老的都在围着她转"。虽然没有提及过多具体细节,但对A的"呵护"可见一斑。这从班主任小J老师的口中也得到了印证:

小班时,每一次A爷爷送A到幼儿园,都是背着来。后来我(就这个情况)说了爷爷。你猜爷爷是怎么做的?爷爷把孩子背到幼儿园门口,然后才放下来让她自己走到教室。你说气人不气人嘛。也不(仅)是爷爷,估计全家人都"惯侍"(溺爱),因为那时候还小。现在嘛,其实她妈妈也是老师,是B中学的一个心理学老师。然后奶奶,奶奶周围的那些舅公、舅婆啊,都很"惯侍"她。走路都不让她走,都是抱起、背起。然后她一来呀,她屋头的那些人就给她拿东西呀,接她呀。她就是什么都不得做。最简单的穿鞋,热天穿凉鞋都不能做。你在旁边教她,她就穿得起,但你想谁有时间天天教她?我也教过她几次,不可能每天中午都照顾她一个人穿凉鞋,因为还有这么多娃娃,是吧?<有时候>最多是有时间的时候给她穿一下,穿衣服也是一样的,凡是生活自理这一块她都很困难。吃饭要喂,绝对要喂,当时我们那个生活老师就喂她。喝牛奶也要喂,反正整个情况就是(这样)。(A20130520F)

这种过度呵护阻碍了A形成必要的生活自理能力,A从开始的"什么都不得做"的被剥夺状态,最后形成"什么都不会做"的状况。在幼儿园班级中,其他小朋友都会的简单生活技能,A却不会,这让A在班级中感受到了压力:

……
访谈者:通过这段时间的观察,我发现她(A)一出学校就变了一个人(非常活跃)。
小J老师:活跃得很,她在屋头也是,活跃得很。又会说,啥子都可以(表现)。
访谈者:但是她在幼儿园很收缩,经常都是这个动作(访谈者做"收缩"的动作),或者就是茫然不知所措,就是有点儿游离。
小J老师:就是,有点儿游离,而且还是有点儿负担那种感觉,说不出来哈。
访谈者:她觉得很紧张。
小J老师:嗯,就是。
访谈者:(对这种不同的状况)我就百思不得其解了。
小J老师:我有时候也想了(这个)问题,我觉得也不是啥子。当时小班她是这种情况,到了中班我们吃饭要用筷子噻,本来我们假期就布置了,然后回去要练习(用筷子)嘛。她们屋头你晓得噻,肯定不会练习的,反倒还要喂。然后来了过后我们就搞了一个《我上中班啦》(的活动),最主要是展示一下小朋友使用筷子的情况。当时呢,一些小朋友也带来了一些东西来分享,有葡萄干等,就摆起,用筷子夹起吃,这是当时班上搞的一个活动。她的筷子是怎么拿的呢,(用手比画)一只手拿一支,怎么吃得进去?!

访谈者:那当时出现这种类似的情况的时候,小朋友们是一个怎样的反应?

小J老师:没有啊,小朋友们也没有嘲笑。但是,她吃不进去,她自己有很强的意识嘞。

访谈者:她很有压力?

小J老师:应该不是说当时就感觉到了,应该是在这个过程当中,因为接下来我们吃饭就是用筷子了嘞。后面吃饭都是给她准备瓢瓢儿(勺子),但是她已经觉得(不自信)。现在的娃娃不是说给她压力。还有一个肯定老师呢说了一些,说啥子呢?鼓励那些、表扬或肯定那些通过努力(成功的孩子)。

访谈者:嗯,这就是一种(小朋友间的)反差。

小J老师:是嘞。实际上你不需要点她的名,她自己就已经感受到了,现在的娃娃好聪明嘛。

……(A20130520F)

儿童成长过程中都会遇到压力,压力在某种程度上就是儿童成长的动力。儿童在最初面对来自各方面的压力时,需要来自外在的支持力量帮助他(她)应对各种压力。比如说,A因生活技能欠缺而形成的压力,这本来是每个孩子成长过程中都会遇到的。但是,在A这里成为问题,原因在于其主要养护人——爷爷、奶奶等祖辈的过度呵护,使得A无法形成应对压力、解决问题的能力,严重影响了A在集体生活(主要是同伴交往)中自信心的形成。这就成了A在幼儿园游离、生活自理能力差、一味顺从、遇事容易退缩,并在幼儿园感到不安、焦虑和不喜欢幼儿园的重要原因之一。而且,父母角色的缺失,更能为我们揭示一些深层次的原因。

2.父母角色的缺失

笔者从A奶奶口中了解到,A爸爸在某医院行政办公室上班,妈妈在一所中学上班,平时都比较忙。A一出生,大部分时间都和爷爷、奶奶住在一起,由爷爷、奶奶照顾。

……

访谈者:现在你们家里面是哪些人住在一起呢?

A奶奶:她(A的)爸爸、妈妈是住在一边的,我和她爷爷住在一边。娃儿呢,等于大部分时间是在我们这边的。

访谈者:哦。

A奶奶:星期六、星期天是在她妈妈那边的。<现在>因为她妈妈是老师噻,所以平常呢(比较忙。)

访谈者:在璧山哈(访谈者从小J老师口中了解到的)。

A奶奶:××中学。星期五、星期六、星期天就挨到她妈妈(与她妈妈住一起),星期一、星期二、星期三、星期四挨到我们。

访谈者:璧山隔(距离)这个地方还是不大远,是吧?

A奶奶:其实赶车10元钱就赶回来啦。她实际上是天天晚上都要回来,只是说<呢等于>娃儿在我们这点<呢>。她就是到她妈妈那点去呢,到了[晚上]9点钟她也要回到我们这点来。

访谈者:哦。

A奶奶:是这样子的。

访谈者:她就是两边都在住?

A奶奶:两边住,但是大部分时间是跟我们。

访谈者:我看到平时也是你们在接送。

A奶奶:嗯,因为她妈妈早晨走得早噻。

访谈者:但这两天,特别是上个周她妈妈接得比较多。

A奶奶:老师放高温假①了噻。

访谈者:哦。

A奶奶:老师放假主要就是她妈妈来接。

访谈者:是这样的哈。

A奶奶:嗯,等于是说只要是她妈妈有空就是她妈妈管。<好,>她妈妈没得空就是我们在管。

访谈者:你们住的地方离这个幼儿园远不远?

---

① 重庆是全国有名的几大"火炉"之一,每年炎热的夏季都来得较早,进入六月份气温就开始逐渐升高,遇上气温过高,一些单位(特别是中小学)就会放假。

A奶奶：我们住在城南。就是要赶车过来。原来有校车嘛倒还可以，没有校车了呢平常就是她爸爸，她爸爸在保健院嘈，比较忙，就是他爸爸把我们送来，送到保健院，我们就把她送过来。

……（A20130624F）

从A奶奶的口中，我们大致可以得知在A的成长过程中，父母角色是较为缺失的。通过笔者对大E班孩子教养情况的了解，在孩子的成长过程中，大多数父母是缺位的。对于父母的缺位，我们或许并不能准确地了解孩子的感受。但笔者要说的是，在孩子与父母之间，哪怕是短暂的分离，也是会在孩子的内心掀起波澜的。在笔者的记忆深处，笔者小时候生长在一个大家庭，有父母、奶奶、两个姐姐。在家时，最渴望的就是天能够下雨。因为下雨了父母就用不着到野地里去干活儿。在笔者的印象中，下雨天父母最多是在"自留地"（农村集体时代分给每家每户用作种蔬菜自用的土地，一般在居住房屋附近）里干点儿活，在屋子周围忙来忙去。大多数时间一家人待在一起，那种甜蜜温馨至今记忆犹新。甚至很多时候，因为一家人都在家，家里还会做一些好吃的，比如弄点腊肉来炒啊之类的，在那时更是令小孩儿垂涎的美味。从这一点比较，现在孩子承受的分离焦虑让人痛心。从时间上看，年龄越小的孩子在与父母的分离中受到的伤害越大。A出生之后，大部分时间都与爷爷奶奶在一起，要经常承受与爸爸妈妈的分离带来的焦虑。这种压力可想而知。在《母亲的使命》一书中，虽然有学者[①]列举"乌干达的伊克族人为了生计，将所有积极的情绪，比如爱、感情和仁慈等都彻底抛弃"为例，以此来质疑"母亲的爱经常被称为是一种天性"。但笔者相信，在我们当前的文化背景下，对于孩子而言，父亲更多作为一种能够给个体提供保护、鼓励个体向外的安全象征，母亲则是一种无条件接纳、提供归属感的爱的象征。二者是个体自我发展的重要基础。

由于父母角色在A的成长过程相对缺失，同时，祖辈的溺爱并没有真正关心到A的内心需要，这影响了A亲子依恋的形成，使得A转而依恋其他物品：

---

① [美]鲁道夫·谢弗. 母亲的使命[M]. 高延延 译. 沈阳:辽海出版社,2000:75.

……

A奶奶:……她(A)从小就有个铺盖(被子),她一直是背着的,一个小铺盖,随时都背着的。

访谈者:背在书包里面的?

A奶奶:嗯,背在书包头的。

访谈者:从小的时候就这样?

A奶奶:她从小就盖那个铺盖,<等于>现在都烂成"刷刷儿"(烂得不成样子)了。

访谈者:哦,我还没注意这个情况。

A奶奶:嗯,她必须要她那个铺盖,她那个铺盖等于拿到起(拿在手中),拿到起睡觉的那个。反正睡觉她必须要那个铺盖,就是那样子。好,到托儿所还跟她改了,就不那个了。好,这阵就是喔个样子(什么情况)呢,等于说今天晚上她妈妈要回来,好,那么就等于说妈妈来接,因为我们(没)住在一边的撒,她们住在城北,我们住在城南的撒,所以书包她都记得很清楚,说"奶奶,你把铺盖要放到书包头"。我就晓得,她那个(在睡觉的)时候,她就要把铺盖拿出来,这样"抢"(西南地区方言,用手指"捻",len,一声)。嗯,就是这样抢。她从小就是这个习惯,等于我们屋头,有好几个就是那些侄子啊、侄女①啊哪些,也有这个习惯,把那个铺盖,就这样拿到起,睡觉的时候就这样抢、抢、抢,(慢慢)就睡了。(A20130624F)

对这个特殊的"铺盖",从小J老师口中也了解到:A在念托班的时候,上幼儿园就背着一个小铺盖,进入小班(小J老师开始接手这个班),随便做什么事情,都要把这块铺盖抱起,一扯,她就会哭。北京和睦家医院高级心理咨询师张旭生谈到过一个案例[②]:四川的一个小男孩,睡觉时一定要抓住爸爸的汗衫才能睡觉。如果那个汗衫洗了,一直等到它干了抓在手上才能睡觉。这与A"要'抢着'铺盖睡觉"的情况非常相似,她在很小的时候主要都是由爷爷奶奶带,长期与父母分离,长时间得不到父母的身体抚慰和情感支持,孩子必须借助于其他

[①] A奶奶提到家里其他小孩也有依恋被子的习惯,笔者没有进 步去了解,只能推断或许这些小孩都有着共同的生活经历,使得他们有了相似的依恋行为。

[②] 引自:鞍山市铁西教育网。

替代物(熟悉的人、心爱的玩具、特别的礼物等等)来帮助自己适应外界环境。其实这种情况对大多数孩子来说再正常不过,因为每个孩子(特别是年龄较小的时候)进入陌生的环境,都或多或少会不适应;但随着对环境的慢慢熟悉,多数孩子就会在新的环境中建立起各种关系,从而"如鱼得水"。但是,如果这种"依赖过度",某人或某物长时间在儿童正常的环境适应中变得完全不可替代,就会阻碍儿童的发展,需要引起重视。显然,A就属于这种情况,她在新的环境中没有建立起应有的"替代性"关系,也就"问题重重"。A对铺盖的依恋从另一个角度揭示了在A的成长过程中父母角色的缺失,没有形成良好的亲子依恋。这是A在幼儿园形成相应的体验,特别是"对爱的渴望"的更深层次的原因。

(二)C儿童:外婆的教育影响和父母角色的相对缺位

C身上出现的在园生活状况及体验,与C外婆的教育影响和C父母在其教养过程中的相对缺位密不可分。

1. 外婆的教育影响

(1)外婆的简要经历

C外婆绝对是C成长历程中的第一重要影响人。在C的生活中,其生活的方方面面基本上都是由外婆负责。爸爸、妈妈由于工作的原因,实际上并没有管太多。

C外婆今年68岁,重庆永川人。不过,C外婆自己"在北碚长大的,连上幼儿园都是在北碚"(C外婆语)。与爱人一起从大学毕业后,就分配到了新疆工作,后来又参加了当时的地质矿产部[①]的考试。爱人获得了到南开大学经济研究院学习的机会,学业结束后由于成绩优秀,苏联的一位专家——被他们称为"撒切尔"(音译)的——希望他能读她的博士。但当时女儿病了,所以就放弃了到苏联学习的机会。C外婆本人当时也有一个去部里面工作的机会,也由于女儿生病,放弃了,继续留在了新疆工作。用C外婆自己的话来讲,就是"准备调我到部里去,后来我也是牺牲了(事业),孩子是最重要的。事业嘛,不管在哪儿工作,好好干就行啦,不一定非要到北京、到那儿才能干,或者是要什么职位,只要

---

① 前身是地质总局,1982年5月改名为地质矿产部。1998年3月10日,九届人大一次会议第三次全体会议表决通过关于国务院机构改革方案的决定。根据这个决定,由地质矿产部、国家土地管理局、国家海洋局和国家测绘局共同组建国土资源部。来自:百度百科。

你尽心尽力地干好就行了。后来我就留在了新疆,新疆那儿老朋友[多]啊,她(女儿)的小伙伴多,对于孩子的青春期心理健康发展有好处"(C20130620F)。就这样,C外婆一直在新疆乌鲁木齐铁路局工作,直到前几年因为要照顾外孙(C),就退了休。而爱人还继续在新疆工作,因为他们(铁路局)不放人,"他(C的外公)那边(新疆)也不放他,然后他觉得这边(重庆)也没有合适的专业。因为现在高铁、地铁都用他们设计的,他这个工程部有70多个人,他是技术主管。前面不是浙江那个、上海那个高铁①出了问题,翻到桥底下去了嘛。上海那边就请他去给他们讲课,主要[授课内容]是电压不稳的情况下,你们(管理者)应该怎样操作、应变。因为现在他经常出差,广州、西安等地,轻轨、地铁都找他去"(C20130620F)。同时,C的爸爸又在厦门ABB跨国公司工作,在重庆就只有C、C妈妈和C外婆三个人住在一起。又由于C妈妈工作很忙,因此,多数时候都是C和外婆在一起,C的生活、教育方面的问题大多数时候是C外婆在负责。

(2)外婆的民族国家情结

C外婆有着强烈的民族国家情结,这与其对北碚的深厚感情紧密联系在一起:

……

C外婆:我妈妈从小就给我讲,因为她是他们(卢作孚实业公司)的员工。我妈妈从小就给我讲,做人就要做张自忠②,[另]一个卢作孚③。这就是你们一辈子做人的标准。所以你们要离开沙坪坝,离开这个浮躁的地区,到那儿(北碚)去上学。我妈妈就是这样讲的。

访谈者:当时沙坪坝有点浮躁?

C外婆:热闹嘛,热闹嘛。那会儿是繁华、热闹。我妈妈说你要到北碚区,北碚那会儿算风景区。因为[那里]原来还有一些大学。

访谈者:(当时)很多大学在这边。

C外婆:嗯。外语专科学校,还有什么什么的那些。通讯学院,都在歇马场

---

① C外婆提到的高铁事故应该是发生在2011年7月23日的温州高铁事故。

② 张自忠(1891—1940),字荩臣,后改荩忱,山东临清唐园村人。著名抗日名将,为国捐躯后葬于北碚梅花山上,并建有张自忠烈士陵园。来自:360百科。

③ 卢作孚(1893—1952),重庆市合川人,民生公司的创始人、中国航运业的先驱,是著名爱国实业家、教育家和社会活动家。在"革命救国""教育救国""实业救国"等方面各有成就。来自:360百科。

那边。所以当时我母亲就说,做人就要做卢作孚他们这样的——民族、国家利益放在第一位。什么动力都有了,吃苦耐劳的动力、学习知识的动力、待人接物的动力。什么动力都有了。做人就是这两样标准——一个军人,一个实业家。

……(C20130620F)

C外婆对北碚的深厚感情是与北碚特定时期的历史人物有着紧密联系的——一是以张自忠为代表的军人,二是以卢作孚为代表的实业家。在母亲的教诲下,C外婆将此二人视为做人的两条标准,将民族利益、国家利益放在了第一位。

随后,在与C外婆的谈话中,笔者进一步了解到,重庆特定历史阶段"拥军"的氛围、自己家庭成员的军旅经历,形成了C外婆对军人的深切感情:

……

C外婆:当时抗美援朝,大家都去送[志愿军]。回来一批志愿军,伤残的,大家都去慰问。它就形成这么一个[氛围],从小给你灌输。所以,要上前线了,像我舅舅那些,那会儿还在码头上,那时候还没有铁路,就人山人海送轮船。唱歌啊,什么共青团员之歌啊。

访谈者:阿姨,你在部队待过,是吧?

C外婆:没有。我舅舅他们在部队。

访谈者:基本上算军人家庭哈。

C外婆:还有一个姨在朝鲜[战场]牺牲了,她是医生,她从[作为]九院的医生去的。

访谈者:哦。

C外婆:小舅舅是去了以后,他考上大学啦。他是兼善中学,数理化非常好,他们都是拿奖学金的嘛。结果后来是把他挑上了,他虽然是农村娃儿,但是身体也很好。挑上了,当飞行员,后来首批到沈阳空军,没有出国,是属于苏联专家培养的飞行员。

……(C20130620F)

幼年母亲的教诲、与北碚关系紧密的两个历史人物张自忠和卢作孚、特定时期的"拥军"氛围以及家庭成员的军旅经历,这些因素交织在一起,共同影响并形成了C外婆强烈的民族国家情结。同时,在C外婆的幼年记忆中,这些因素与北碚都有着极大的关系,这又形成了其对北碚深厚的感情和认同感。这些共同影响着C外婆的教育理念及行为。

(3)C外婆的教育理念及行为

C要上幼儿园了,在C上哪所幼儿园的问题上,C外婆与C妈妈曾经做过一番考察,最终选择了北碚区的S幼儿园。这与C外婆对北碚的深厚感情有着重要的关系,因为S幼儿园是"卢作孚他们开发北碚时建的"(C外婆语)。最为重要的是,北碚的整体文化氛围及S幼儿园的理念与她们的教育理念相符。在整体文化氛围方面,北碚除了拥有张自忠、卢作孚等文化名人外,还留有C外婆许多的记忆:北碚现在的天奇大厦,以前是人民会场。当时像中央歌剧院的郭兰英、王昆那些首席歌唱家都在这儿(人民会场)来演歌剧,演《白毛女》《刘胡兰》等剧目。还有上海演艺剧团的,像白杨、孙道临等,他们也都到这儿来演话剧。那时候相当好,完全按照欧洲的那种(建筑)形式。那个墙壁不是光滑的,像蜂窝状的、没抹平的那种,凹凸不平的那种……(C20130620F)

另外,S幼儿园的教育理念也与C外婆她们的教育理念相符:

……

访谈者:那你们觉得[S幼儿园]好在什么地方呢?和你们的哪些理念比较相符合?

C外婆:我是觉得哈,它比较正规。它(S幼儿园)[即使]受社会,现在作为市场经济,这种风气影响下,它该怎么讲,[关于]国家、人民,你看(它就怎么讲)。像我们C他回来,讲到钓鱼岛、"神七"升天这些。C受我们的影响,比较喜欢看新闻联播。我说国家的大事,世界的大事,利比亚,什么什么的,又是伊拉克什么的,他都知道。他很关心。我说,一个人,你生活在这个世界里,世界的大事必须关心。你跟它们休戚相关的,对不对?你国家不安宁、世界不安宁,你个人也——

访谈者:安宁不了。

C外婆:安宁不了嘛。所以这一点呢,对孩子,尤其是男孩子呢,特别重要。

访谈者:哦。

C外婆：女孩子相对来说,[不了解]还情有可原。所以,他一直很喜欢这些事情。钓鱼岛行使主权,我们的海监船什么什么(等等),飞机又是啥啥的,他很关心这些。

访谈者：就是说北碚有一个比较好的环境。

C外婆：额,对,有正规的这样一种[东西]。现在[关于]教育这个主流,好多学校也说。你看,校风也写得冠冕堂皇,也写得很[好]。实际上,分数至上。

访谈者：嗯,这个很要命。

C外婆：我到这儿来,我就觉得老师确实是把孩子当作<是>幼苗。她们在精心培育,[她们]工资真的不高。

访谈者：是,现在我在贵阳那边上班,也了解一些小学。确实像孩子处在那种环境里面,很揪心。一个小学一年级、二年级的孩子做作业要做到十一点钟,[甚至]十二点钟都做不完,你说这是为了什么？

C外婆：我告诉你嘛,你说我现在为啥子不赞成这种教育制度哈,我上朝阳小学的时候,我在这儿上的幼儿园,我妈就让我上了朝阳小学。当时我妈请了一个保姆,就住到我姥姥家。姥姥一个人,是孤老太太嘛,她也不管我们学习。好,没人管,实际上就是学校管。一所好学校,它对孩子的影响是一生的。从幼儿园一开始,懵懵懂懂的,就教你爱祖国、爱人民。我们那个时候学苏联,就是那些嘛,爱毛主席,爱共产党,爱社会主义,爱人民,爱英雄。崇尚英雄,那个时候就是这样。好,树立了一个正确的人生观、世界观萌芽的<一个>东西。在幼小的心里就给种上了,唱的歌也是这样。

……（C20130620F）

在C外婆看来,S幼儿园正规,即使在市场经济背景下,它也能坚持给孩子讲应该讲的,比如国家的大事、世界的大事,这对孩子的成长,特别对男孩子的成长是不可或缺的。S幼儿园也不像其他幼儿园那样只顾传授知识,而忽略了给孩子"一个正确的人生观、世界观萌芽的<一个>东西"。同时,S幼儿园的老师对小朋友的态度也让C外婆很敬佩：

有一次,我准备请假带C到黔江地震博物馆去参观。后来,X老师说"星期一、二、三最好不要请假,因为大E班的主课就在这三天的上午,尽量让孩子进入学校这个环境就不要随意请假,除非是特殊情况"。我一想也是这个道理,所以就没有带C一起去。但因为C的妈妈又要加班,我又不在,有一个问题就是:幼儿园放学了谁来接C?后来我跟小J老师说起了这个问题,小J老师说:"没事,你去吧,我带他(C)。"我还是觉得过意不去,就对小C老师说:"要不你把他(C)交到门卫那儿吧,他妈妈来就在那儿去领他。"小J老师还是坚持说就让她带他,没有关系的。

就这样,在我去黔江的那几天,C就由小J老师带了一段时间。我回来后,C就对我说:"婆婆,我告诉你一件事。"我问:"什么事?"C说:"小J老师太好了。"我觉得很奇怪,问:"你原来不是不喜欢小J老师吗?"C忙争辩说:"不不不,我特别喜欢小J老师,我现在特别喜欢小J老师。"我就问:"为啥呢?"C就跟我讲:"你去旅游的那几天,小朋友们都走了,都被爸爸、妈妈接走了,七点多钟了,妈妈都还没有来接我。我心里面就很着急。小J老师一直陪着我,见我一个在那里,就问我'要不要到音乐班去和全托班的小朋友一起'。我回答不去后,她就一直陪着我。我就自己在教室里玩,小J老师就在教室里给我弹钢琴,一直守着我。可是[我知道]小J老师家也还有一个姐姐(小J老师的女儿)需要照顾啊,她也应该回去做饭啊。[可是,]也陪着我,一个人陪着我,我好感动。"

C原来对小J老师的印象并不十分好,但就是通过这些事,让他对老师改变了看法。所以,你看幼儿园老师对孩子的这种态度确实让人敬佩。(C20130620F)

正是对北碚的感情、S幼儿园的教育理念以及大E班老师对孩子的照顾等因素,让C外婆和C妈妈决定让C进入S幼儿园。

与前面提到的国家、民族情结一致,C外婆的话语中还表达了她对国家、民族的迫切关注,坚定地表达了国家、民族的强大与每一个人的强大密不可分,而不能仅仅依靠某些精英的力量:

……

访谈者:嗯。阿姨,就是你刚才提到培养孩子爱祖国、爱身边的英雄哈。但是呢,也有些人也比较反对这个。他[会]说,如果我们过多去强调了这一块,那么我们对孩子自身的关注就比较少了。

C外婆:不会。我是这么觉得,就是以前我们老一套,马克思主义讲的世界观、人生观、价值观，这是大的。具体来说，你人有一个正确的综合目的，那么你就有一个好的方向。学习，我是为什么学习。我就给我们C看抗日战争的片子。我说为啥日本打我们？它弹丸小国，它那么小，为什么能欺负我们这么大一个国家，我们960万平方公里那么一个大国，对不对？我说，我们国家落后，政府腐败，这不说了。然后呢，文化、军事各个方面都落后。你能比吗，没法比，对不对？德国也是啊，它也是这方面发达才行啊，对不对？二战的时候为啥称霸欧洲？我说，这国家要强盛，每个人，我们每个公民必须自己要强。儿童要强、少年要强、青年要强、壮年更要强。[壮年是]栋梁啊，你要把国家"翘"（支撑）起啊。你不强，一个担子给你的时候，让你挑担子的时候，你攻克一个什么项目都不行。人家的卫星都上天了，原子弹都能爆炸，那个朝鲜，搞它那个原子弹，管它地上地下的，美国人在大洋那边它的神经都紧张。你要是没有，你不是任人宰割吗？人家怎么吓唬你，你就这样瞅着呗，是吧？我说国家强，必须每个人都强。农民你给我好好种地，为了国家的强盛，你给我好好种地。国家强了，你自己也富了。学生好好学习，你将来你搞机械制造的、搞设计的，干啥的，搞尖端科技，你都能够(胜任)。你就是扫地也能够扫干净。我城市管理搞得好，各行各业都很强的话，这个国家才能强。光少数精英强不行，我是这样认为的。领导班子强，或者有几个院士，工程院院士、科学院院士，你[这样]不行。

……(C20130620F)

个人强，国家才能强。因此，C外婆认为对孩子的教育，就是"为了报效祖国、为了祖国强大"的教育，而不是仅仅"为了自己过上幸福生活、为了给自己的家人带来丰富的物质生活"的教育：

……

C外婆：所以我始终认为，有时候我给他们家长交谈也听到了哈，有时候小朋友回家，说要好好学习。为啥子要好好学习？就说爸爸妈妈辛苦了，将来为他们买大房子。有的(小朋友)就说"我要挣多少多少个亿"。(小朋友)也对我们C说，"我要挣多少多少个亿，让我们全家人都过上幸福生活"。我始终对C说，"我们不需要你回报"。将来爸爸、妈妈有退休金，公公、婆婆有退休金。你要报效祖国，祖国强，我们才能强。祖国强靠每个人强，每个小孩强、每个学生强，每个成年人,青年、壮年都要强。我们才能挺直腰板,国家才有话语权。我说,你看俄罗斯,你日本怎么样?没办法,人家梅德韦杰夫到他岛上去视察,那个普京一上来,马上去,人家寸土不让。他那个就职演说,这(有)一句是最感人的:关于国家领土问题,寸土不让……我始终坚信这一点,每个人你不能只为了钱、为了大房子、为了汽车,为了开奔驰、宝马。我亲戚也有开宝马的,开奔驰的。大奔、二奔都有。那是他们各人富裕,也有一定的机遇。我从来不对孩子进行这种教育。

……(C20130620F)

C外婆在这些理念的影响下,经常带着C去参观张自忠、卢作孚等历史名人遗址,在参观的过程中给C讲着这些人物的故事,有形、无形地影响着C;也经常带着C到新疆吐鲁番等地走走;带他到渝北儿童公园、动物园、大礼堂、三峡去看看;到重庆市科技馆去体验体验,体验得最多的就是航天馆的空间站……引导C收看国内外新闻,积极关注涉及国家、民族利益的大事。此外,C外婆还强调作为男子汉,一定要勇敢和坚强。"C不敢当着我哭。我不允许他哭,男子汉,你哭,男儿有泪不轻弹!……(我爱人)还给C买了一本书——《西点军校》,爱人说'男孩要成长,必须看《西点军校》'。"(C20130620F)

至此,我们就不难解释C为什么有着那么自律的"直"。日常生活中,C外婆积极引导C关心世界大事、国家大事,因此不难理解一个6岁多的小孩竟然有着与其他小孩如此大不相同的关注点。由于自己所学专业的关系,C外婆一直都强调数理化学科,所谈及的内容大多涉及理工科内容。我们也能够从中窥见C为何对数字如此敏感、思路也如此清楚的一些缘由。

2.父母角色的相对缺位

David Elkind指出:"父母在场能够为儿童的成就提供支持,这一点是非常重要的,我们不能低估它的重要性。"[1]并举了一个参加自己儿子的幼儿园班会的例子:

儿童A:"我爸爸是医生,他赚了很多钱,我家有一个游泳池。"
儿童B:"我爸爸是律师,他飞到华盛顿,和总统先生面谈了。"

---

[1] [美]David Elkind. 还孩子幸福童年——揠苗助长的危机[M]. 陈昌会 等译校.北京:中国轻工业出版社,2009:197.

儿童C:"我爸爸自己开一家公司,我们有私人飞机。"

我的儿子(当然也是泰然自若):"我爸爸就在这里!"充满自豪地向我这个方向看过来。①

从C外婆口中了解到:C的爸爸是辽宁人,合肥工大机械系毕业后到沈阳一家国企工作。后来,企业破产,在其师兄的介绍下,跳槽到上海。由于不习惯上海的嘈杂和气候,就放弃了上海的优越待遇,到了厦门一家跨国公司——ABB公司工作至今。C的妈妈大学毕业后最早在大连一家物流公司任财务主管,C爸爸到厦门后一起去了厦门,并在厦门工作。后来,C爸爸去德国一个中心研究室进行联合研究,正好C妈妈怀上了C。于是,C妈妈就到了新疆,由C外婆照顾。生了C后又应聘到新疆规划院,从事经济评价方面的工作。2008年,C外公让爱人、女儿、外孙(C)三人离开新疆。C妈妈想到"总得要靠一边吧",因重庆还有一些亲友,所以就一起回到重庆。回到重庆后,C妈妈就应聘到渝北中石油的高速路口加油站,从事资产管理方面的工作。由于"有责任心、细致",所以"一点儿空都没有,经常加班",甚至"法定假日,都是加班,即使没有加班费"。C小朋友常说"新疆是他的第一故乡,重庆是第二故乡"(C外婆语)(C20130620F)。

在C的成长历程中,父母角色是相对缺位的。

C很少谈到自己的爸爸,也少有与自己爸爸亲近的机会。谈得较多的就是与外公、外婆、爸爸、妈妈凌晨1点多从厦门飞往重庆,那是C记忆中为数不多的一次"全家福"(C语)。当问到"爸爸那么远,想不想爸爸"时,C回答"想",然后就不再言语,眼睛似乎在盯着远方,眼神竟显露出一丝迷离的色彩。而笔者继续问"想爸爸了怎么办",C回答"想爸爸了就给爸爸打电话"。然后就不想继续有关爸爸的话题了,似乎爸爸是远在天边、似有若无的一个符号。

C妈妈因为工作太忙,也少有触及C心灵成长需要的关怀表达。同时,由于C妈妈多年在不同城市之间辗转奔波,感受到的或许更多是人的生存与发展所需付出的代价和所需承受的压力。因此,在生活中,她需要给儿子尽可能地增加竞争筹码,忽略了滋润儿子的心灵。即使"每天晚上外婆要给我讲故事的时

---

① [美]David Elkind. 还孩子幸福童年——揠苗助长的危机[M].陈昌会 等译校.北京:中国轻工业出版社,2009:197-198.

候,妈妈都会给我说'别讲了,都这么晚了'"(C语)。在交谈中,C说了一句话:"人都会长大的,也不可能一直都这么小。"笔者感受到了C延续了外婆的坚强,这超越了他的年龄特征。C外婆所给予的、C妈妈所强调的,让C似乎明白"人在成长过程中的责任的重压与付出的艰辛"。笔者的一个深切感受是:C身上有一份那种不同寻常的"沉稳",但失却了许多本该属于他这个季节的天真。"大自然希望儿童在成人以前就要像儿童的样子。"[①]在这种超越之中,笔者窥见的是季节之外的一种"熟"——在外在的"诱惑"下,向往着成长;但意识深处,却想回归妈妈的怀抱。然而,妈妈因无意识而欠缺提供滋养心灵的养料,使这条成长之路缺少返乡的路径。于是,C所存有的一丝疑虑、不安也就不足为奇了。

(三)W儿童:特殊的家庭成长环境与关爱的缺失

通过笔者的深入了解,在W的身上出现相应状况及体验,与她特殊的家庭成长环境及在成长过程中缺乏关爱是分不开的。

1.特殊的家庭成长环境:"我"学会了"强势"

W所处家庭环境的特殊性在于:W的父母离异,她从小是由妈妈在外婆的帮助下监护抚养。同时,W又经常出入爸爸一方的大家庭——一个主要经营餐饮生意(火锅店)的家庭。

从W外婆的口中,笔者得知"她(W)爸爸妈妈[在她]还没有两岁的时候,1岁零7个月的时候就分开了"。平时,W与外婆一起住在北碚,妈妈在重庆市其他主城区生活、工作。只有到周末的时候,妈妈才会回到北碚与W相聚;或者外婆带着W去妈妈那儿团聚。同时,W外婆也是独自一人(不知是何种原因),而爸爸那边的家庭是一个比较大的家庭,这使得W更乐于经常出入爸爸那边的家庭。

W爸爸所在的一方是一个大家庭,主要从事餐饮方面的生意。用W外婆的话来讲,就是"她婆婆、爷爷在月亮田(北碚一个地方)那边开了一家大型的'串串香',很大的一个馆子"。爸爸的大家庭不单是亲属多,更重要的在于相关的人员(工人)多。笔者对这种从事生意的家庭有着非常深的体会和理解:一旦某个家庭是以从事生意为生活经济来源,那这个家庭的所有事务都是围绕所从事

---

① [法]卢梭.爱弥儿(上卷)[M].李平沤 译.北京:商务印书馆,2012:101.

的生意进行运转。我们经常会看到：在一个店面里，父母在一边招呼客人，小孩则在旁边的凳子上蜷伏着身子做作业；甚至一个牙牙学语的小孩，也会用稚嫩的嗓音为爸爸妈妈的生意吆喝，卖着水果、衣物之类的。这无疑会对小孩的性格形成产生重要影响，在W身上就是如此。在与W外婆的交谈中，她也提到了这一点：

……

访谈者：像她(W)现在这种性格，有点儿像男娃娃，外向，对于同群体的娃娃，她很容易(想)去掌控他们。像她的这种性格的话，我在想是不是在她的成长过程中，有一些事情对她产生了影响？

W外婆：有影响！她婆婆、爷爷在月亮田那边开了一家大型的"串串香"，很大的一个馆子。好，那些工人些，她走起(过)去，<她>手一甩一甩，手看起来"嘿揚"(很有气势)的那种。走起去，[对工人]说"你们在这点做啥子，去上班嚷，去做事嚷"。嘿，很有这种[气势]！来了客人这些，"两个，两位"，就报来了几个人，还端茶、端饭这些。她要去做了嘛！

访谈者：哦，风风火火的哈。

W外婆：嗯，有点儿受影响，跟她屋头是做生意的有影响。

访谈者：她经常到他们那边去，然后就看到了，是吧？

W外婆：嗯，她每个星期都要去。

访谈者：她看到过婆婆爷爷他们做的这些事情？

W外婆：嗯，肯定噻。或者是[对那些工人说]"你们全部都在这儿坐起，[不像话]"，反正<就像>那些话都有点儿像那些搞管理的人说的。有影响，有影响，跟她屋头做生意有影响！

访谈者：哦，那她的性格还是受她爸爸<们>那边的影响，和她爸爸<们>那边的家庭有关系。

W外婆：嗯，家庭做生意呀，有这种。这个是有很大的影响。她走起去就像一个小大人那样，走过去指指点点的。比如说看到哪个坐起啊、没有做事啊，或者啥子(其他情况)，她会说"全部都坐在那点，吹风扇，啥子啥子"。

……(W20130624F)

除了受到这种家庭环境的熏陶之外，W在出入爸爸家庭的过程中，与自己姊妹之间的相处也强化了她好与人争辩、处处要表现出强势的性格特点。从W外婆的口中得知:"W爸爸的那边人比较多,有两个姐姐,一个在念大学,一个已经工作了。两人是W伯伯、姑姑的女儿,与W虽然年龄相差甚大,但经常会发生'争电视看'之类的事。好,那呢(两个姐姐)说得不好就打她一哈(下)啦。好,这些她(W)都要去给伯伯告(状)噻。她可能也是属于那种一点儿都受不得委屈那种。"(W20130624F)

显然,爸爸经营生意的家庭给W提供了一种粗放型的教养环境。在这种环境中,人与人之间有着明显的强弱对比(老板与工人、大人和小孩、姐姐和妹妹)。每天都会上演人与物、人与人之间的"磕磕绊绊",上演人与人之间的支配、顺从、争辩、攻击等故事。W经常出入这样的家庭环境,通过耳闻目睹,学会了强势。我们也就不难理解W在幼儿园的各种活动中,表现出挤撞他人或物的行为;也不难理解她寻找一切有利借口进行辩解的言行;更不难理解她总是表现出控制、支配他人的言行。

作为小孩,W非常希望在成长过程中能得到大人深入内心的关爱。然而,爸爸一方的家庭明显不能满足这一需求。而一起生活的外婆和妈妈,似乎也不能提供这种心灵的慰藉。

2. 关爱的缺失:其实你不懂"我"

在幼儿园中,正如前面所说的,W所表现出来的挤撞、支配、辩解等言行,都是为了获得他人的关注和认同。这又导致了一种恶性循环:W愈是如此,愈是得不到老师和其他同伴的关注和认同。在笔者看来,这主要由于W的家人缺乏深入孩子内心的关爱、无法为W的心灵成长提供支持所致。这使得W不知道如何去关心别人,不懂得要获得别人的关爱、获得别人的认同需要自己对别人的尊重和认同。

(1)我需要一个确定的、可触摸到的妈妈

对于爸爸、妈妈离异的事,大人并没有正式地对W谈过此事。"在这个问题上(父母离异),作为我们来说,也没有跟她说'哦,你爸爸妈妈分开了啊',或者可能他们那边(W爸爸那边)也没有'正南其北'(西南地区方言,'正式')说过这个问题。好,只是呢,<可能>有时候大人逗(西南地区方言,'戏弄')啊这些,可能她隐隐约约还是晓得点儿。但是,我看她,可以说对她的成长没有啥子影响。"(外婆语)(W20130624F)W外婆认为"因为她(W)很小,她的性格<就>特别开朗,也热情、活泼。她哪怕到外面坐公交车啊,到重庆这些(这种事),她一路上,都可以跟她侧边(旁边)邻座的[人]交谈"(W20130624F)。因此,外婆认为,"父母离异"这件事情其实对W的成长影响并不大。

不过,在笔者与W交谈的过程中,W对这件事(父母离异)似乎懂得更多:

……
访谈者:你们家现在几口人?
W:嗯——,有——,如果我去上小学的时候,有干爹,有三个人。有干爹,我妈妈,还有我。如果我不上小学的时候只有两个,我在这里上幼儿园的时候就有两个,就是我和外婆。
访谈者:妈妈一直都在重庆那边,对吧?
W:对。
访谈者:重庆市里面哈?
W:对。
访谈者:干爹是谁啊?
W:干爹是我——,嗯——
访谈者:干爹就是干爹,呵呵。
W:嗯。
……(W20130627F)

在上面的对话中,W提到了"上小学"的事,指的是W妈妈准备带W到重庆市内上小学。笔者问"家里有几口人"时,W提到了三个人——干爹、妈妈和自己。有意思的是W提到这个干爹时欲言又止(或许对干爹身份不能用语言准确表达出来),让笔者产生一些猜想(由于隐私的原因,没有问,也只能是猜想):这个干爹至少是W妈妈生活中比较重要的人。结合W有时候问"妈妈,你还爱不爱爸爸",表明W对成人世界两性之间的感情关系有了懵懂的理解。最重要的是,W问这话的实质是在确定妈妈有没有改变,特别是对她的感情、关爱有没有改变。联想到W妈妈说过"当时报到(进入)这个幼儿园(S幼儿园)<在读>,我下去(到重庆市内)上班过后,我又不愿意给她换环境。她最早的时候还在读小小班,那时才三岁。好不容易适应一个环境,我不想把她弄过来弄过去的,所以说还是让她就在这点了"的话,我们可以得知W与妈妈聚少离多的情形至少在她三岁时就开始了。妈妈生活中的任何一丝改变都会牵动W的神经,大人们似乎对这些事讳莫如深,让W更加感到担心和不安——妈妈还要不要我、妈妈还爱不爱我。在与笔者交谈的过程中,W首先提到的是回到重庆上小学——回重庆市内上小学,就能与妈妈在一起。待在妈妈的身边,或许才能消除W这种担心和不安。这让W非常渴望与妈妈相聚。这种渴望在与W进一步的对话中表现得更加突出:

……

访谈者:妈妈经常过来吗?

W:不啊,她有的[时候会过来],她——。今天几号?

访谈者:今天27号。

W:那今天几月?

访谈者:6月。

W:那是星期几啊?

访谈者:星期四。

W:哦,那明天妈妈又要回来。她每个星期五都要回来。

访谈者:星期五回来,她什么时候走,过那边(重庆市内)去?

W:有一天[是]星期一[过去],那一天那个(无论哪一天)星期一都[得]走了。

访谈者:哦,星期一走。那她走了之后你想不想她呀?

W:想嘛。我特别特别想。

访谈者:你想的时候会怎么做?

W:哭!

访谈者:你哭吗?我还从来没有见你哭过呢。你不爱哭嘛。

W:你汗水都出来了。

……(W20130627F)

笔者能够深切体会到W对妈妈的这种想念。当笔者独自一人身处重庆时,在贵阳的三岁的儿子(当时儿子已经三岁了)经常问妈妈:"那么爸爸什么时候回来呢?"儿子外婆回家后,儿子又问:"妈妈,是不是外婆回家了爸爸就回来了?"儿子话语之间尽显对爸爸纯粹、直接、强烈的想念。这种想念意味着:你快来到我身边吧,我要看到你、我要触摸到你!在W的成长过程中,出现了父母离异的事件,与妈妈聚少离多,使得W对妈妈的想念更加强烈——她更需要回到妈妈的身边,真实地触摸到妈妈,以确定在妈妈的世界中,她仍然是最重要的!

(2)不敏感的外婆与妈妈

在W外婆看来,W"有点儿像儿娃子(男孩)性格",不管在家还是在幼儿园都"很凶"。外婆实际上并不真正理解"W的凶"是对外部环境的一种适应,只是一味简单地压制W的言行。"(W)在屋头凶哦,态度这些,只有打雷的时候才怕。我说'你看嘛,你平常没有孝心,你跟我大吼大闹的'。"(W外婆语)从W外婆说到这件事情可以看出,外婆对W的反应是迟钝的:她在W需要安慰的时候,却把它当作一个教育(教训)机会。换句话说,在W表现出软弱、需要关爱之时,外婆却把它当作一个打击她、教训她的机会。

这是W外婆对W内心需求的不敏感。当笔者问W外婆"你觉得在W身上发生的最令你感到高兴或满意的一件事情是什么"时,外婆的回答是"我觉得都嘿(很)平常那种"。外婆希望W孝顺,并举了W照顾祖祖(外婆的父母辈)服药的事,外婆觉得这样的话就"嘿(很)孝顺"。笔者又问"在她(W)身上有没有发生让你特别难过或者让你不高兴的事"时,外婆说:"这个问题,比如那天(有一天)我就给她说'W,你好好地读书哦,你原来想当老师,现在又想当科学家,当科学家要聪明哈。另一个的话,你赚钱赚得也嘿(很)多,买个大房子把外婆接去(享福)'。她说'我不买',我说'你走开走开,从现在起我不得理你了'。'好,我要买!'她又说。就是这种,也就是像你说的,相处久了啊,每一句话,反正就觉得是平平淡淡的。"(W20130624F)

笔者也同W妈妈进行了类似的谈话:

……

访谈者:到目前为止,W成长到今天,在她身上有没有一件令你感到满意或高兴的事情?

W妈妈:让我感到高兴、满意的一件事情啊?让我感到高兴的一件事情,肯定就是抱到跟你耍啊、黏(重庆方言念"lia")人啊,跟你说啥子(什么)"妈妈,我爱你呀"之类的话嘛,反正这些就是高兴的事情嘛。满意的事情嘛,就是属于,就是听话嘛。我觉得她平时嘿(很)调皮,调皮得很,在屋头(家里)。好,所以说,听话嘛反正就满意嘛。没得啥子嘿(很)深刻的事情。

访谈者:那么,反过来呢?在她的身上有没有发生让你比较难过的事情?

W妈妈:也没有,反正要说嘿(很)难过的话,就比如说是生病啊,看起来就很难过。反正总的来说还是嘿(很)顺利。

访谈者:这种难过是针对身体,还是(其他方面)?

W妈妈:就是对身体的担心而难过。比如说看到她打起针(输液),很造孽啊,可怜啊。这个嘿(很)正常嘛,针打在各人(自己)娃儿身上,反正都嘿(很)痛噻。就是这样,其他嘿(很)难过的事情还是没有。

……(W20130624F)

从W外婆与妈妈的话语来看,她们对W的反应是不敏感的,并不知道孩子的真正需要是什么,也就表达不出对孩子真正的关爱。在与W相处的过程中,她们更多强调的是自己的感受,而没有试图走近孩子的内心,去把握和理解孩子的内心世界。显然,她们除了不具备弗罗姆提及的爱的能力,或许还欠缺表达爱、培养爱的意识。

与此同时,W外婆和妈妈在生活中的其他行为或许也可以作为她们的不敏感的旁注——强调自己的感受,过自己喜欢的生活。这些行为在W看来显得不屑,甚至令人讨厌:

……

访谈者:每天外婆接你回家会不会在路上玩?

W:不会。只会和G(班上另一个小朋友),如果G她等我的话,我就会"暗点点儿"(晚点儿)回去。

访谈者:哦,"暗点点儿"回去。G和你们住在一个小区吗?

W:不,她住在那里(另一个地方),就是打麻将的那里,妈妈经常在那里,打麻将那里。隔壁,然后她就在那里住。和平路口,和平路口(带重庆方言音),下面一点儿,下面一点儿。

访谈者:哦,和平路口下面一点儿。是你妈妈打麻将吗?

W:对呀。

访谈者:哦,妈妈很喜欢打麻将吗?

W:对呀,还很喜欢逛街。

访谈者:哦,还喜欢逛街。

W:我最讨厌逛街。

访谈者:为什么呢?

W:因为我讨厌逛街。

访谈者:因为你讨厌逛街?

W:对呀。

……

访谈者:外婆喜欢做什么?

W:外婆喜欢做——,也是跟我妈妈一模一样的。

访谈者:逛街?

W:不是逛街。

访谈者:打麻将?

W:对!

访谈者:呵呵。

W:我去上幼儿园的时候她又跑去打麻将<去了>啦。她来接我,[在]我应该放学的时候(该来接我的时候),她还<在>打了一把,然后再来接我的。

……(W20130627F)

关于打麻将、逛街的话题,并不是笔者主动问起的,但 W 却说得较多,可见妈妈、外婆的这种行为给 W 留下了深刻的印象,让 W"耿耿于怀"。同时,妈妈、外婆将大量的时间花在了打麻将和逛街上,必然影响了对 W 的关注,相应对其身上出现的一些行为、其成长中所需要的支持也就不敏感。

(3)没有人教我如何正确地与人相处

回到 W 身上存在的挤撞、控制支配、辩解等言行上,这些言行都主要指向一个目的:渴望引起关注,渴望获得他人的认同。前面也提到,这是一种恶性循环:W 愈是如此,愈是得不到老师和其他同伴的关注和认同。在孩子的成长中,需要来自成人的关爱和支持,其中最重要的就是给孩子示范、引导孩子如何正确地与他人相处。在 W 的生活中,爸爸经营饮食生意的家庭虽然人员众多且相对复杂,但却只能提供过于成人化的、相对单一且带有不平等偏见的人际关系。在这种家庭氛围的人际交往中,W学会了一种简单的"支配—服从"的人际交往模式。对于这一人际交往模式,作为W生活中的另一重要关系人——外婆——虽然在一定程度上也意识到了对W的影响,但从W外婆的话语中,似乎并不怎么"排斥"。只是觉得这样的话,"有点儿像儿娃子性格",需要"压一下"。并没有真正理解这种行为方式给W带来的影响,也就没能进行正确的引导。

与此同时,在W身上,有时候也表现出了对其他人的关心,比如,前面提到的在幼儿园主动为M找椅子、将M的椅子放到相应的位置上。但由于不懂得如何与他人协商以达到目的,使得这种想要帮助他人的初衷最终以自己的错误言行告终。大家(包括老师)并没有记住W的"好",仅仅看到了她的错误表现,并形成了一种刻板印象——W就是一个喜欢捣乱的人。在家里,对W这种关心他人的行为,例如"喂祖祖(外婆的父母辈)吃药",家人只是作了传统伦理的理解——认为这是一种"孝道"的表现。没有将W这种对亲人的关爱加以引导,推及到她身边的人际交往中,增加她吸引人、受人欢迎的品质。

因此,概括W的成长历程,由于特殊的家庭成长环境,其耳闻目睹了一种"支配—服从"的人际交往模式。同时,作为重要抚养人的外婆和妈妈并不能正确地理解、回应W的言行,缺乏深入孩子内心的关爱,不能为孩子的成长提供必要支持。这在某种程度上又强化了W"支配—服从"的交往模式。W将这种交往模式带入幼儿园班级生活中,必然会导致冲突的发生,给老师和同伴造成不好的印象。但是,孩子在成长过程中都是需要关注和认同的,W也不例外。如何获得他人的关注和认同,也就成为了W需要面对的人生课题。通过挤撞以获得他人的关注,通过攻击性的言行以支配和控制他人,通过找寻借口掩饰自己的错误以塑造自己在他人心目中的完美形象。这些都是W为获得他人的关注及认同所选择的策略和方式。当然,最终却形成了一种恶性循环:越是希望得到关注和认同,越是得不到关注和认同!

(四)J儿童:"特殊"的家庭结构与母亲的教育付出

J在幼儿园中的生活状况及体验,与其"特殊"的家庭结构及妈妈的教育付出有着紧密的联系。

1."特殊"的家庭结构

与一般家庭不大一样,J的家庭有四口人,爸爸在外做事,妈妈是家庭主妇,还有一个哥哥在上八年级。像这样有两个小孩的家庭,在大E班比较少见。①

(1)J与哥哥

笔者从J妈妈口中了解到:J有一个哥哥,现在在朝阳中学念初二。在J的眼中,哥哥很瘦,经常逗她、经常揪她的脸。当问到"喜不喜欢哥哥"时,J回答说"有时候喜欢"。不过,让J对哥哥耿耿于怀的是"哥哥像我这么大的时候已经去过很多地方,起码有一百个地方。哥哥去过海南,还去过山西。而且我从来没有去过"(J20130626F)。J最想做的一件事情是去海南,因为"哥哥原来去过海南,我也想去海南。而且我从来没有坐过飞机"(J20130626F)。关于去海南的事,J妈妈在谈话中说道:

> 因为哥哥满十岁的时候她(J)还很小,那时候去对她就没得意义<得>,[就]没有带她去。现在看照片是看一次哭一次,看一次哭一次。她就觉得"我为啥子没去嘛"。那时她才几个月,带她去大人也整得"累呵呵"的(很累),(大人也)要不成。她就没去,就很梦想去。我就说"那你就存钱嘛"。所以说她每次想买[什么东西]的时候,我觉得没得必要买<的时候>,我就说那就把你去海南的钱拿出来,反正用嘛,用完了就算了。她就说"那我就不买了"。(J20130517F)

J哥哥有时候也会揪着J的脸,拿出一些钱,对J说"给你吧,给你去海南"。这个时候,J都会更加抓狂,更坚定了去海南的决心与愿望。有时候看到一条漂亮的裙子,会对妈妈说:"妈妈,我觉得那个裙子嘿(很)漂亮。"然后看了妈妈的脸色后,又会说"我还是不想买,我还是把钱存起来去看海"。

丁钢教授说过:"教育叙事研究特别关注叙述者的亲身经历,不仅把作者自己摆进去,而且把写作的对象从知识事件转换为人的事件。同时采用'心理分析'技术,对某个人或某个群体的行为作出解释和合理想象。"②看了J与J哥哥之间的一些事,笔者也想起了亲历的两件事:一件较为久远,一件就在今年年初。

---

① 在"二孩"政策放开之前,这种情况在城市还是比较少。

② 丁钢.像范梅南那样做叙事研究[J].上海教育,2005(Z2).

前一件事时间已经过去了近30年,那时笔者6岁多一点。和当时的大多数小朋友一样,都喜欢到外公、外婆家去玩(因为有好吃的、好玩的,还有不用担心被责骂)。那时外公还健在,有两个舅舅。当时我们姐弟三人都比较喜欢到大舅家,原因是"大舅家小孩多,也喜欢做好吃的东西"。在大舅家,最为热闹的时候是吃饭的时候和吃完饭以后。大舅家光小孩就有7个之多,吃饭时甚是热闹。难免会发生你的筷子碰着我的筷子、我的手撞到了你的手之类的事,孩子间就会引起言语上的冲突。每当这个时候,大舅都会厉声呵斥,才能使得饭桌有片刻的安宁。最为热闹的是吃完饭之后的收拾整理工作,洗碗的洗碗、添煤的添煤、捣煤的捣煤、找猪草的找猪草、喂猪的喂猪等,忙得不亦乐乎。在做事过程中,孩子们难免会有一些磕磕碰碰。于是,告状的告状、哭诉的哭诉、邀功的邀功、请赏的请赏等等。这些行为同样也会迎来家庭中的权威——大舅的呵斥。而且,通常是呵斥年纪较大的小孩。不过,私底下,年龄较小的小孩还是比较"吃亏"的,有时候(特别是父母不在的时候)会受到哥哥、姐姐的责骂,甚至是拳脚相加。

……

后一件事情是今年(2013年)年初,笔者一家三口回到老家过春节。这期间,小孩生病了,住进了医院。同一病房的也有一个生病的小男孩,一岁半左右,由妈妈带着小孩的哥哥一起照顾,哥哥比弟弟要大六七岁。当有什么事情需要跑腿时,比如买点儿早餐、取点儿小东西,妈妈都会让哥哥去做,哥哥也没有太多怨言。而当小孩想要玩哥哥手中的玩具时,哥哥有时也不乐意。但通常都在妈妈的强制要求中,将手中的玩具给自己的弟弟。不过,给之前还是不忘要"逗上一逗",相应也就引起弟弟的哭闹,也引来妈妈对哥哥的呵斥。

笔者说起这两件事情,意在描述一些多子女家庭的状况。当然,J所在的家庭与笔者大舅的多子女家庭不可同日而语。因为不论是从子女的数量,还是物质的丰足程度,甚至是家长的素质,都是有着极大差别的。即使是在后一事例中的兄弟俩,也与J兄妹俩的情况有一些区别,最为明显当然就是性别方面的。但是,只要在家庭中存在多个子女(两个及以上),竞争的关系就永远存在。因此,这就不难解释J对哥哥的态度——"有时候喜欢"。在这类家庭中,物质是需要分享的、爸爸妈妈的爱也是需要分享的。当物质或爱的占有要由竞争来决定时,这种分享更多就变成了依据一定标准进行的分配——分配标准来自竞争者的行为是否符合家长的要求。我们可以展开合理的想象:J在家庭中为了获得这种物质或爱(更多是爱),或许也会玩一些"骗人的小把戏",以娱乐或迎合家长;又由于与哥哥年龄相差较大,又是女孩,再加上有爸爸妈妈护着,或许在与哥哥的交往中也形成某种程度上的"动作"表达;或者,在爸爸妈妈不在的情况下,哥哥也会"教训"一下J,这对J又有着学习强化作用……进行如此想象,或许能部分解释J在幼儿园的"不合适"的语言表达、喜欢用"动作"表达和喜欢玩"骗人"的小把戏等。

(2)J与爸爸、妈妈

在J的心目中,爸爸比较"懒"。"爸爸一天不挣钱就是长些懒肉。就知道睡和吃,连早上吃早饭他都在我和妈妈面前晃、晃、晃,走来走去、走来走去,就是不知道做什么。"(J20130626F)当笔者问"这是不是妈妈说的"时,J说"是"。谈及妈妈时,J告诉笔者:"妈妈一天到晚就做清洁,而且还管我呢,管我和哥哥。我睡着了妈妈都还没有睡呢。"(J20130626F)

不过,最开始的时候J是非常喜欢爸爸的。从J妈妈的口中,笔者了解到:J很小的时候喜欢爸爸,因为爸爸"无原则"地迁就她,什么都满足她;后来才发现妈妈才是"真正"地为她好,所以就比较喜欢妈妈了:

……

访谈者:在家里面,你和她(J)爸爸的话,她要亲哪个一点儿?

J妈妈:很小以前,还不能明辨是非的时候,就嘿(很)喜欢她爸爸。为啥子呢? 因为以前是个儿呢(大孩子是个儿子),教育就从严,觉得儿呢就应该穷养,天生就应该让他有那种忧患意识,让他吃苦耐劳。好,现在生了一个妹妹,而且这个妹妹嘴特别乖。从很小,才两岁的时候,她说的是"爸爸,我是爸爸的心肝宝贝"。还有呢? 命根。啥子都说。哪个(怎么)不喜欢嘛。再说爸爸喜欢女儿,那是天然的一种感情。

访谈者:呵呵。

J妈妈:好,因为有这样一层关系过后,就无原则地迁就。好,妈妈就是一个,她说的"妈妈就像老虎一样"。那哪个办(怎么办)嘛。好,在这个一比较下呀,她就发现了他们爸爸就嘿(很)好嘛。比如说,这个贴纸,明明屋头有那么多,可以不买了。她就觉得屋头没有那么宽的,(爸爸给)买啦。你说她啷个不喜欢他嘛,完全就是糖衣炮弹。好,后头逐渐大了过后,特别是中班下期过后,娃娃的思想成熟了一点儿,有转变了。因为中班下期过后,整个北碚区都不许开兴趣班,就只有在外面学。然后娃娃就出去学画画,去学的跳舞。在这个过程当中呢,我做了很多工作。我们悦悦(J的小名)现在的画呢,也不是说和他们班上的都不一样,至少说来,以前我们娃儿画画不愿意拿笔画,而且也不愿意去画。现在你看她的时间更多是去美工区,去画这些东西。而且做的东西不会说差到哪点儿去。

访谈者:嗯,是比较不错。

J妈妈:她逐渐逐渐(渐渐)看到自己成长起来啦,很不一样啦。老师也表扬她,同学也喜欢她,她的画拿出来也一张一张都漂亮。好,她的兴趣逐渐就培养起来了。

……

J妈妈:爸爸就是啥子嘛,反正我一有点儿要求的话,就说"哎呀,别个恁个小(孩子还太小)"。但是[现在]娃娃通常不得听他的,因为现在我们悦悦是啥子呢,她能够看到因为我对她有所要求,我才让她这么出彩。她就觉得妈妈是对的,她能够明辨是非,觉得妈妈是对的。爸爸虽然喜欢我、这么做,但这样不见得是对我好。

访谈者:爸爸没有要求。

J妈妈:没得,无原则,完全无原则。

访谈者:(爸爸)是属于那种非常非常喜欢、非常非常呵护那种。

J妈妈:好,所以说现在<是>她还听我的,不听爸爸的。

……(J20130517F)

J爸爸、J妈妈之间存在着教育分歧,经历了一番"夺权"的过程,最终J妈妈占了上风。现在,J对妈妈的所有安排都言听计从。对爸爸,则是愈来愈"不入眼",就连爸爸管(爸爸)自己的朋友叫"小狗",也让J觉得爸爸的言行透出一些令人不屑的东西。这让J妈妈在J的教育问题方面,取得了教育主导地位,按照自己的想法去"塑造"J。

2.妈妈的教育付出

J妈妈觉得带儿子的时候,自己太年轻了,没有经验。用J妈妈的话说,就是"因为实际上两个娃儿都是我带的,那个时候(生儿子的时候)我(J妈妈)实际上还嘿(很)年轻噻,才二十三四岁。很年轻,没得啥子经验,完全是在摸索中"(J20130517F)。比如说娃娃哭这件事,"像娃娃哭啊这些事,你不晓得他为啥子哭。以前我们那个哥哥小的时候很爱哭,经常哭。好,我们这小的个妹妹(小妹妹)基本上不哭,你看嘛,她一直都乐呵呵的,基本上不哭,她遇到困难的话也不哭"(J20130517F)。J妈妈言下之意是说:哥哥哭,是自己没有经验;有了带哥哥的经验,后来带妹妹,妹妹就不哭了。不管怎么说,有了带儿子的经验,J妈妈在后来带J的过程中,在处理各方面的关系上显得更加从容和自信。

(1)对幼儿园老师的认同

在J上托班的时候,J妈妈对托班的老师是很有意见的:

由于J天性好动,托班老师就严厉地批评了她。以前是另外一个老师,很严厉地批评了她,而且找到我也是马起脸(不高兴地)说。然后,老师一直在那儿讲,我就说"娃儿好动是天性"。我就恁个(这样)说了一句,娃儿好动是天性。好,然后我也没说啥子啦。(J20130517F)

从J妈妈的谈话中,可以看得出,她与J托班的老师之间相处不太融洽。直到进入小班后,也就是现在小J老师带的这个班,她对幼儿园的老师的态度才有了改变。用J妈妈的话来说,就是"娃娃就是娃娃,跟大人的心理是不一样的。做了就算了,批评了就算了。J进入小班过后,小班的老师就很注重这些东西。也非常注意娃儿,不管是生理上还是心理上的这些特点,她(小J老师)能够发现你的长处,能够让你的长处更长"(J20130517F)。特别是在J身上发生的一件事,更是增强了J妈妈对小J老师的认同:

……

J妈妈:有一次,就是这学期,按道理说上大班的娃娃哭的话不是很正常。而且一哭就是一个星期,我们的娃儿(J)从小小班的时候就没有连续一个星期的哭。好,这一次是因为啥子呀,一直哭,从上学第一天开始,一直哭,连续哭了一个星期。我就跟她老师说,我说娃儿不愿意上幼儿园,而且娃儿回来说"妈妈,为啥子你们这些大人都让我们上幼儿园嘛,我们小娃娃、小朋友一点儿都不想上幼儿园"。好,我跟她老师说了。小J老师就去找到她,说:"悦悦,你为啥子不上幼儿园嘛,你恁个(这么)喜欢上幼儿园,运动也嘿(很)棒,画画也嘿棒,你为啥子不喜欢上幼儿园呢,我们园长也恁个喜欢你。"她还是说:"我反正不想上幼儿园。"

访谈者:她也不说什么原因?

J妈妈:嗯,不说原因。小J老师又问"你是不是觉得饭给你舀多了"。因为她(J)每天吃饭都吃倒数第一。

访谈者:嗯,是吃得比较慢。

J妈妈:吃得倒数第一过后,这个娃娃大了过后,还是有一个面子观点在里头,觉得不太好。小J老师就说"如果你觉得是因为吃饭的话,那我喊X老师给你少舀点儿嘛"。她说"要得嘛"。一下子就找到问题啦。(这件事)说明老师非常了解娃儿。好,这样就不哭了,就又上幼儿园了。

……(J20130517F)

有了对老师的认同,J妈妈经常主动与老师们就孩子的教育问题进行沟通。笔者也经常在幼儿园看到J妈妈无偿地为大E班,甚至是为整个幼儿园的事忙上忙下。正是这种对老师的认同、无偿的付出,也换来了老师对J妈妈的信任和认同。用小J老师的话来讲,就是"她妈妈(J妈妈)确实社交这块也很不错,也很会替别人着想。娃娃去参加兴趣班的时候,主动去协助管理呀,还有在舞蹈[兴趣班]那边也是。弄了过后老师要给她指导嘛,给她出点儿主意嘛,她各人(自己)就结合娃娃的情况[进行指导]。还是很用心,娃娃在这个过程中不进步都难"(J20130520F)。

J妈妈与幼儿园老师的良好关系无疑也会为J小朋友在幼儿园创造一种有利的环境:一方面,老师对J的态度有意或无意之间会受到这种良好关系的影响;另一方面,J妈妈在大E班所有家长中,在幼儿园停留的时间是最长的(开始的时候笔者还以为她就是幼儿园的老师),和整个幼儿园老师都比较熟了,这无形中为J在幼儿园创造出了一种"熟人"社会。更为重要的是,J妈妈长时间"在场",给予了J极大的支持和鼓励,让J在幼儿园中获得了安全感。这实际上为J在幼儿园的自信从容奠定了一个心理基础。

(2)针对孩子的特点进行有目的的培养

J在阅读方面不够专注,J妈妈就让J去学画画。想通过画画来培养J的专注力,以提高J的阅读能力。

最开始[去学画]是因为我们娃娃的阅读跟不上去。她(J)不够专注,因为她体育嘿(很)好,她身体发展得嘿好。她的平衡能力呀、体能啦,都比较好。她就一直静不下来,属于好动的那种娃儿。[如果不解决好动这个问题,]要不然今后上学(小学)哪个(怎么)办嘛。[所以去画画]主要是培养她的专注力。以前不管你画个啥子,好,哪怕是你画一根线线儿,歪歪扭扭的一根线线儿,我只要问你画的啥子,你只要能够说出来画的啥子,我都说好。慢慢慢慢地,她逐渐就有兴趣啦。从培养兴趣开始,然后又一点点儿要求,我们能够把这个直线画直,把竖线画得很直,一点儿一点儿地要求她。然后我们能够把这个圆画圆,把图形画好,到后来画一定的简笔画,简笔画配一定的景。慢慢地她的画就出彩了。对于娃娃的问题,你得针对这个问题去找到一定的解决办法。(J20130517F)

后来,在J学画的过程中,J妈妈又发现J在用色方面比较灰暗,许多明亮的颜色搭配不出来。于是,J妈妈又针对这一问题,探求解决办法:

她(J)的画"形"出来了,就出现一个配色(问题)。普通娃娃都喜欢鲜亮的颜色,[其实]她也喜欢。但是她的画在颜色方面就表现得嘿(很)灰暗。虽然她心里面嘿阳光,但她表现出来的给人的感觉呀就嘿灰。她嘿喜欢用冷的那种蓝啊、深绿啊、深褐色啊、灰呀等等,还有咖啡色呀。好,偶尔会加点儿红。但是一般的,比如说红配黄,这种就嘿鲜亮嗟;或者橙色陪浅黄、浅紫,这些都是嘿鲜亮的颜色。(她)搭配不出来。然后我就找她们老师商量,说我们娃儿跟到起(与别的孩子一起)学水粉得不得行(行不行)嘛。他(老师)说,她的形呢,完全没有问题了,可以就让她学水粉。我说主要是让她感受一下色彩。好,现在就去学了点儿水粉。(J20130517F)

在学画的过程中,J的绘画能力得到了提高,其在生活中的观察能力和审美能力也得到了提高。看某一幅画时,J妈妈仍没忘记学画的初衷是为了提高J的阅读能力。因此在看画的过程中，会加入一些语言学习的内容。不过，J此时的兴趣点主要不在这方面了，她看着一幅画，会对妈妈说"妈妈，你看她这个衣服穿得[真好看]，这个条纹、这个颜色配得好看"，或者"妈妈，我觉得哪点应该还要加点[内容]，应该要唡个(怎么)加"（J妈妈语）。J在绘画能力方面获得了提高，用J妈妈的话来说"老师也表扬她，同学也喜欢她，她的画拿出来也一张一张都漂亮。好，她的兴趣逐渐就培养起来了"。

对于J运动方面的培养，J妈妈显得更有信心。除了前面提到的对自己女儿"与生俱来"的禀赋的信任外，还在于J妈妈对自己运动能力的自信。J妈妈在这方面说到的一句话是：运动是我的强项，运动(方面)我们没有花任何钱培训。即使是与运动有所区别(当然也联系紧密)的舞蹈，J妈妈也认为"跳舞我虽说专业知识不是很多，但相比画画的话我还是稍微要好一点儿"。因为运动与跳舞能够"从形体上给人一种挺拔的感觉。同时，跳舞能够培养她的坚韧，运动也一样"，因此，J妈妈除在运动方面亲自指导J参加各项运动外，主要在对女儿舞蹈能力培养方面下起了功夫。

在正式参加舞蹈培训之前，我(J妈妈)就给她(J)看了舞台上那些漂亮的舞蹈，很多获奖的作品。我问她(J)："跳得好不好？"

"好！"

"漂不漂亮吗？"

"漂亮！"

娃娃她首先说衣服嘿(很)漂亮噻，然后舞姿很美。我鼓励她，就说"你也可以[做到]"。又问她"你去不去学吗"。她说"要去"。后来就去了。(J20130517F)

不过，J去倒是去了。但初学跳舞是要忍受身体上的痛苦的，比如对身体柔韧性的练习，像压腿之类的，一开始会很痛。这让J"不想去了"，但在妈妈的陪同下坚持了下来：

第一节课的时候老师[压腿]压得比较轻，因为没有压过的娃娃呀就压得比较轻。她(J)觉得还可以，而且才开始的时候，为了提高她的兴趣呀，我们也带了一些小吃这些，练完了我们就可以和小朋友一起分享吃的噻。好，慢慢地开始就有所要求了,就开始[用力]压了。一段时间下来,压起就有点儿痛了,就不愿意去了。[我知道]这个时候需要大人坚持。如果大人放弃了,孩子也会放弃。我们班上就有两个嘛,放弃了就算了。但是,她一旦压出来了,实际上这个韧带一旦压出来了,第二次就没有这么痛了。只是第一次或头两次的时候压起很痛,后头就不是很痛了。(J20130517F)

在这种坚持下,J坚持了下来,舞蹈基本功、舞蹈意识得到了提高,相应的舞姿也优美了。

我(J妈妈)观察到在她们小班组(舞蹈班)她(J)基本上是练得最好的一个。因为她的基本功出来了、柔韧度出来了,展现出来的舞姿呀,也比以前优美了。只能说比以前优美哈,但是还不是最好的。她以前是没有这个意识,比如说一个动作哈,可以是很舒展的,她(却)喜欢这样(比画动作)。没得很有意识去做这个动作,那就不一样。现在就培养她这个意识,因为你柔韧度也出来了、动作的舒展度出来了,腿上的基本动作就出来了,现在主要就是手上(还需要加强)。培养她,要给她讲,每次我都站在边边(旁边)看,不断地提醒。好,现在她的舞蹈呀(还不错)。反正培养娃娃是一个长期不懈的过程。因为她练得好后她就愿意去,这实际上都是培养起来的,不是说都是她愿意去的。(J20130517F)

久而久之,绘画、舞蹈等就成了J生活的一部分,并且是很大的一部分:

J回家的第一件事情就是洗手,洗完手简单地吃点儿东西,然后就是练舞蹈基本功,大概控制在十分钟。跳舞一般也是控制在十分钟,因为久了的话娃娃也不愿意,会产生厌倦情绪,那就适得其反啦。有时候如果动作不到位呢,也许会推迟到十五分钟。好,然后我去弄饭的时候她就可以玩一下,饭弄好了过后就一起吃。吃完饭差不多就(晚上)七八点钟了。(晚上)8点钟她就开始画她的东西,实际上也就是随意地画,想画啥子就画啥子。除非今天幼儿园要求画个啥子,那就必须按照这个主题进行画。没有的话就是她自己随意地画。画画我实际上就没有时间要求,就是几分钟也可以,但是一般都超过半个小时。因为她喜欢上画画后,起码都是半个小时。有时候我就打断她,说"不行,你不要再画了"。(J20130517F)

正是在J与妈妈的共同努力下,J在绘画、运动、舞蹈方面的能力得到了提高,表现越来越出色。当笔者问及J的梦想时,J表达了自己的梦想——到大舞台上去跳舞。显然,这与J妈妈平时的培养是分不开的。在J妈妈对孩子的培养的背后,是对待孩子的耐心。

(3)对待孩子有耐心

实际上,通过上面的一些生活片段,我们也能看出J妈妈在J成长过程中的耐心付出。从她带领孩子共同制作的故事书——《鸭妈妈的生日》和《小熊阿比》(见图6-1,图6-2)——就更能看出她的这种耐心:

……

访谈者:我看你们现在做了两本故事书,其实她(J小朋友)的色彩还是用得比较(鲜亮)。

J妈妈:不是,第一本书《鸭妈妈的生日》,色彩不是来源于她,是来源于她的指导老师。但是她的形是来源于我们两个(J妈妈和J)嘛,我们俩一起找的。找了过后,景基本上是她配的。中间的那个图形、人物,基本是我们两个共同来找出来,找出来她画。但是说实在的,有些地方确实过不到(解决不了)的,是由我动了笔的。应该说90%是她做的,景基本上是她配的。色彩来源于她的指导老师,因为我对那个色彩,说老实话,画画我是一个门外汉。是因为她要去学画画,为了把她培养出来,不断地吸收营养,我才不断地去吸收这个东西。然后,第二本,基本上就是她的思想了。第二本我们参照了大量的儿童墙纸,大量的,可以说是几十张、上百张儿童墙纸。然后从中去选出一部分来,把这个故事串联出来。然后画出了过后,基本上就是她的思想、她的色彩在里面了。但是第二次的色彩你看嘛,它就很单一,不像第一次那样很花哨。第一本给人的感觉的话,娃娃很喜欢,很花哨,很漂亮。好,第二本的话基本上就看得出来,一个蓝,一个黄,还有——应该叫深咖啡色。基本上是这几个颜色。

访谈者:它和动物的特征有关系。

J妈妈:它周围配景也简单了嘛,实际上第二本呢她动得更多,要做很多工作,下去[要做很多工作]。

访谈者:前面听到你讲每一本[的制作]都花了很多时间。

J妈妈:嗯,两本我们花了半年的时间。

访谈者:主要是前期收集素材[花的时间比较多]。

J妈妈:收集素材主要都是我在收集,因为她不可能不上学,跟我一起这呢那呢噻(到处跑)。好,后期制作也是我,她画出来后,比如说覆膜呀、封面呀、内封啊、封底呀这些也是我在做。在图画方面,主要是她在做。文字基本是她哥哥在做。

访谈者:文字基本上是她哥哥?

J妈妈:嗯。

访谈者:实际上画面一出来,画面背后就隐藏着文字。

J妈妈:不是,实际上我们这个故事是编好了的,编好了才画的。

访谈者:先编故事再画图?

J妈妈:对头(对)。要不然她画起来没得感觉,画起来是一个很呆板的搁在那的,不生动。

访谈者:那这个故事是咋个(怎么)串联出来的呢?

J妈妈:串的噻,我们选好图片过后然后就串的。

访谈者:先根据图片形成一个基本的底,再串故事,然后再根据故事来画?

J妈妈:嗯,实际上故事也是她编的。只能说这个文字是落实到她哥哥这边,是她哥哥落实上去的。

访谈者:哥哥可能也比较忙?

J妈妈:嗯,因为初中撒,也比较忙,作业也比较多。

访谈者:文字表达出来的话,可能经过一些润色,经过她哥哥那边,或者是你呀(做一些工作)?

J妈妈:嗯。

……(J20130517F)

图6-1　故事书《鸭妈妈的生日》的封面与封底

图6-2　故事书《小熊阿比》的封面与封底

在舞蹈方面,J妈妈也是付出了足够的耐心。在大E班毕业典礼上,J跳的那支名为《古丽》的舞蹈,舞台之外也花了J妈妈许多的心血。当笔者问J那支舞蹈是谁教的时,J说"妈妈,还有舞蹈大师,去录的像。然后妈妈和我一起学的,学会了她就教我"。

无疑,J身上存在很多缺点,像前面提到的在交往中容易引起冲突的语言表达、喜欢"动手"、喜欢"骗人"等,这些也与J所处的"特殊"的家庭有关系。然而,正是这些缺点,让我们感觉到J更为真实,更像一个活生生的孩童。在J妈妈的教育付出中,这些缺点并没有影响到J的生长。J在幼儿园即使会感到一丝"委屈",但大部分时间仍体验到了属于自己的一份"快乐"、享受到了一份"轻松愉悦"。或许,J在老师、同伴或其他人的心目中并没有C那么闪耀。但是,在J妈妈的心目中,自己的孩子永远是最棒的,永远相信自己的孩子。这一点,比任何馈赠的礼物都重要!

四名儿童的家庭境遇各不相同,正是各自不同的家庭境遇,在极大程度上造就了孩子们在幼儿园不同的状况及体验。家庭,不仅仅为儿童提供遗传的要素,更重要的是为儿童传递了社会文化要素。遗传因素塑造了儿童的生理特征、气质类型,一定程度上不可改变,所谓"江山易改,本性难移"。不过,气质类型虽会给儿童带来不同的应对方式和生活际遇,但本质上并没绝对的好坏优劣之分。倒是社会文化要素,在形塑儿童的兴趣、习惯、个性等方面举足轻重。父母(或者"家庭重要关键人",即在家庭中对儿童影响最深的人)的理念、态度、言行又是影响儿童成长的社会文化要素的重中之重。通过对四名儿童家庭境遇的揭示,我们清楚地看到四名儿童在园生活状况及体验的本质意义之所在,也感受到了这一要素的强大影响。在个体成长中的机构(幼儿园)、社区等要素在个体成长过程中的作用同样不容小觑。但不论如何,它们都需要借助家庭这一核心要素发挥作用。而且,我们要意识到,年龄越小的儿童,家庭对其成长的支持和帮助越是重要。在四名儿童的家庭中,C与J获得的家庭支持和帮助最多。C外婆通过言传身教,注重帮助C建立起宏大的人生格局;J妈妈不辞烦琐,注重具体的陪伴和鼓励。二位家长都在一定程度上分别对两名儿童的成长产生了积极的影响,为孩子今后的人生奠定了较好的基础。相较而言,A与W的成长过程更为坎坷和令人担忧,问题的关键不在于他们在成长过程中遭遇的危机,而是在于其家庭没有(缺少)面对危机、化解危机的意识和能力。对于个体而言,成长过程中都会遇到这样那样、或大或小的危机,解决好了就是成长的契机;反之,则是为今后的人生埋下一颗"定时炸弹"。如何将儿童成长过程中的危机转化为契机?在笔者看来,不同的家庭有着不同的文化渊源,父母不同,孩子也不同,所以并无具体可操作的方法。但是,作为家长,有一点是可以尝试的,那就是"陪伴孩子,共同面对"。在生活的各个场域,当孩子遇到困难、遭遇危机,家长要勇敢地站在孩子身边,敢于承认困难、积极应对困难,从孩子的立场出发,循序渐进地找寻化解危机的办法。在这个过程中,不仅孩子获得了成长的契机,而且家长也会获得持续成长的机会。

二、幼儿园:儿童在园生活体验发生境域之二

S幼儿园,是一所具有70多年悠久历史的全日制和寄宿制并存的公办幼儿园,被命名为重庆市首批示范幼儿园、一级幼儿园。全园占地面积上万平方米,现有教学班20个左右,在园幼儿600余名,教职工上百人,100%的教师具备大专学历,其中有全国优秀科研教师、重庆市特级教师、重庆市优秀园丁等十多人。[①]

(一)幼儿园初步印象

2013年3月4日清晨,笔者一行3人[②]步行约25分钟的路程,就来到了S幼儿园所在的街道位置。这是一个小十字路口,我们行走方向的街道基本呈东西走向,街道是一段缓缓的上坡路。两旁行道上都种植着榕树(细碎叶子)和黄桷树[③],枝叶繁茂、遮云蔽日,为清晨的街道增添了一丝宁静。一路走来,遇到了很

[①] 引自:S实验幼儿园网站。

[②] 一同进入研究现场的还有笔者的一个硕士师弟、一个师妹。一方面,他们与笔者进入同一研究现场,开展与他们研究相关的工作;另一方面,他们也抽出部分精力关注笔者的研究主题,经常与笔者就研究现场的一些事件进行探讨和反思,对笔者的工作提供了较大的支持和帮助。在此,对师弟、师妹表示感谢!

[③] 据百度百科记载:黄桷树又名黄葛树、大叶榕、黄桷榕,为桑科,属高大落叶乔木。黄桷树原产我国华南和西南地区,尤以重庆、四川、湖北等地最多。它喜光,耐旱,耐瘠薄,有气生根,适应能力特别强。园林应用中适宜栽植于公园湖畔、草坪、河岸边、风景区,孤植或群植造景,提供人们游憩、纳凉的场所,也可用作行道树。 黄桷树是重庆市市树,在重庆市栽植广泛,被当地老百姓称为"黄葛树""黄葛兰",是老百姓非常喜欢并引以为豪的树。

多行色匆匆的人:或赶去上班的人群;或赴学校上课的学生。也会遇到步履缓慢、从容的人:或单行,或两人,或三人,抑或多人……这多半是晨间散步的老人。走在路上,轻快激烈的音乐不时扑进人的耳朵,让人将目光投向一群生动活泼的中老年人:他们或于广场,或于某宽敞的空地,随着音乐的节奏,在晨间起舞。这是晨间跳舞锻炼的人群,这种跳舞锻炼的方式在重庆当地被称为"跳坝坝儿舞"。走着走着,慢慢就会发现,年幼的孩子多了起来,他们有的在大人的搀扶下,迈着他们特有的人生步伐,向前行进;他们有的挣脱了大人的手,于大人前后,独自甩臂向前……他们或者专注地盯着自己手上的物件,思考着与物件相关的内容;他们或者面露沉思状,思索着昨日、今日遇到的问题;他们或者东瞧瞧、西望望,在大街上搜索着自己感兴趣的目标;他们或者边走边与大人交谈着,不时还停下来与大人争论几句……

不用问,前面不远处应该就是幼儿园了。

来到了S幼儿园大门处,我们先与幼儿园大E班的小J老师取得了联系。稍微等了一会儿,小J老师就从幼儿园里面出来,带着我们一起往幼儿园里面走去。进入幼儿园大门,先穿过一条长长的甬道(甬道的前半段上方有楼房,因而在前半段形成了封闭的通道)。甬道右边,隔墙内是一幢正在修建的大楼。听小J老师介绍,这幢在建的大楼被命名为"幸福小城"。建成后,诸如幼儿园开学典礼、毕业典礼、平时的一些大型活动等都将在这幢大楼内举行,以后举办活动就不用到外面去找场地了。甬道的左面,首先映入眼帘的是一面由幼儿园小朋友们的笑脸构成的"笑脸墙"。在簇拥的笑脸中间,用中英文写着一行字:"生态的教育 完整的儿童(Ecological education Well rounded)"。

看到小朋友的笑脸,笔者的精神为之一振,心底涌起一股莫名的兴奋。两边的墙上,还张贴着幼儿园的一些情况介绍:比如幼儿园领导及老师的相关信息、幼儿园科研课题的开展情况以及幼儿园各种活动介绍等。走出封闭路段,顿时豁然开朗,不时会看到左边高高的墙上(上边是公路,这段墙是由公路的堤坝构成)种植着几丛月季,在微风中探头探脑的,露出星星点点的笑颜。通道拐角处的正前方,停放着一辆黄色的校车。就在拐角处,站立着几名医务人员,正带着几名小朋友——幼儿园的"健康小卫士"[①],为入园的小朋友做晨检。只见

---

① 后来我们了解到,"健康小卫士"由幼儿园各个大班班级的小朋友轮流担任,担任的小朋友身着白大褂、胸前佩戴"健康小卫士"绶带,协助医务人员完成晨检工作。

几名"健康小卫士"频频弯下腰,向小朋友及家长们问好。见小J老师走过来,也向小J老师和我们问了好,我们也忙不迭地以弯腰问好来回应小朋友们。

拐角处往右,就进入了一块约500平方米的空地。空地上砌起一小舞台,舞台上有一升旗台,高高的旗杆直穿入天空。一位老师正在升旗台上做着晨操,小朋友们也在下边跟老师的动作一起随着音乐舞动。大E班的小朋友也在这片空地上进行晨练(后来知道这片空地上活动的都是大班的小朋友),小J老师向小朋友们简单地交代了几句之后,就带着我们三人去了大E班的教室。我们走过空地,再向右拐,进入一小块人工草坪场地,旁边的墙上挂着几只篮筐,显然是小朋友们平时玩篮球的场地。径直向前是一过道,过道入口处立着一牌子,上面写着幼儿园的一些通知事项、费用预结算等内容。进入过道,过道左边墙上,镶嵌着一只大大的鱼缸,鱼缸里还养着几条鱼。小J老师介绍,左边是厨房,专门给小朋友们做饭的地方,也为在校吃饭的老师提供膳食。走过厨房门口的时候,笔者往里面瞄了一眼,见几个食堂工作人员正在里面忙碌着。靠近过道的右边,是一个葡萄架,葡萄藤的枝条正抽出嫩芽,孕育着一片生机。往更右边看去,有一块由四层小楼围起的类似于四合院天井的场地,地面是塑胶的。靠近葡萄架的一端摆放着类似于滑滑梯的大型游戏器材。小朋友们在老师的带领下,在空地上活动着。从小J老师的口中,我们得知这块场地上活动的是小班的小朋友。

走到过道楼梯口,小J老师带领我们向左拐上两段楼梯,上了二楼,再向前拐过一段走廊,就来到了大E班的教室。走进大E班教室,几位刚到幼儿园的家长、小朋友立即与小J老师打了招呼。一进教室正对面的墙上挂着一个电脑屏幕,屏幕对面是班级主题墙;两边的墙上张贴着小朋友们的作品、活动区域标识;教室内七张桌子分别摆放在教室的三面(电脑屏幕的一面没有摆放),与一些搁板、小柜子一起隔出了几个活动区域:美工区、美食餐厅、操作区、益智区等。电脑屏幕那面墙的背后,是一个小阳台,也用小柜子隔出了一个阅读区域。主题墙的左边有两道小门:一道小门是进卫生间的,另一道小门是进孩子们的午休室的。午休室内摆放着小床,门口墙边立着一排柜子,分出了许多小格子,是小朋友搁放书包和一些小物品的地方。靠窗户的墙边堆放着各种材料,听小J老师介绍,建构区就设在小朋友们的休息室,这些材料是建构游戏的材料。在教室外面的走廊上,还设有自然角以及与隔壁班级共用的音乐区域。

初步参观完大E班教室后,我们向小J老师提出先在幼儿园四处转转的要求。小J老师建议我们还可以先到房顶去看看,那儿也是幼儿园开辟出来的活动场地,主要是中班小朋友晨练的场地。于是,笔者一行三人走出大E班教室,向楼顶走去。楼顶铺满了人工草坪,只见老师带着小朋友们,在楼顶上进行着晨练。在楼顶待了一会儿,大概九点钟,幼儿园晨练结束。我们便回到了大E班教室,小朋友们正陆续回到教室,见教室内平添了几个人,都用好奇的眼光打量着我们……

初进S幼儿园,给笔者的第一印象就是"严肃活泼,井然有序"。幼儿园将有限的空间创造性地进行了利用(这似乎成为多数幼儿园的一大特点),老师们积极投入、认真负责;孩子们热情礼貌、富有参与热情。不过,随着接触的深入,笔者发现了一些问题,其中最大的问题是,我们的教育离孩子的需要还有很长一段距离。

(二)形式化的教育活动

S幼儿园每周一都要举行升旗仪式。

我们进入大E班的第一天,正好是星期一(3月4日),本周由大E班担任升旗任务和国旗下的节目表演。

吃过早点后,小J老师、小C老师和X老师就带着大E班小朋友来到了升旗台前的空地上,进行升旗仪式以及活动节目的彩排。三月是S幼儿园的雷锋活动月,大E班到台上去表演的节目是歌舞《学习雷锋好榜样》。升旗手们穿着升旗服,参加表演的小朋友则穿着迷彩服,外面都披着一件外套。笔者发现,担任

图6-3 升旗仪式中将登台表演的大E班儿童露出迷彩服

升旗手或表演节目的小朋友似乎都有意无意间将自己里面穿着的升旗服或迷彩服尽可能地露出来(见图6-3)。看得出来,能够担任升旗手或能到台上去表演节目是令人自豪的,同时也是让人羡慕的。

9:30左右,升旗仪式正式开始。大E班的6名升旗手穿着雪白衣服,腰间系着一条红色的绸带,小心地捏着国旗的四角和两边,在一片军乐伴奏声中慢慢走上升旗台。上了升旗台,在小J老师的帮助下,将旗帜的四角系在绳子上。系好后,担任升旗仪式主持人的小C老师宣布:"升旗仪式正式开始,奏国歌、升国旗!"在激昂的国歌声中,小朋友们在小J老师的帮助下,缓缓地拉动着绳子。当歌声戛然而止时,旗帜也正好拉到旗杆的顶端。

小C老师接着宣布:"请升旗手为我们进行国旗下的讲话,大家欢迎!"今天要讲的内容是与雷锋有关的事迹,担任升旗手的6名儿童来到台前,站成一排,从左到右,每名小朋友都讲了一些雷锋的事迹。讲完之后,小C老师又宣布:"接下来,大E班的小朋友将给大家带来歌舞表演——《学习雷锋好榜样》,请大家欢迎!"在一片掌声中,表演节目的小朋友精神抖擞地上了台,在歌曲伴奏中,有板有眼地表演起来。

最后,对全园安全之星——小班N小朋友的事迹进行表扬。N站在升旗台上,小C老师向全园小朋友讲述着他在生活中注意安全的事迹。小C老师讲述完毕后,S幼儿园C园长上台为N小朋友颁发安全之星的奖章。①

升旗仪式作为一项重要的教育活动一直受到各级各类学校的重视,属于学校思想品德教育的"规定动作"。因为是三月,全国在三月都有开展向雷锋同志学习的传统。因此,S幼儿园的升旗仪式教育活动也选择了学习雷锋的内容。当笔者下来询问大E班的小朋友"是否知道雷锋"时,几个小朋友显然对这个中国的英雄知道得并不多。一个小女孩一个劲儿地说"妈妈给我讲了很多雷锋的故事,雷锋做了很多好事",语气中充满了自豪和夸耀(因自己知道这个事),但对"雷锋究竟是一个怎样的人"却说不上来。当问到"佩不佩服雷锋"时,小朋友们都不回答。在笔者的追问下,一个小男孩说"才不佩服呢"。最有意思的是,另一个小女孩提到"是不是把雷锋剪下来,贴到墙上"(这或许是他们对雷锋的

---

① 根据2013年3月4日观察日记整理。

最直观的印象）。①显然，大家对雷锋并没有多少印象。升旗仪式上，S幼儿园向雷锋学习的榜样——小班的N儿童，他站在台上，双手手指绞在一起，并不停地用手指"钻着"手心，自始至终没有说过一句话（当然，没有让他说，我们也不知道他能不能说出来，他有什么想法和体验就无从得知），面无表情地看着台下的小朋友。只有当C园长宣布把掌声送给他，并把奖牌给他时，才笑了一下。似乎到了这个时候，整个事情才与自己相关，而前面所说的一切与自己都没有多大关系。同时，这笑容仿佛也是一种终于得到解脱的感觉。而且，从现场小朋友们欢呼雀跃的反应看，N明显比雷锋更具有实际意义。

在S幼儿园（不仅仅是S幼儿园），存在较多此类形式化的教育活动。在形式化的背后，实质是对儿童的不了解、对儿童真实需要的漠视。这种不了解和漠视，使得我们的教育并不能走进儿童的内心，满足他们的需要、滋养他们的心灵、促进他们的成长。这就不难解释像W儿童，拼命地想要制造出一点儿"动静"以引起他人的关注；不难解释像J儿童，在类似的活动中会对身边的其他小朋友"摸摸搞搞"；更不难解释像A儿童，在这种形式化的活动中更显边缘化……或许，只有如C儿童之流，在此类活动中更能"大显身手"。

（三）少数人表演的舞台

S幼儿园每学期都会举行许多竞赛活动。在这些活动中，过分强调了活动的"竞争性"，而忽略了活动的"参与性"。正如前面提到的C参加的跳绳比赛，这类比赛往往是"跳绳高手"们——比如C、J等——展示自我的舞台。大多数小朋友少有参与的机会，即使他们也想参加这种比赛：

当天跳绳比赛结束后，观察者当天曾问过班上的一个小男孩：今天你怎么没去跳绳？

小朋友：因为我跳得比较少，所以没去。

观察者："那你想不想去跳啊？"

小朋友："想啊。"

想了一会儿，又说："我一分钟可以跳38个。"

---

① 根据2013年3月4日录音资料整理。

过了一会儿,又说:"不对,是48个。"

在回教室的路上,观察者又问了另一个小朋友:"你今天为什么没有去跳绳?"

小朋友:"因为我跳不多,一分钟只能跳21个。"

一会儿又说:"一分钟跳21个还是练习了之后跳的。"[①]

因为跳得不多,所以失去了参加比赛的机会。实际上我们已经向儿童灌输了这样的观点:比赛关涉班级荣誉,为了班级的荣誉,必须让跳得好的同学去参加比赛。我们认为这是让一些人参加比赛、一些人不参加比赛的正当理由。在我们的影响下,这一理由在幼儿心中也都具有了合理性。然而,这一问题却牵涉到了公平问题。幼儿园中,当我们决定让一部分人做、让另一部分人不做时,其合理性在哪里?事实上,从儿童发展的角度,跳得不好的同学更应该获得比赛练习的机会。我们在追逐外在的目标时,渐渐地忘却了教育的内在目的——为了人的目的。这个"人"不是某一个人、某一些人,而应是我们的全体对象,每一个活生生的存在。特别是幼儿园,作为个体接受"正规教育"的开端,这一点尤为重要。我们很难想象,当一个孩子在"入世"之初,就被打上"跳绳不行""唱歌不行""舞蹈不行"等标签,今后他能有多大的机会"长大成人"。正是对这一点的忽略,我们的孩子会感到"委屈""被忽视""担心"……因为我们将教育的基础建立在了一个外在尺度上,而不是建基于儿童自身生长的内在尺度。

同样,在大E班的各种教学活动中,对这种"教育公平"的忽略也是随时、随处可见。活动中,老师更多时候只针对"优秀"的学生来进行设计,而忽视了其他的人更需要"雪中送炭"。笔者亲临课堂,发现往往老师的提问、教育活动的推进基本都是围绕几位同学进行,作为班上的大多数人都成了"局外人"。这或许也就不难解释像J儿童那样,很多时候在集体教学中都是"漠不关心"的。用小J老师的话讲,就是"要看她的心情"。不过,我们不要忘记了,我们是这种"心情"的重要"制造者"!

[①] 根据2013年4月3日观察记录整理。

（四）玩不够的区角与户外

大E班区角活动主要有建构区、美工区、探索区、角色扮演区、益智区、操作区、图书角等（见图6-4），是小朋友们最喜欢的活动之一。要是某个小朋友不遵守纪律或做错了事，老师经常会对他（她）说"你今天的（或下次的）区域活动可以不参加了"，以此作为惩罚。区角活动的时间都会安排在上午课堂教学活动之后。课堂教学活动结束后，小朋友们接着就做区域活动计划，在各自的计划册上写（画）上姓名、时间、到哪个区域、人数、准备做什么等内容，并且在一块小黑板的相应区域位置贴上自己的名字。有时去某个区域的人太多，老师就会做出一些调整，以保证每个区域都保持合适的人数。

图6-4 大E班儿童正在做区域活动计划

笔者于5月29日亲身体验了一次角色扮演区活动，实录如下：

上午10:00左右，大E班区域活动时间。在G小朋友的邀请下，观察者加入到角色区，扮一个患牙病的人，G、X小朋友扮牙医。

X："我给你一个卡，你先到M那里取100元钱。"

观察者拿着卡，让M给取100元钱。

M："不行，她的卡里已经没有100元钱了，只有20元钱。"

X："那就只取30元钱吧。"

M想了想，答应了。随即拿了一叠模拟纸币给观察者。

观察者拿上纸币，先抽出了"3元"给X，说："这是挂号费。"X收下了。观察者又给了X一些钱，说："这是做手术的钱。"X也收下了。

177

X左手拿着放大镜,右手拿起手电筒,说:"将嘴巴张开,说'啊'。"

观察者照做了。

X:"你的牙齿长蛀虫了,要做手术。"并叫来G,说:"G,你也给他检查一下吧。"

G又给观察者检查了一遍,说:"你得蛀牙了,要拔牙,先打麻药。"

G拿起一支"注射器"(螺丝刀),"吸"入一点儿药液,说:"把衣服卷起来。"

观察者将衣服卷了起来。

G边"打"边说:"不要怕,不痛的。"

稍后,X拿起上药的"器具"(螺丝刀),叫观察者张开嘴巴,给观察者的牙齿上"药"。一番处后,X说:"可以回家啦。一周后来检查。"

观察者找了一张凳子坐好。

一会儿,X来到跟前,对观察者说:"该检查啦。"

观察者:"好的,我一会儿来医院。"

X就回去了。

观察者来到"医院",说:"医生,我要复查一下。"

X又拿起手电筒和放大镜,叫观察者张开嘴,发"啊"音。

观察者照做了。

X"哇"地叫了一声,说:"又蛀牙了,要拔牙。"

观察者:"又要拔牙啊,前面不是拔过了吗?"

X:"你有蛀牙了,是不是没刷牙啊?"

观察者:"刷了的啊,我每天早上都刷牙。"

X:"不行,每天要刷两次牙。"

观察者:"哦,那我以后每天刷两次牙。"

X端来一杯水,将一把钳子放入水杯中。

观察者问:"这是做什么啊?"

X:"这是药水,消毒!"

又叫观察者张开嘴,先用"注射器"往观察者的牙齿注射麻醉药,然后又用钳子"拔"牙。做完这些后,又拿来一盒牙膏和一支牙刷,给观察者"刷"了牙。刷完后,将牙膏、牙刷给了观察者,说:"这个就送给你啦,以后记住刷牙。"[1]

---

[1] 根据2013年5月29日观察记录整理。

对于游戏的本质,荷兰文化史学家胡伊青加在《人:游戏者》一书中有着精彩的论述:"把游戏的形式特征加以概括,我们就可称游戏为一种完全有意置身于'日常'生活之外的、'不当真的'但同时又强烈吸引游戏者的自由活动。"[①]并通过一系列分析,如其书名,将游戏置入一种更为本体的地位,认为人就是游戏者——游戏的存在。同时,"仪式产生于神圣的游戏;诗歌诞生于游戏并繁荣于游戏;音乐和舞蹈则是纯粹的游戏。智慧和哲学在源于宗教性竞赛的语词和形式中找到自己的表达。战争的规则、高尚生活的习俗,都是在各种游戏中建立起来的"[②]。游戏中,既有紧张,也有放松;既有秩序,也有自由……笔者亲身体验了一次区域活动,才算有点儿明白了小朋友们为何如此喜欢区角活动(见图6-5)。在区角活动中,他们能做自己想做的事、成为自己想成为的那个人。没有太多的约束,享受到的是本能的自由释放。他(她)就是他(她)自己! 操作区域,小朋友们拿起锤子,"啪啪啪"地将钉子钉在木头上,他们俨然就是一个认真的"小木匠";益智区域,在棋盘的方寸之间,他们驰骋沙场,寸步不让,又仿佛是一位雄才大略的军事指挥家;建构区域,他们将不会说话的材料,组合成自己心中的生活图景,似乎又是胸中有丘壑的建筑师……根本不需要老师过多介入,也根本不用担心他们在活动中会"卡壳"。只需要一点点儿简单的材料,他们就会创造出能让你喜悦的奇迹! 以至于每次区域活动时间到了,老师叫收拾整理材料的时候,每个小朋友都会说:"怎么时间又到了啊?"

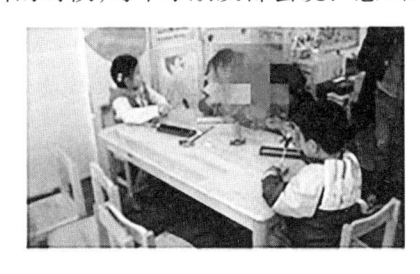

(a)   (b)

[①] [荷]胡伊青加. 人:游戏者[M].成穷 译.贵阳:贵州人民出版社,1998:16.

[②] [荷]胡伊青加. 人:游戏者[M].成穷 译.贵阳:贵州人民出版社,1998:222.

(c)   (d)

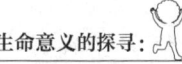

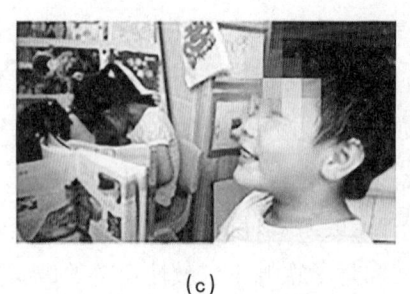

图6-5　区域活动中的儿童

同样,S幼儿园户外活动也是孩子们非常喜欢的活动之一,在上午或下午都会做一些安排。上午安排在区域活动与午餐之间,下午安排在集体教学活动与离园之间。户外活动的形式主要是一些大肌肉运动,比如旗操、球类、赛跑、跳绳、室外游戏等。大E班户外活动场地一般在晨练区域(有时也会根据一些专门的主题安排在其他场地,比如到S幼儿园生态园徒步、在楼顶进行一些特殊的活动等)进行。一到户外活动时间,小朋友们就兴高采烈地、一路追逐着从教室来到活动场地。不过,老师通常会要求小朋友们排好队,靠右行走,慢慢来到活动场地。下面就5月20日的户外活动(见图6-6)做一个简单的介绍:

上午,大E班区域活动之后,小C老师与X老师带着小朋友们来到大E班晨练场地旁的篮球场地,今天的活动内容是分组投篮。在老师的要求下,小朋友们都脱下了外套,放入X老师带来的框内。然后,分为四组,排成四个队列,按排队顺序练习投篮。当小朋友将篮球准确投进篮筐时,高兴得直跳起来,然后抱上篮球回来给排在队列第一位的小朋友,然后排到队列的后边;如不能将篮球投入篮筐,一些小朋友会继续抱起篮球,不断地向篮筐扔去,直到投进,才会回到队列中,排到队列的后面。当然,也有不遵守规则的小朋友,他们投篮后并不按规则排到队列的后面,经常插队。出现这种情况,其他小朋友就不乐意了,纷纷指责插队的小朋友。通常在大家的指责下,插队的小朋友不得不排到队列的后面去。但有时还是有"阴谋得逞"的情况。小C老师和X老师就在边上站着,对于小朋友们出现的此类情况她们并不介入,通常让小朋友们自己处理。有些小朋友也会直接向老师告状,老师就会把小朋友们叫到身边,对不遵守规则的小朋友说上几句。玩着玩着,队与队之间的界限就不那么明显了,大家的注意力也不全在篮球上,三五成群地聚在一起交谈讨论。整个活动进行了20分钟左右,小C老师叫大家收拾东西,整队回教室。于是,小朋友们又排好队,原路返回到教室。回到教室后,老师提醒大家解便、洗手,回各自位置坐好,准备吃午饭。①

图6-6 大E班的户外篮球活动

学习是儿童的本能。对于学龄前儿童来讲,学习意味着亲历亲手——亲手去操作、亲自去动手、亲自去经历……我们可以将通过这些方式获得的学习结果叫作"直接经验"(与"直观"有所区别),其中的要核就是不需要其他人"直接告诉他(她)"。大E班的儿童喜欢区角活动和户外活动,正是因为这些活动能放逐他们的天性,增添他们的直接经验。

与形式化的升旗仪式和"有失公平"的竞赛活动相比,大E班的区角活动和户外活动更能顺应儿童的天性,使儿童获得快乐的体验。"在儿童身上,天性与文化性不仅仅是和而不同的,二者也是处于不断角逐之中的。"②但是,对于学龄前儿童来讲,从人性的结构来讲,应该是天性在先。在教育中我们首先考虑其天性,其次才是论及文化性或社会性。儿童天性喜欢亲历亲手,天性需要增添直接经验,我们就要尽量为他们提供这样的操作环境。然而,就大E班(或者是整个S幼儿园)来看,在关注儿童的天性方面,做得还远远不够,多数老师都没有认识到学龄前儿童的特殊性。在大E班,笔者亲历了老师们的多次集体教学活动,每次活动小朋友们都正襟危坐,在座位上待上30多分钟。以至于每次活

---

① 根据2013年5月20日录像资料整理。

② 张小翠,陈世联. 天性与文化性的角逐——兼论儿童文化的生成(J).教育与教学研究,2010(6).

动过程中,大部分小朋友都非常不耐烦,老师都会花很大的精力去维持纪律。如此,老师增加了累,学生也增添了烦。活动后笔者也问过相关的老师,小C老师说"因为是大班了,为了能适应小学一年级的学习生活,所以要训练孩子们的'坐心'";X老师则经常对小朋友们讲:"你们要知道你们快要成为小学生了,不能老是没有'规矩'。"在这种"文化性"与"天性"的博弈中,即使像C那样的小朋友,都倍觉幼儿园的"累与烦"。后来,在临近毕业时,笔者在对大E班儿童的访谈中,了解到多数儿童对这种即将到来的小学生活充满了担心:他们担心小学必须完成的作业任务,害怕小学老师的"凶",怀念在幼儿园的各种自由……这种担心恰恰凸显了儿童追逐天性的本能需要以及对即将失去的东西流露出来的焦虑。

(五)对儿童特殊需要的忽视

偶发事件指偶然发生一些不大符合常规、影响儿童身心发展的事件。如同危机事件一样,处理好了可以带来转机。同样,在教育境域中,偶发事件如果处理好了,也会带来教育与发展的机会。反之,对于个体发展而言,则可能是一场深重的灾难。判断一件事情是不是偶发事件,不能仅仅站在教育者的立场,要更多站在儿童的立场去看待事件。一些事件对于成人而言,或许太过于简单,但对于儿童而言,可能大过天,化解起来就像是登"难于上青天"的蜀道。在大E班A儿童身上,就发生过类似的偶发事件:

(A奶奶:)"其实有一件事,我都没给老师反馈。我们娃儿(A小朋友)养成了不敢在幼儿园解大手(解大便)的习惯。刚上小班不久,我们娃儿在学校流了两次粑粑(大便),她(A)后来说老师很生气。[当时老师]说'恁个臭法子(太臭了)'。刚开始的时候我也没有注意,后来联想到我们娃儿在幼儿园不敢解大手(大便),可能就是这个原因。当时[老师]可能就是凶了嘛,本来娃儿胆子就小,结果后头又流了两回粑粑,所以娃儿就[更胆小了]。这样娃儿后来在幼儿园怎么都不敢解大手(大便)。有一次,我们刚[从幼儿园]接出来,[A]走到门口就来不及了,就要流[大便]了。"(A20130624F)

A奶奶提到的"流粑粑"事件,当时老师的反应在成人看来再正常不过。然而,这种反应对孩子来说却是"巨大"的打击。笔者特别能够理解A在"流粑粑"事件中的体验,因为笔者幼时就经历过"尿床":冬天的某个早晨,在床上醒来,发现自己尿床了,特别怕妈妈发现;于是,就紧紧裹着被子,想要在妈妈发现之前用自己的体温将被子"焐"干……在幼时笔者的心目中,"尿床"是让人丢尽"脸面"、极端羞愧的丑事,特别希望能将"大事"化小、"小事"化了,最好能悄无声息地将事情平息,从而保留"脸面"。同样,在"流粑粑"事件中,A特别需要老师能够蹲下来,轻轻拥抱一下她、安慰一下她,让她觉得这并不是一件"大事";相反,老师却来了一句"恁个臭法子"(太臭了),更加增添了A的羞愧和恐慌。

针对"流粑粑"事件,当笔者问奶奶事后有没有对A进行相应的疏导,奶奶说:

我是跟她这样说的:"幺儿,这回流粑粑奶奶不怪你。但是,以后你要注意,因为慢慢你就长大了。'窝尿窝粑粑'(解小便、解大便)是大人、小娃娃每天都要必须完成的任务,你要'窝粑粑'了就要跟老师说,你不要怕。因为老师是管你们的,她要管生活管学习。你要是不给老师说,你就憋起,你憋不了噻。憋着肚子要痛,要憋出病。你给老师说了,你到厕所去窝了,你自己也不得把裤子打脏,同学也不得笑话你。以后注意到这个问题。"她也晓得,但是以后她始终心理上(有阴影)。(A20130624F)

从奶奶的话语中,明显可以看出她根本就不清楚当时的A需要什么,也没有意识到这种事件对A有多大影响。奶奶不仅没有及时进行安慰和疏导,反而不断地提到"憋出病""把裤子打脏""同学也不得笑话你"等令A更加恐惧的语词,更是增加了她的羞愧、恐慌和压力。后来笔者问"有没有就此事与幼儿园老师沟通",A奶奶以"因为我觉得不好(难为情)"而没有与老师进行沟通,也显示其在这件事情上的无知。

A奶奶所提到的"流粑粑"事件,是A成长过程中的重大事件。孩子是敏感的,"流粑粑"事件使A感到"羞愧和不安",在这种情况下她最希望得到他人的安慰和支持。然而,一方面,老师不恰当的言语反应使得A从老师处获得这种安慰和支持的希望化为泡影,加重了其内心的羞愧和不安。另一方面,A从家长处也没有得到必要的支持,以化解成长过程中的这一危机。对这一事件,A奶奶也进行了所谓的"疏导",可这种疏导实质上对改变A的处境没有任何作用。在事件发生后A奶奶既没有与老师积极沟通,寻求消除影响的办法;同时,又没有真正认识到这一事件背后的实质——孩子不具有相应的自理能力,也不知道如何获得别人帮助。A奶奶没有真正意识到"对孩子适当放手,逐步培养孩子的自理能力"才是解决之道。生活自理能力一日不能建立起来,A在幼儿园就永远摆脱不了在园生活的负面体验,永远会处于负面状态之中。而且,随着时间的推移,这种负面体验已经深深融入了A的意识之中,在其人格特质中打下深深的烙印。

站在儿童的立场,许多在成人看来很容易做到、很平常的事情,比如洗脸、穿衣、刷牙,特别是大小便,当儿童独自面对时,他们也会倍感压力。就像学习"1+1=2"这道简单的算术题一样,儿童学习它的过程难度不亚于数学家对它本身的证明。这是每一位儿童成长过程中都要面临的,代表了一种普遍性。然而,在这种普遍性的背后,更重要的是"特殊性":对不同的孩子而言,由于发展的差异性,同一件事情难度不同。这种"特殊性"对于教育者而言是一个巨大的挑战:首先要意识到,其次要识别,最后还要提供"特殊的服务"满足其"特殊的需求"。

今天的中国,幼儿园教育已经成为每个孩子必须要经历的阶段。但是,这种"必须"仍然属于"被迫无奈"——更多是父母双双走向职场而不得已的选择;或者是我们的家庭、社区(村落)人文生态环境恶化,大家不得不接受的"替代品"。笔者儿子上幼儿园后,也遇到了诸多的不适应,但笔者那时仍然相信儿子在幼儿园总体应该算不错,应该对幼儿园比较满意。几年之后,当儿子已经进入了小学四年级,有一天与他聊到这个话题,儿子的回答让笔者大跌眼镜:他认为小孩根本没有必要去上幼儿园,幼儿园的经历让他非常不舒服,主要源于幼儿园老师简单粗暴的态度(当然,他也提到"屈指可数"的给他留下美好印象的老师)。笔者提出了一个两难问题:如果不想上幼儿园,可是爸爸妈妈又要上班(无法照顾)怎么办?儿子沉思了一会儿回答:那就没有办法,只有去上幼儿园呗。笔者相信从家庭到幼儿园,孩子面对一个新环境会有各种不适应,这再正常不过。但是,如果一个孩子经历了三年或四年的幼儿园生活,对幼儿园经历毫无念想、毫无好感,其中缘由值得我们反思。今天的幼儿园对儿童究竟意味着什么?能够给儿童提供些什么?我们究竟要做出什么样的改变,才能让儿童在心底保存对幼儿园的美好印象?

三、社区(会)：儿童在园生活体验发生境域之三

每个个体都根植于社会文化背景之中,在各种关系场域中,社会作为儿童在园生活的大背景,通过影响家长、教师及儿童自身等对儿童产生间接或直接的影响。同样,儿童A、C、W、J等人在园生活状况及相应体验也受到整个社会文化的影响。重庆独特的地域文化深刻地影响着身处其中的每一个儿童,形塑了儿童的言谈举止及内在心理。与此同时,在当前社会状况下,家庭教养方式的改变、幼儿园教师的生存状况等因素,对儿童在园生活产生了更为直接的影响。而且,整个社会缺乏一种儿童意识,使得儿童现实生活危机四伏,这也对儿童生活产生重要影响。有鉴于此,笔者拟从重庆地域文化、家庭"隔代教养"状况、幼儿园教师的生存状况、儿童生活世界的危机四个方面阐述社会因素对儿童在园生活的影响。

(一)重庆地域文化掠影

重庆地处四川盆地东缘、大巴山及其支脉地区。东部山川纵横,山势险峻;西边平原河谷交错,土地肥沃。长江、嘉陵江等江河将山脉、平原和河谷有机地串为一体。重庆夏商时期为百濮地,三峡地区是中国主要岩盐产区,由于盐是古代重要的硬通货之一,商朝至西周时期在巫山地区催生了巴国文明。周慎靓王五年(前316年),秦国灭巴国后,屯兵江州,筑巴郡城(江州城),城址在今渝中区长江、嘉陵江汇合处朝天门附近,是为史载重庆建城之始。秦朝分天下为36郡,巴郡为其一;汉朝巴郡治江州,为益州刺史部所管辖;魏晋南北朝时期,巴郡先后是荆州、益州、巴州、楚州的一个辖区;西晋巴郡改属梁州;东晋十六国时,巴郡为成汉所辖,今重庆东部则为东晋巴东郡管辖;北周开皇元年(581年),废郡,以渝水(嘉陵江下游古称)绕城,改楚州为渝州,治巴县,这是重庆简称渝的来历;唐代延续渝州之称,天宝元年(742年)改南平郡;北宋崇宁元年(1102年),因赵谂谋反之事,宋徽宗以"渝"有"变"之意,改渝州为恭州;南宋淳熙十六年(1189年),宋光宗赵惇先封恭王,后即帝位,自诩"双重喜庆",升恭州为重庆府,重庆由此得名,迄今已800余年。[1]

---

[1] 引自:百度百科。

提到重庆，给人印象深刻的是重庆的码头文化和火锅文化。据晋代《华阳国志·巴志》载江州"承两江之会"，"结舫水居五百余家"。在唐代王维的诗里又有"水国舟中市"的描绘，由此可见古代重庆码头的繁荣。到明代洪武四年（1371年）重庆建府时，老城的17道门建制完善，它们主要排列在沿长江、嘉陵江一线。在九道"开"门中，除通远门外，门门通水。门外泊船的地方被称作码头，登上这些码头，穿过一道道城门，南来北往的客货便进了重庆老城。在重庆老城，著名的码头有太平门码头、东水门码头、朝天门码头、千厮门码头、临江门码头、南纪门码头、金紫门码头、储奇门码头等，每个码头的功能定位及商贸往来不尽相同。[①]以朝天门码头为例，"朝天门始建于战国时期，在古时朝天门的主要作用如民谚'朝天门，大码头，迎官接圣'所言是'迎官接圣'，码头建有'接官厅'，邻近朝天门还建有接圣街（今信义街）和圣旨街（今新华路下段），官府在朝天门过街楼之上的字水街（今新华路下口）。南宋（1127—1279）偏安临安后，时有上级重要官员来重庆，或者皇帝的圣旨、诏谕到重庆就在朝天门码头靠岸，地方官员到朝天门码头迎接，便得此为名"[②]。该码头（朝天门码头）十分热闹，1859年英商立德来渝时曾看见河滩上"挤满了棚屋、商店、鸦片烟馆、木柴和煤炭店"[③]，"枯水季节朝天门南侧的长江沿岸有砂碛一直延伸到东水门，面积达20000平方米，是有名的古战场；进入洪水季节，这里成为广阔的水域，是停靠各类船只的理想泊位"[④]。"朝天门与东水门之间的翠微门码头是丝绸、绸缎及绢帛的出入港口，这里聚集了川内各大绸缎帮，是全川最大的丝绸市场。"[⑤]（见图6-7）

---

① 邓晓．重庆老城码头研究[J]．重庆社会科学，2007(9)．

② 引自：搜狐网。

③ [英]阿奇博尔德·约翰·立德．扁舟过三峡[M]．黄立思 译．昆明：云南人民出版社，2001：127．转引自：邓晓．重庆老城码头研究[J]．重庆社会科学，2007(9)．

④ 龙生．重庆港史[M]．武汉：武汉出版社，1990：37．转引自：邓晓．重庆老城码头研究[J]．重庆社会科学，2007(9)．

⑤ 邓晓．重庆老城码头研究[J]．重庆社会科学，2007(9)．

图6-7 重庆朝天门码头的今昔对比图[1]

在当时,重庆老城码头工人的分布状况大抵为:南纪门700多人,从事上货、运煤、装肉赶猪和运送牛肉的工作;太平门400多人,干上货、下货、运炭、运肉等活路;储奇门400余人,以上货、下货、运煤、运木、板车、运米、搬运行李等为主;望龙门码头200余人,专门从事运输、提装业务;金紫门码头约400人,负责搬运砖、竹、炭、甘蔗、柴火等物资;临江门1100余人,运送砖瓦、柴炭、石灰、肉、煤等货物;朝天门、千厮门、东水门均为大码头,工人都在千人以上。[2]在旧时重庆老城码头内外,吼得最响的是力夫号子和船工号子。以拉纤号子为例,岸边拉纤人"纤头"与"纤尾"的呼应号子《闹岩湾》则因使劲用力显得急促而简短:"抬头望。嗨!把坡上。嗨!大湾子。嗨!九十个。嗨!前松后紧!嗨!腰杆使劲!嗨!司到!嗨!扯到!嗨!只会号子不合脚,嗨着!爬岩跳坎各照各。嗨着!"[3]

重庆码头文化催生不同的行帮组织,有码头帮、船帮、力行帮、轿帮;至后来重庆商贸繁荣,又出现了盐船帮、米粮帮、瓷器帮、山货帮、百货帮等等,有学者指出"行帮是重庆码头文化的一种表现形态,是重庆码头的文化标本"[4]。与此同时,行帮组织又与巴渝地区的另一组织——"袍哥"组织——有着紧密的联系,"从整个重庆码头文化的大背景来看,无论是船帮和力行帮,还是其他商帮,

---

[1] 图片来源:搜狐网。

[2] 中国政协重庆市委员会.重庆文史资料:第二辑[C].重庆:重庆出版社,1999:28-29.转引自:邓晓.重庆老城码头研究[J].重庆社会科学,2007(9).

[3] 聂云岚.中国歌谣集成:重庆市卷[C].重庆:科学技术出版社重庆分社,1989:42.转引自:邓晓.重庆老城码头研究[J].重庆社会科学,2007(9).

[4] 王巧萍,黄诗玫.漫谈重庆码头文化的标本——行帮[J].重庆社会科学,2006(1).

这些帮会在功能上一般都具有两重性:一是它们在节制无序竞争和团结同行方面起了一定的作用;二是暗地里它们又多被当地袍哥大爷或黑社会所把持、操纵,成为其争夺码头势力的工具"①。"袍哥"组织对重庆影响深远,"据《陪都工商年鉴》第1编《陪都概况》所记载,1936年重庆城市人口总数为471018人,由此可推算出当时重庆袍哥的人数已占到重庆城市总人口的15%左右"②。时至今日,"受码头文化的长期浸染和潜移默化,在重庆人身上至今仍残留着码头行帮习气"③。

与重庆码头文化有着紧密联系的还有重庆的饮食文化,其中又以重庆火锅最具代表性(见图6-8)。重庆火锅最早在重庆船工纤夫群体中流行:

旧时的船工纤夫属于社会最底层的劳苦阶级,他们终年以木船为家,在江上劳碌奔波,一件疤上重疤的大褂子就是全部家当,当然不可能随身携带各种复杂的炊具,大抵能有上一口铁锅,几副碗筷就不错了,因此烹煮食物流行"连锅闹",也就是把各种吃的统统来个一锅煮,然后围而食之,实际上是古代鼎烹而食的餐饮方式的继续和简陋化;也是因为穷苦,一般的鸡鸭鱼肉自然是吃不起的,但又要维持常年的超强体力劳动,船工纤夫们只能把目光投向那些为一般富人甚至市民都不屑一顾的畜禽下水,即胃肠等脏污的内脏和血旺等,当时的屠宰场多在江边,这也为他们获取这类东西提供了方便;下锅的底料不可能讲究,但为了去除或压住下锅之物的腥臭味,辣椒花椒是不可或缺的,而且要放得很重,有条件时还要加入黄酒醪糟等用以提味。畜禽下水(主要是牛毛肚、黄喉和鸭肠等)有一个特点,就是煮的时间少了有不熟之虞,但煮的时间长了又会变得绵扎难嚼(因太有韧劲儿而不宜咀嚼),这就使船工纤夫们不敢掉以轻心,继而总结出边吃边烫的一整套经验,比如"毛肚要刚好起泡泡,鸭肠要刚好起绞绞"等等,这些经验一直流传至今。同时,这种吃法对于成年累月地与水打交道的船工纤夫们来说,也起到了一种驱寒除湿的效用。在寒冷的冬季,当衣衫褴褛,冷得抖抖索索的伙计们在瑟瑟江风中围着一锅麻辣烫俱全的"连锅闹"即火

---

① 王巧萍,黄诗玫.漫谈重庆码头文化的标本——行帮[J].重庆社会科学,2006(1).
② 转引自:王巧萍,黄诗玫.漫谈重庆码头文化的标本——行帮[J].重庆社会科学,2006(1).
③ 王巧萍,黄诗玫.漫谈重庆码头文化的标本——行帮[J].重庆社会科学,2006(1).

锅喝酒吃饭时,那份惬意和兴奋是可以想见的。[1]

让重庆火锅从船工纤夫的自炊自享方式走进餐饮业、登上"大雅之堂"的是近代的叶荣昌和李文俊:

这种情况被两个深谙火锅之妙,又颇有经营头脑的年轻厨子看在眼里,他们不顾同行哂笑,几乎是同时在海棠溪古桥的南北桥头,各自搭起一间草棚,砌了几眼土灶,开起了两家火锅馆。南桥头的那一位名叫叶荣昌,北桥头的叫李文俊。因为毛肚鸭肠等东西可以在附近的屠宰场就地取材,成本很低,加上他们在调味上都有一套,价廉物美,很快就受到了船工纤夫们的青睐,小小的店子一时顾客盈门,红火异常。叶荣昌和李文俊就这样成了近当代经营重庆火锅业的开山鼻祖。至少是从现在所收集到的情况来看,重庆的火锅业中,还没有发现比这两家老"桥头"更早的店号。[2]

图6-8 2020年第十二届重庆火锅文化节上的火锅文化墙[3]

即使是在异常炎热的夏天(重庆整个夏天气温通常都在35℃-40℃之间,最高温度常达到40℃以上),傍晚,于某个馆子(重庆人称一般的餐馆、饭店叫馆

---

[1] 余德庄. 重庆火锅的由来[J]. 中国食品, 2001(20).

[2] 余德庄. 重庆火锅的由来[J]. 中国食品, 2001(20).

[3] 图片来源:新华网。

子),或某个广场一角、店铺门前、行道空地……一群男女围着一张桌子,桌子中间摆着一盆热气腾腾的火锅,将长长的筷子探入汤中,捞上一块肉、一块下水(动物内脏)、一片菜蔬,放入盛清油的碟子之中,涮上一涮,置入口中,一边龇牙咧嘴,一边挥汗如雨。稍后,端起一杯啤酒,不论男女,碰一下杯,"咕嘟"一声一饮而尽,然后再"啊"地长出一口气。几杯酒下肚,勾肩搭背、摩拳擦掌,整上几拳(划拳,西南地区喝酒中助乐的一种游戏)。赢者哈哈大笑,输家端起面前的酒杯,一仰脖子,酒应声而尽,"咚"的一声放下酒杯,挽起衣袖,再捉对战上几个回合……俗语说:"女人半边天。"在山城重庆,女人绝对是撑起了天半边。君不见,亭台楼榭、雅堂俗馆、家里屋外,都能看到女人活跃的身影。而男人,对女人则多是包容、体贴、任劳任怨……

"码头文化"塑造了重庆人坚韧、团结、务实的脾性,"重庆火锅"则涵养了重庆人的豪爽、耿直。"初到重庆的外地人,看见重庆人挥汗如雨、划拳行令,一派豪气,立即就有了对巴人的感性认识。文化正是在这种行为中逐渐积淀下来的。重庆人的豪爽、耿直性格在这种生活方式的濡染下形成了。"[①]

重庆文化底蕴深厚,除了码头文化、火锅文化外,作为抗战时期国民党政府的"陪都",重庆现代历史上还有着著名的抗战文化。也正因为是"陪都",在这千古名城中,曾弥漫着令人窒息的白色恐怖,解放前夕,多少烈士的鲜血染红了这片土地,革命悲歌响彻两江两岸。红岩村、歌乐山等地就是这一段历史的见证。S幼儿园地处北碚,当我们来到位于重庆主城西北的北碚,更能够触摸到这一历史文化的印记。北碚原名白碚,其名始于清初。因场镇建于嘉陵江畔,有白石自江岸横亘江心称'碚石'而得名。清康熙年间设巴县白碚镇,清乾隆年间因白碚地处巴县县境之北,改名北碚镇。[②]境内有缙云山、北温泉、金刀峡、重庆自然博物馆4个AAAA级景区;有西南大学、中科院重庆绿色智能技术研究院等高等院校3所;有卢作孚纪念馆、四世同堂纪念馆、梁实秋、晏阳初旧居,张自忠烈士陵园,复旦大学、西部科学院旧址等人文景观和抗战遗址104处。在近现代涌现出来的历史人物中,又以卢作孚对北碚的影响最为深远。北碚解放前人烟稀少、盗匪出没,1923—1936年间,卢作孚在北碚地区进行的盗匪改造取得了

[①] 杨欣. 重庆火锅的文化透视[J]. 文艺争鸣,2005(5).

[②] 引自:百度百科。

巨大的成功，提出了"利用团练、军队除匪，通过感化、训练、引导、教育、建设等手段对罪犯进行改造，成功肃清了盗匪，训练了人才，引起了人们对公共事务的普遍关注，带动了其他事业的发展"[1]。正是卢作孚的努力，塑造了北碚的现代化底蕴，他"把一个交通闭塞、盗匪猖獗的北碚，建设成为中外瞩目的模范城镇。在抗战时期，更建设成为大后方重要的能源基地和科学文化中心，开创了民国时期中国乡村现代化的'北碚现象'"[2]。正因为如此，中国科学社1933年的年会在北碚召开，1935年中央行营参谋团一行人赴北碚参观考察，对北碚赞誉有加；黄炎培、晏阳初、陶行知等人也亲赴北碚，对北碚经济、文化、社会事业等方面取得的成就不吝赞叹。1939年陶行知参观北碚各乡镇后，在欢送会上就激动地说："我在北碚参观了一周，看到了你们创办的经济事业、文化事业和社会事业，一派生机勃勃的奋发景象……北碚的建设……可谓将来如何建设新中国的缩影。"[3]此外，近现代历史上有多位著名人士在北碚开展文化教育活动，为北碚区的文教事业奠定了坚实的基础，从前文提到的各种"故居"就可见一斑。梁漱溟在新中国成立前后十余年间就曾居北碚，助力北碚乡村建设，并兴办教育、著书讲学。大致在1940—1950年间，梁漱溟创办了勉仁系列学校，有勉仁中学、勉仁书院（初在璧山，后迁北碚）与勉仁国学专科学校及在此基础上创办的勉仁文学院，并在书院和学校开讲中国文化要义，撰写专著。[4]

提到北碚的文化教育，在今天必须得提提西南大学。

西南大学（Southwest University）是教育部直属，教育部、农业农村部、重庆市共建的重点综合大学，是国家首批"双一流"建设高校，"211工程"和"985工程优势学科创新平台"建设高校。学校主体位于重庆市北碚区，坐落于缙云山麓、嘉陵江畔，占地8000余亩，校舍面积187万平方米，绿地率达40%，是闻名遐

---

[1] 张一楠,李丽. 卢作孚与1923~1936年间北碚地区的盗匪改造[J].长江大学学报（社会科学版），2008(3).

[2] 潘洵,李桂芳. 卢作孚与中国近代乡村现代化的"北碚现象"[J].重庆师范大学学报（哲学社会科学版），2011(5).

[3] 陶行知. 在北碚实验区署纪念周大会上的讲演[A].陶行知全集（第3卷），湖南教育出版社,1985: 311. 转引自：潘洵,李桂芳. 卢作孚与中国近代乡村现代化的"北碚现象"[J].重庆师范大学学报（哲学社会科学版），2011(5).

[4] 杨孝容. 梁漱溟在重庆北碚的文化教育活动[J].重庆社会科学,2017(12).

迹的花园式学校,教育部表彰的文明校园。学校前身最早可追溯到1906年建立的川东师范学堂,1936年更名为四川省立教育学院;1950年,四川省立教育学院的教育、国文、外文、史地、数学等系与1940年成立的国立女子师范学院合并建立西南师范学院,农艺、园艺和农产制造等系与1946年创办的私立相辉学院等合并建立西南农学院;1985年,两校分别更名为西南师范大学、西南农业大学;2005年,西南师范大学、西南农业大学合并组建为西南大学,开启了学校发展崭新篇章。[①]

在今天,北碚各行各业的发展实质上都或多或少受到西南大学这所高校的影响。西南大学除了对北碚各行各业有着或多或少的支撑外,对当地居民文化精神面貌的影响也颇为深远。西南大学的大学精神是"特立西南,学行天下",笔者作为西南大学的学生,为母校这样的大学精神感到自豪,在学习工作中更是感受到这一精神的实质意义。20多年前,当笔者还是一名中等师范生时,那时学校的诸位老师中,不乏毕业于西南大学(当时叫西南师范大学,简称"西师")者,其为师之道至今仍为我辈楷模。就在笔者今天所工作的高校,亦有众多西南大学毕业的同事,他们在各自的专业领域内、在不同岗位上创新不断、耕耘不止。重庆、四川、云南、广西乃至全国各地,也有众多西南大学校友,他们在全国各个专业领域做出杰出贡献。与此同时,在北碚,社会上各行各业的人逢人皆称"老师",笔者认为这一方面与重庆对文教事业的重视有关,整个社会都尊重有学问的人;另一方面,也是表达了对文教事业支撑其他各行各业发展的感激。在西南大学周边,诸多餐饮业的作息休假与学校师生的作息休假基本同步,在一定程度上,我们可以说一所高校托起了一座城市。

因此,除了独特的地理人文条件、气候饮食习惯等涵养了北碚人性格中的耿直、乐观、豪爽、仗义外,近现代实业经济、抗战革命事业、近现代文教事业等方面的历史沉淀与蓬勃发展也涵养了他们的家国情怀、奉献精神及人文素养,让每一个当地人为自己作为北碚人而感到自豪和骄傲。这是重庆(北碚)历经千年沧桑、"红色革命"之后经济文化繁荣发达所带来的自豪和骄傲。这些性格特征、地域文化特点及文化心态深刻地影响着身处其中的每一个北碚人,不论

---

① 资料来源:西南大学官网。

是A奶奶、W外婆,还是C外婆、J妈妈,她们都无一例外地具有某种自豪和骄傲,拥有一种在历经艰难岁月洗礼后、地方政治经济文化腾飞所带来的积极乐观态度。A奶奶掩饰不住对孙女的"溺爱",对A所处困境有所意识,但不够敏感(也不太在意);不过,即便其自身的意识和能力不足以帮助A走出困境,笔者还是能够从她身上感受到一种"底气"。C外婆独特的教育及工作经历,与其在地域上感受到的家国情怀、奉献精神及人文素养相结合,深深地影响着C,融入到C的"骨子"里去了。W外婆干练、喜娱乐,身上有一丝重庆人的"江湖豪气",也不可避免地影响到了W,让W表现出积极主动、果断干练的一面。J妈妈作为全职家庭主妇,并没有觉得作为家庭主妇这个身份有任何不妥,而是充分利用家庭主妇身份的"便利"积极陪伴孩子,关注到孩子成长的内在需要,为其成长营造最为良好的环境氛围。所有这一切,又成为儿童在当下及未来面对困难、化解成长过程中的不利因素的强有力武器。

(二)"隔代教养"的产生及其对儿童的影响

就家庭而言,"隔代教养"已成为子女教养的主要形式。一方面,"空巢老人"现象的出现使得大部分祖辈既有照顾孙辈的时间,又有照顾孙辈的意愿。另一方面,家庭结构形态的变化、加上长期以来"计划生育"政策的影响,"核心家庭"成为目前我国最主要的家庭模式;同时,社会角色分工发生了重大改变,女性拓展了传统工作领域,走向原来由男性把持的工作岗位。这些转变给年轻父母带来巨大的生存竞争压力,使得年轻父母无暇顾及子女的教养问题,与"空巢老人"现象一起,对儿童传统教养方式形成了巨大挑战,形成了一种特殊的儿童教养方式——"隔代教养",对儿童生活产生了重大影响。

事实上,在传统社会,甚至远古社会就存在"隔代教养"。原始社会儿童的教养就是由氏族部落中的长者承担;进入古代、近代社会,家庭(或家族)中的祖辈(甚至曾祖辈等)在儿童的教养过程中,也发挥了重要的教育作用。远古时代的"隔代教养"之所以得以存在,主要原因有二:一是家庭(家族)中的长者(祖辈、曾祖辈)有着丰富的生产、生活经验,通过他们对年幼儿童进行教育,可以让儿童较为全面、系统、有效地掌握当时的生产、生活知识,更有利于儿童的社会化;二是可以将父辈的精力解放出来,使其专门从事生产经营活动,以提供维持家庭(家族)发展的必要的物质资料。在当代,进入工业时代(后工业时代),"隔代教养"继续延续了传统农业时代的部分功能,同时也表现出与以往不同的特征。

1."隔代教养"现象的产生

(1)"空巢老人"的出现

"空巢"(Empty Nest)这一术语最早源于自然界,是指雏鸟逐渐长大展翅飞翔,并开始独立筑建自己的幼巢,母巢里只剩下年迈老鸟的现象。①"空巢老人"作为社会人口学术语,是将"空巢"看作家庭生命周期(Family Life Cycle)的必经阶段之一,在这个阶段,孩子完成了学业并踏入社会,而已经退休并独自留在家里的父母就叫作"空巢老人"。2010年第六次全国1%人口抽样调查主要数据公报显示,我国60岁及以上人口为1.78亿,占总人口的13.26%,比2000年人口普查上升2.93个百分点,我国社会进入了人口老龄化的加速期。伴随着人口老龄化,我国"空巢老人"家庭数量也呈上升之势。②据专家学者预测③:到21世纪的三四十年代,中国城市里可能有60%—70%的独生子女父母年老后与已婚子女不住在一起,农村中可能有30%的独生子女父母年老后与已婚子女不住在一起。越来越多的老人赋闲在家,他们为了解闷,也为了帮助子女减轻压力,往往会主动请缨,帮助子女承担起养育小孩的责任。这是导致"隔代教养"现象越来越普遍的重要原因。2007年,新浪网针对网民做了一项有关隔代教育的调查。结果发现,96.8%的受访网友其家中或者周围朋友中存在隔代教养的现象。④而腾讯网最近所做的调查发现,在北京,80%的0—3岁幼儿由祖辈教养,15%的由保姆教养,剩余5%的由父母教养。⑤

笔者在S幼儿园了解到的情况与这些调查结果基本一致,大E班儿童隔代抚养的情况也比较普遍。笔者曾在S幼儿园做过一个小小的统计⑥:

2013年5月29日,在8:10—8:15这一时间段,共有51位家长送小朋友入

---

① 卢慕雪,郭成. 空巢老人心理健康的现状及研究述评[J].心理科学进展,2013(2).
② 李建新,李嘉羽. 城市空巢老人生活质量研究[J].人口学刊,2012(3).
③ 曾毅,王政联. 中国家庭与老年人居住安排的变化[J].中国人口科学,2004(5).
④ 王亚鹏. 脑科学视野中的隔代教养及其对教育的启示[J].中国教育学刊,2014(2).
⑤ 数据来自新浪网。
⑥ 根据2013年5月29日的观察记录整理。

园,其中43位家长是祖辈,8位家长是父母辈;8:36—8:41这一时间段,共有12位家长送小朋友入园,8位是祖辈,4位是父母辈。

以上祖辈接送儿童的情况部分反映出"隔代教养"的事实。在大E班,这种情况也比较普遍。所选取的4名叙事研究对象中,除J外,祖辈教养在其余3名儿童的生活中都占据绝对的主导地位:A由一帮老人"带",不仅有爷爷、奶奶,还有舅公舅婆;C的教养事务基本由外婆全权负责;W也是由外婆照顾,妈妈、爸爸基本少有问及。这些老人大都"赋闲在家",既有充足的时间,又有强烈的照顾孙辈的愿望。

(2)父母参与子女教养不足

除"空巢老人"外,年轻父母由于各种原因参与子女教养不足也是形成"隔代教养"的重要因素。据调查,将近70%的城市家庭都是因为父母平时工作太忙无暇照顾子女,而将孩子交托给老人教养。[1]究其原因,主要有两个方面:

一是生存压力导致了父母参与子女教养不足。一方面,父亲参与子女教养不足。我国传统的"男主外,女主内"观念将父亲定位为家庭经济的支撑者,而将母亲定位为儿童的主要照看者和监督者。在我国关于亲子关系的研究中,大多是以母亲为研究对象,认为母亲担负较多的教养责任,母亲教养也就等同于父母教养。[2]对于父亲,只是负责提供家庭的经济支持,几乎不用承担对子女的实际照看工作。这种观念在很大程度上导致了父亲参与子女教养不足。另一方面,随着社会的整体发展,加上西方民主化运动、女权运动等思潮的影响,社会角色分工开始发生转变,越来越多的女性开始走入职场。这一转变在某种程度上也使得母亲参与子女教养不足。而且,社会竞争越来越激烈,人们的生存压力也越来越大。许多年轻父母为了家庭的生计或是自己的事业发展而不停奔波,每天早出晚归:白天忙于工作,无暇顾及孩子;晚上回家的时候,孩子已经入睡。有的父母周末还要加班,根本没有时间陪孩子;甚至长期出差或出门在外,和孩子见面的时间都很少,更谈不上陪伴孩子成长。如此,年轻父母根本没有充足的时间陪伴子女,关注孩子的成长,儿童从学龄前开始就存在"父母缺

---

[1] 黄姗,陈小萍.隔代教育研究综述[J].现代教育科学,2007(2).

[2] 侯忠伟.父母参与教养、共同教养与儿童行为的关系[D].济南:山东师范大学,2007.

失"的现象①。家长参与不足成为学前儿童成长过程中越来越受到关注的重要话题。②

  关于以上情况,笔者深有体会。在孩子没上幼儿园之前,妻子休假在家,全职照顾孩子,笔者一人的工资收入要养活一家三口(有时还需负担老人),在家庭经营方面有着巨大的经济压力。孩子上了幼儿园之后,妻子也开始工作,与笔者同在一所高校。由于生活在一个校区,工作却在另一个校区,每天接送孩子都让笔者夫妻二人"如临大敌"——在紧凑的工作时间间隙必须"挤"出一点点儿时间接送孩子。一方面,这更增添笔者二人的"累";另一方面,也必然影响了对孩子成长的关注。据笔者观察,类似的情况绝不在少数。每天一大早,年轻父母带着孩子步履匆匆地赶到幼儿园,将孩子托付给老师。然后又急忙赶到校车乘坐地点,开始一天的"工作旅途"。每天下午,校车一靠站,年轻父母们赶忙挤下车门,匆匆忙忙地往幼儿园赶去……每每遇上堵车的情况,校车上更是一片"大乱",年轻父母们纷纷拿出电话,先给幼儿园老师打个电话抱歉一下,接着就会托这个熟人、找那位朋友,请求帮忙接一下自己的孩子。最怕的就是幼儿园搞亲子活动(或其他活动,如家长会等),要是碰上没课还好,要是遇上都有课或都要上班,那绝对是一个"尴尬时刻":年轻父母因无法参加相应活动,只好"拖"着孩子上下班,似乎又回到了老一辈父母带着孩子上山劳作的农耕时代③……这种情况下有个老人帮忙照顾小孩几乎成了年轻父母们最为"幸福"的事,"隔代教养"现象在这种情况之下就更为凸显,对儿童的发展产生重要影响。

  在S幼儿园所在的重庆,虽然政府致力于"一小时经济圈"④的打造,在重庆市各个地方工作的父母每天都能回到家中,与自己的儿女团聚。但是,现实情况是,W妈妈在主城区工作,也只有在周末才与W团聚;A父母虽每天都回到

---

① 在广大的农村地区,年轻父母因外出务工,或将子女留在家中,由年迈的祖辈照看,形成了"农村留守儿童"现象;或将子女带在身边,进入城市讨要生计,形成了"城市流动儿童"现象。两种情况都使得年轻父母们无暇过多顾及子女的教养问题。

② 张凤,傅淳.关注父爱缺失现象 促进学前儿童健康成长[J].临沧师范高等专科学校学报,2014(1).

③ 在笔者老家农村,一些家庭为兼顾照看孩子和劳动,会将年幼的孩子带到劳动地点,或将孩子裹住置于背篓之中,或干脆将孩子置于地里任其滚爬,大人则在一旁劳动。

④ 指重庆市以渝中区、大渡口区、江北区、沙坪坝区、九龙坡区、南岸区、北碚区、渝北区、巴南区等主城9区为核心,一小时交通范围内所覆盖的21个区县。另外12个区县为:涪陵区、长寿区、江津区、合川区、永川区、南川区、綦江区、大足区、潼南区、铜梁区、荣昌区、璧山区。

家,但基本上没怎么照顾A,每次A都宁愿住在爷爷奶奶家;C父母天各一方,妈妈每天也回家,但只知道对C提出各种要求,对C情感方面的需求少有顾及。只有J在其妈妈的悉心陪伴下,在笔者眼中是"最为健康的""最像小孩的"。

二是离婚率攀升也是造成父母一方缺失子女教养的重要原因。"离婚"一词来自西方社会,于近代传至中国。在中国,最早只有"休妻"一说,未见"离婚"。在笔者所在的地区,以往通常用"退""退婚"等字词表示男方占绝对主动地位的离婚事件,如"某某家将儿媳妇退了"。这是一种典型的由族权(父权)维系的家庭结构。近现代以来,随着中国政治、经济、文化的发展,由族权(父权)维系的家庭结构[①]几近土崩瓦解。离婚事件也由家庭走向社会,由传统社会在道德伦理框架内解决问题转变为在国家法律层面上解决问题。一方面,这是一种社会进步,为广大妇女摆脱男权社会的奴役和摧残提供重要保证。另一方面,这也必然增添了家庭的不稳定因素,使得家庭结构更加脆弱且易于瓦解。同时,近年来,"丁克家庭""核心家庭""单亲家庭"等观念或现象频频涌现,冲击着传统家庭价值理念,大大削弱了家庭教育功能。2013年6月19日我国民政部发布《2012年社会服务发展统计公报》,公报显示,2012年共依法办理离婚手续的有310.4万对,增长8.0%,粗离婚率为2.3‰,比2011年增加0.2个千分点。依法办理结婚登记1323.6万对,粗结婚率为9.8‰,比上年上升0.1个千分点。2012年离婚率的增幅超过结婚率增幅,离婚率呈逐年递增的态势,增长势头超过结婚率的增幅。[②]在各种离婚事件中,抚养子女的权利一般会给予父母中的一方,父母中的另一方和孩子接触的机会和时间会很少。美国的一项调查结果显示,父母离异的孩子中,有42%已有一年没有见到自己的父亲,一周有5/6的孩子见不到父亲。[③]我国民法典的第一千零八十六条规定:"离婚后,不直接抚养子女的父或者母,有探望子女的权利,另一方有协助的义务。"从中可以看出,没有直接抚养子女的父亲或母亲,有探望的权利,但并无探望的义务。这在某种程度上减少了没有直接抚养子女的一方与子女接触的机会。对于直接抚养子女的一

---

① 就离婚事件而言,在笔者的记忆中,30多年前,如果哪家小两口闹离婚,通常由家庭中的长辈出面请本村(本族)中德高望重的人进行调解,根据调解的情况决定二人是继续一起生活,还是分开。而在30多年后的今天,离婚基本上已成为家庭的事,甚至是夫妻二人的事,其他人根本没法管、也懒得管。

② 引自:360百科。

③ 赵连伟. 家庭教育中父亲缺失现象调查及其对策研究——以山东省为例[D]. 上海:华东师范大学,2010.

方,虽然明文规定"有协助(探望)的义务",现实中却可能因为怨恨、报复、害怕失去等心理,使得这种"协助"并未落到实处。如此,也减少了子女与父母接触的机会。在这种情况下,离婚家庭在子女教养方面会面临更大的压力,祖辈帮助直接抚养子女一方教养孙辈,甚至直接抚养孙辈就成了普遍的教养模式。

在大E班,W就是因父母离婚而少有父母关注的一个典型案例。离婚后的父亲忙于生意、母亲忙于离婚后的"新生活",二人都无暇顾及W。W的生活起居皆由外婆负责,其父母根本谈不上对W的共同抚养或协助抚养,教养更是无从谈起。

正是"空巢老人"以及父母参与子女教养的不足导致了"隔代教养":"空巢老人"的出现使得祖辈既有养育孙辈的时间,同时又有养育孙辈的强烈愿望;年轻父母由于生存压力、离婚等问题,使其不得不将教养子女的责任交给(推给)祖辈。如此,"隔代教养"得以产生,对儿童发展产生重要的影响。

2."隔代教养"对儿童发展的影响

(1)祖辈参与教养对儿童发展的利与弊

儿童的主要照料者对儿童发展的影响最直接也最深刻。祖辈替代父辈,成为儿童主要的抚养者和教育者,对儿童身心成长会产生哪些有利和不利的影响呢?

一方面,从隔代教养的优势来说,有利于儿童形成某些良好的道德品质和心理素质。跟父辈相比,祖辈大多经历过"苦日子",他们往往更加淳朴,有勤俭节约、吃苦耐劳等优良的人格品质。根据社会学习理论的观点,儿童是通过观察和模仿成长中的重要他人来进行学习的。因此,当祖辈承担起抚养和教育孩子的主要职责时,其优良的人格品质必将在潜移默化中影响到儿童良好人格品质的形成。此外,由于祖辈退休在家,跟忙于工作的父辈相比,拥有更多的时间和精力与儿童相处。他们能够给予更多时间来与孩子进行沟通,关注和倾听孩子的声音,从而促进孩子的发展。相关调查显示,祖辈主要教养人家庭的孩子与父母辈主要教养人家庭的孩子相比,呈现出学习勤奋、不怕困难、竞争意识强三大特点。

另一方面,从隔代教养对儿童造成的不良影响来说,主要包括以下几个方面:一是有违儿童营养的科学与平衡。儿童处于身心发展的关键时期,饮食卫生、膳食科学、营养均衡对其尤为重要。[1]然而,老一辈由于相关知识的缺乏,在安排儿童膳食时往往按照自己的经验行事,不太注重各种营养成分的合理搭配,可能导致儿童早餐不合格、营养不均衡、爱吃零食等问题。二是抑制儿童体育能力的发展。儿童天性好动,游戏是学前儿童的主要活动。然而,祖父母因为年纪比较大,身体条件不允许其花费大量的时间和精力陪伴儿童进行游戏或户外体育活动。这在一定程度上可能对儿童体格发育和体育能力的发展起到抑制作用。三是影响儿童性格的健康发展。我国自古就有祖父母对孙辈过于宽容甚至溺爱的文化传统,如《礼记·曲礼上》云"礼曰:君子抱孙不抱子。"《礼记·丧服小记》郑玄注也说:"祖不厌孙,孙得伸也。"祖父母对儿童过于溺爱和迁就,可能导致儿童自我中心、自私、蛮横等性格缺陷。四是不利于亲子关系的发展。由于祖辈家长承担了抚养和教育儿童的主要责任,儿童与父母接触的时间少甚至长期分离,难免造成亲子关系生疏,阻碍安全型亲子依恋的建立,不利于儿童的健康发展。

需要特别强调的是,"隔代教养"在中国社会历来已有,如果作为一种辅助养育儿童的方式,其利大于弊;但如果一个家庭以"隔代教养"为主,甚至完全替代了"父母教养",那就会带来诸多问题,给儿童发展带来不利影响。

(2)父亲参与教养不足对儿童发展的影响

在儿童教养问题上,人们普遍意识到了母亲角色的重要性,而忽略了父亲角色的重要作用。传统社会中,普遍倾向于儿童特别是年幼儿童的教养问题更多由母亲负责,母亲的品行、对子女成长所倾注的心血等都会对其产生重要影响。母亲参与子女教养的不足会影响亲子依恋关系的形成,并会影响儿童一生的发展。显然,母亲的角色对于儿童的重要性是不容置疑的。然而,对于父亲的角色在儿童成长过程中的重要性,多数人却普遍认识不足。实际上,父亲角色在儿童的成长过程中也有着举足轻重的作用,且其重要程度一点儿也不比母亲逊色。

儿童成长过程中父亲参与教养不足易对儿童造成如下影响:

一是不利于儿童人格和社会性的发展。心理学研究表明,成人的抚养方式和教育在儿童人格的最初形成中有决定性意义。Stanley等(1986)研究发现,父

---

[1] 李晴霞.试论幼儿教育中的隔代教养问题[J].学前教育研究,2001(3).

亲缺失的4—5岁幼儿人际交往能力欠缺。[1]Kato,Ishii-Kuntz等人(2002)研究发现,父亲参与程度高的儿童拥有更多的积极同伴关系,并更受欢迎和喜爱。[2]心理学家麦克·冈尼的调查资料也呈现出相似结果:一天与父亲接触不少于2小时的男孩比起一星期内与父亲接触不到6小时的男孩,其人际关系更为融洽,能从事更为开放的活动,更具有进取和冒险精神。[3]金春寒[4](2005)、陈建翔[5](2007)都认为父亲是孩子的游戏伙伴,其幽默、粗犷和力量会给孩子生活带来无限乐趣,父亲独立自主、勇敢冒险等良好的个性品质会感染孩子,帮助孩子形成健康的人格。余舒(2011)的研究表明,父亲与幼儿的互动交流行为和父亲的情感表达行为均对幼儿的社会性行为具有显著预测作用。[6]

二是不利于儿童认知、智力及学业成就的发展。父亲对儿童认知发展的影响,早在婴儿期就开始了。Nugent研究发现,父亲育儿参与度越高,孩子的认知发展水平就越高;父亲缺失对孩子的认知发展会产生不利影响。[7]李霞(2007)研究发现,5—6岁父母离异而缺乏父爱的幼儿在方块设计、走迷宫和算术等智力测试中落后于完整家庭里的孩子。[8]美国耶鲁大学一项长达12年的研究表明,从小由父亲带大的孩子智商更高,更聪明。国内外大量研究表明,亲子关系与儿童学业成绩存在明显联系。[9]Biller(1993)研究显示:在学校中,父亲缺失的儿童更易于出现适应不良、学习成绩低、同伴关系紧张等问题。[10]Henderson

---

[1] Stanley B K. The Effect of Father Absence on Interpersonal Problem-Solving Skills of Nursery School Children, Journal of Counseling and Development,1986,64(6).

[2] 转引自:[美]罗斯·派克. 父亲的角色[M].李维 译.沈阳:辽海出版社,2000.

[3] 转引自:郝建芳,王忠红. 发挥父爱的魅力[J].现代家教,2002(11).

[4] 金春寒. 父亲对儿童心理发展的影响[J].基础教育研究,2005(10).

[5] 陈建翔. 应该重视的父性教育[J].中华家教,2007(1).

[6] 余舒. 父亲教养行为及与2-6岁幼儿社会性行为的关系研究[D].上海:华东师范大学,2011.

[7] Judy H, Farrington D. Distinguishing the Link Between Disrupted Families and Delinquency, British Journal of Criminology,2001,41(1).

[8] 李霞. 父亲角色在孩子人格发展中的作用探析[J].法制与社会,2007(6).

[9] Thomas M S, Ame M B. Parents and Teachers of Exceptional Students:A Handbook for Involvement,Allyn and Bacon Inc, 1991, pp.21-42.并见:张春兴,林清山. 教育心理学[M].台北:东华书局,1981:330-331.

[10] Biller H B.Fathers and Families:Paternal Factors in Child Development,Westport,CT:Auburn,1993.

等人(1994)的研究也得出类似结果:父亲投入与儿童注意力的增强、违纪问题的减少和洞察力的增强有密切联系。[1]Scott[2](1995)、Flouri[3](2002,2005)、McBride[4](2005)等人的研究均表明:当父亲参与到儿童的教育中时,会对孩子的学习成绩和学习态度起到积极的促进作用。相关研究进一步发现,亲子关系是通过影响儿童的情绪和行为,对学习成就产生间接影响。[5]

三是不利于儿童性别角色的发展。性别角色是社会对不同性别的人所产生的行为期望。[6]父亲参与对子女性别角色的形成、性别行为的塑造,以及性别社会化的完成具有重要影响。Sears夫妇对这方面的研究做出了开创性贡献,他们最早对二战期间父亲在军队服役的3—5岁男孩进行玩具游戏实验。研究发现,与父亲在家的男孩相比,父亲缺失的男孩在游戏中表现出较弱的攻击性及较少的性别角色差异。Beach(1946)、Santroek(1970)针对不同年龄阶段儿童进行的相同实验证明了Sears夫妇结果的正确性。[7]Biller(1969)研究发现,完整家庭的男孩比父亲缺失的男孩在性别角色定位上表现出较多男子气。[8]Doherty研究表明,5岁前失去父亲的女性,在青春期与男性交往时,常常会表现出焦虑、羞怯、无所适从。心理学家斯托普(D. Stoop)以六组对比故事,详细阐述了男孩和女孩在成长不同阶段中父亲缺失所造成的影响。[9]

---

[1] Henderson A T, Berla N. A New Generation of Evidence:The Family Is Critical for Student Achievement,Washington, DC: National Committee for Citizens in Education, 1994.

[2] Scott J D. Parent - Child Interactions and School Achievement, Thousand Oaks, CA: Sage, 1995,pp. 75-109.

[3] Flouri, E. Fathering and Child Outcomes. West Sussex, England: John Wiley& Sons Ltd,2005, pp.56-77.

[4] McBride, B. A., Schoppe-Sullivan, S. J., &Ho, M.. The Mediating Role of Fathers' School Involvement on Student Achievement,Journal of Applied Development Psychology, 2005. 26(2).

[5] Golda S G. Family Factors to Children's Intrinsic/Extrinsic Motivational Orientation and Academic Performance,Child Development, 1993.并见:陶沙,林磊.3-6儿童母亲的教育方式及影响因素的研究[J].心理发展与教育,1994(3).

[6] 王振宇. 学前儿童发展心理学[M].北京:人民教育出版社,2004.

[7] Henry Biller. Father Absence, Divorce, and Personality Development, NewYork,Wiley,1981.

[8] Biller H B. Father Absence, Maternal Encouragement, and Sex Role Development in Kindergarten Age Boys,Child Development, 1969, 40(2).

[9] [美]大卫·斯托普. 与爸爸和好吧——发现父亲的作用和影响[M].李丽波 译.北京:九州出版社,2005.

就儿童的发展而言,从隔代教养的优势来看,不难解释C身上表现出来的现象(学习勤奋、不怕困难、竞争意识强)。从隔代教养的不良影响看,A祖辈的过度呵护严重影响了A的动作发展和性格的健康发展;隔代教养所带来的亲子关系的生疏则对A、C、W的成长都产生了重要的影响。

(三)幼儿教师的生存状况及其对儿童的影响

在我国当前环境中,教师职业地位较之以往有了大幅提升。但总体而言,教师职业因为专业化水平不高而在社会职业类别中处于劣势地位。近年来,教师职业更是由于各种"教育事件"而备受诟病,频频处于社会大众"口诛笔伐"的风口浪尖。

幼儿教师更是如此。

近几年,幼儿园"虐童"事件屡屡发生,引起社会广泛热议,幼儿教师这一职业角色亦被推上舆论的风口。舆论导向一度出现一面倒的局面,矛头直指幼儿教师群体。然而,反观"虐童"事件,"虐童"只是个别教师所为,并不是普遍的群体行为。现实中整个幼儿教师群体却成为社会舆论的焦点,背负着沉重的骂名。不少一线幼教人员表示,自从"虐童"事件以后,他们所承受的压力越来越大,而这些压力不仅仅来自工作,更多来自社会舆论。

幼儿教师生存状况不容乐观,首先,幼儿教师承受着巨大的工作压力。

笔者曾多次与幼儿园园长和教师进行交流,教师们普遍反映他们平时的工作时间长、工作强度大。有老师表示:"每天从幼儿园放学后,最怕在路上遇到熟人,因为怕说话;回到家后,也只想一个人将电视声音调到很小,静静地蜷坐在沙发上。"从中,可以看出幼儿教师的辛劳程度。这种辛劳主要体现在"工作时间长"和"工作强度大"。

幼儿教师工作时间长主要表现在两个方面:一是教师从幼儿正式入园之前就已经到达幼儿园进行准备工作,经过一天的工作,直到幼儿离开园所,教师做完收尾工作才离开园所,每天工作总时长超过10小时;二是很多一线教师,在一天工作之余还要把大量的手工工作带回家,比如环境布置材料、教辅玩具的制作等,甚至还有家访工作等,这些都间接地延长了幼儿教师的工作时间。

幼儿教师工作强度大具体表现在以下方面:一是师幼比严重失衡。2011年我国师幼比为:城区1:26,县镇1:27,农村1:49;全国幼儿园在园幼儿为

3424.45万人(调查时数据,后同),按照最大班额规定30人,每班2名教师推算,全国幼儿园共需专任教师228.28万人,而全国幼儿园现有专任教师总数为131.56万人,缺口数为96.72万人,从以上数据看,现有幼儿教师的工作负荷远远超载。[①]二是工作量大。幼儿教师经常被要求不断变换主题、布置幼儿园环境,包括创设活动区角、教室墙面设计、制作教辅玩具等,幼儿教师承担着大量的手工作业和体力劳动。三是园本课程的开发。由于幼儿园是否有园本课程已经成为不少地区评估幼儿园教育质量的一项重要指标,许多幼儿园不顾自身条件与实际,要求一线幼儿园教师编制和设计教学活动方案、撰写各种汇报材料,这不仅加重了教师的负担,往往导致教学也无法取得理想的效果。四是教研一体化。幼儿教师被要求申请和进行课题研究,做大量的观察记录、儿童成长档案等名目繁多的文档材料,完全不顾及幼儿园教师是否具备科研能力,这无疑会给幼儿教师带来不小的负担,使得他们花费了大量的时间和精力却不一定可以达到既定的标准和要求。

其次,幼儿教师工作所获与其付出严重不符。

正如前文提到,幼儿教师承受着远远超出常量的工作负荷,然而现实中的幼儿教师,其付出与回报却往往不成正比。一是薪金待遇方面。调查(2013年左右)显示幼儿园教师的薪金待遇非常低,不少新入职的幼儿教师仅有800元的基本工资。一般而言,民办幼儿园教师的月薪在1000—2000元之间,公办幼儿园的待遇要好些,月薪在1500—2500元之间。如此的薪金待遇,除了负担每个月的生活费等开销外便所剩无几,甚至还要靠家庭补贴。二是社会地位方面。社会上不少人认为,谁都可以从事幼儿教育工作,认为幼儿教师学历低、素质差,"虐童"事件一出,矛头直指幼儿教师素质低下、品德低劣、责任感不足,他们长期处于舆论的中心,成为被指责的对象。长此以往,他们花费了大量的时间和精力,却仍然达不到要求,得不到社会的认可,而由此他们必然经常处于纠结和无奈之中,久而久之有的教师甚至会产生职业倦怠。

再者,幼儿教师还需要承担一些"额外"的工作任务,这也让他们倍感无奈。

朱家雄教授对幼儿园园长与教师进行了多次民意测验,当被问及园长和教师在幼儿园一日工作中"你认为额外的、无用的工作占据了多少时间"时,绝大

---

① 朱家雄. 当今我国学前教育事业发展面临的主要问题及政策导向(八)[J]. 幼儿教育,2013(1、2).

部分园长和教师都认为起码占去总时间的30%以上,不少人认为是50%以上。[①]很多幼儿教师认为,他们不是手工业者,却被要求制作教辅玩具;他们不是课程专家,却被要求开发园本课程;他们不是儿童发展学家,却被要求考察记录每个儿童的身心发展状况;他们不是科学研究者,却被要求申请研究课题……这些本不应该是幼儿教师的工作(至少不应该由幼儿教师独自承担,其也无法独自承担),却偏偏成为幼儿教师的负担。

然而,既然这些工作并非幼儿教师的必要工作,那为什么他们还必须要承担这些"超额"工作呢?目前,我国已经出台了不少用于管理和评估幼儿园以及幼儿园教师的政策、法规、标准和条例,另外还包括幼儿园评级制度、幼儿教师职称评定制度、评奖评优制度等。这些评价更多聚焦于结果的评价,而少有对幼儿教师工作过程的关注;更多是总结性评价,而少有诊断性、形成性评价……而且,在管理和评价的实施过程中,幼儿教师乃至管理与评价者本身,并没有真正了解其管理与评价的意义。在实际操作中,或是盲目借鉴国外的经验,或是自己的理解有偏差,往往偏离了管理与评价本身的意义,导致管理和评价流于形式。如此的管理与评价导致的最终结果仅仅是产生一些框框套套,更让幼儿教师倍觉压抑(压力),加重了幼儿教师的负担,使其不能将主要精力聚焦于儿童的发展等问题。

有一个最为典型的现象或许能说明幼儿教师的生存状况:笔者所在的高校是一所省部共建的省属重点高校,1982年开始招收学前教育函授本(专)科生,2009年开始筹建学前教育系,2010年开始招收全日制本科生和学前教育硕士研究生;每个学期(新生进校的第一学期除外),学生都会以各种方式进入幼儿园完成相应的见习(研习)任务,大四第一学期则要进入幼儿园进行一学期的教学实习任务;每次见习(研习)或实习过后,大部分同学都会怨声载道,抱怨工作过于繁重、无法承受,甚至未入职就动起了离开幼教行业的念头(事实上有相当数量的同学一毕业就离开了幼教行业)。另一方面,幼儿园教师编制少,待遇太低,既不能给入职者提供一定程度的"稳定",又不能提供较好的工资待遇。于是,幼教行业出现了一个奇怪的现象:一边是各类幼儿园需要大量的教师,一边是学前教育专业毕业生不愿去幼儿园,幼儿园在职教师逃离幼儿园。

---

① 朱家雄. 当今我国学前教育事业发展面临的主要问题及政策导向(八)[J]. 幼儿教育,2013(1、2).

幼儿教师的这种生存状况必然会影响其教育对象——学龄前儿童。"虐童"事件是一类极端的事例,给儿童的身心发展带来极大的伤害。现实中,更多的是隐性的、间接的伤害。在S幼儿园大E班,笔者所在一学期内,老师们除了每天繁重(烦琐)的常规工作外,周末还经常牺牲自己的休闲时间,组织班级亲子活动。此外,一些大型的活动准备更是任务重、耗时长。例如"六一"国际儿童节的准备就花了两周时间,结束之后马上又投入到班级毕业联欢会和幼儿园毕业典礼的准备活动中。那段时间,三位老师整天进进出出,以至于有时无暇顾及班上的孩子,只好叫低年龄段班级的老师代为管理。这种状况之下,难免会影响到老师对儿童的关注,也会影响到与儿童相处的态度和方式。A儿童的游离、顺从、退缩及不安与焦虑,C儿童的烦与累、怀疑与不安,W儿童获取关注的"非常"方式,J儿童的"委屈",这些很难说与老师对儿童关注不够、无法提供持续性的支持、简单粗暴无关。这一切都凸显出,即使如S幼儿园这样的园所,教师的生存状况也不容乐观:虽然教师待遇、社会声望与一些私立幼儿园相比要好一些,但家长的期望、行政部门的要求、幼儿园的管理共同织成一张"网",让老师无处逃遁。老师们将更多的精力放在"应付"这些外在的、形式化的东西上,对儿童的成长本身却缺乏足够的关注和重视。

在给朱教授的留言中,一位幼儿教师说道:"自'虐童'事件发生后,我们同事间也在讨论:说不定,在接下来的日子里,类似的事件(当然不会如此严重)也有可能会发生。因为我们承受的工作压力越来越大,不仅是来自家长的,更多的是来自幼儿园的,太多太多打着教育的名号,实质与孩子一点都不搭边的事情,源源不断地压下来,几乎每件事都是时间紧,任务重。总有一天,老师们会承受不住!……我们担心,哪天会一时承受不住,尤其是年轻的老师会做出一些不理智的事情来。"[①]

但愿预言不要成为现实!

(四)儿童生活世界的危机

社会就像一张"网","人们经常觉得他们的私人生活充满了一系列陷阱……造成这种跌入陷阱的感觉的,是世界上各个社会的结构中出现的似乎非

---

① 朱家雄. 当今我国学前教育事业发展面临的主要问题及政策导向(八)[J]. 幼儿教育,2013(1、2).

个人性的变化"①。这是一个"去魅"(马克斯·韦伯语,意为现代化过程是一个去神秘化和去神圣化的过程)的世界,我们认为一切都在我们的掌控之中。在我们的眼中,没有敬畏,没有崇高!一切都是赤裸裸的算计与控制!

儿童生活世界本质上是儿童所创造的——儿童利用其"无边好奇、无限勇气与无偏见"②的原始创造特质,适应并创造出属于他们的世界。同时,儿童生活世界在极大程度上又是被给予的——与成人同享一个世界而被给予。然而,现实生活中,这种"被给予"失却了弗罗姆言及的"关心、责任感、尊敬和了解"③的前提,使儿童陷入生活世界的危机中。

1. 被商业消费的儿童

儿童自受社会各界关注以来,就意味着商机。各个行业为了获取利润,不断开发出各种产品,不加鉴别地拼命迎合儿童的喜好(很少有人真正反思过这种喜好的合理性);或者在儿童的教育与发展问题上,夸大其词地、危言耸听地煽动着家长,为儿童"制造"出一些额外的需要(这种需要本质上也是一种产品)。对于前者,儿童确实存在各种喜好。但理性地思考,这并不意味着儿童的所有喜好都是合理的需要,都是有益于其身心健康发展的,都是符合整个社会的理想和价值取向的。举个简单的例子来说,肯德基的油炸食品,大多数儿童都爱吃。且不说油炸食品对儿童身体的危害,单就这种完全迎合儿童口味的做法,或许我们就是在制造挑食的一代、"偏见"的一代。这方面洛克说得很好:"我们的味觉之所以嗜好美味,全是习惯养成的。"④并认为,在饮食方面要节制,这种节制的精神无论是在健康方面,还是在事业方面,都是十分必要的。⑤这种节制的精神来源于哪里?来源于我们成人的理性给予,来源于我们成人的节制!对于后者,以"不要让孩子输在起跑线上"为例,就很能说明问题。这句极富煽动性的话语,时至今日还有极大的市场。仔细分析,我们会问:孩子的人生究竟有没有统一的起跑线?如果没有,显然这个起跑线就没有任何意义。如果

---

① [美]C.赖特·米尔斯. 社会学的想象力[M].陈强,张永强 译. 北京:生活·读书·新知三联书店,2005:1.

② 黄武雄.童年与解放[M].北京:首都师范大学出版社,2009:23.

③ [美]埃·弗罗姆 .爱的艺术[M].康革尔 译.北京:华夏出版社,1987:22.

④ [英]约翰·洛克 .教育漫画[M].傅任敢 译.北京:教育科学出版社,1999:9.

⑤ [英]约翰·洛克 .教育漫画[M].傅任敢 译.北京:教育科学出版社,1999:10.

有,那么是长跑的起跑线,还是短跑的起跑线?人生若是长跑,也是一场马拉松式的长跑,比的是耐力、韧劲以及基于整体考虑的策略。即使是起跑成功了,并不能保证最终的成功。甚至,对起跑状态的过度关注,反而会影响孩子整个人生的成功。君不见,马拉松赛场上开始跑在第一位的选手往往并不是第一个到达终点。人生若是短跑,估计这就是商家想要灌输给家长的理解了。其背后的逻辑是:人生如同一场短跑,要想让你的孩子取得成功,就需注意起跑时的状态。且不论人生的长短,稍微懂点儿教育知识的人,特别是对人生童年阶段意义有所了解的人都知道:对儿童早期的过度攫取无异于杀鸡取卵。关于这一点,笔者很小的时候,就经常听到大人说到"死力"(贵州遵义地区的方言,意思是农村小孩背得太重而引起的身体内腑脏永久性受损)这个词。在笔者小时候背东西时,笔者的父母一再告诫不能背得太重,以防"死力"。在笔者看来,这个朴素的词在此处倒可以充当"对儿童早期过度攫取"的旁注。"不要让孩子输在起跑线上"这句口号,说白了就是商家利用家长对孩子发展的焦灼以赚取利润的杜撰之词,同时也必然将儿童过早地暴露在由竞争所带来的焦灼情绪面前。在此类杜撰之词的诱导下,各种培训班、特长班、"教育咨询公司"等应运而生,将各种"需要"硬塞给儿童。在这种制造需要的过程中,商家看到的仅仅是商机,是儿童身上潜在的商业利润。然而,不管如何,儿童在今天作为一个巨大的消费者群体已是不争的事实。并且,对该领域的认识已经存在着很大的误区,给儿童的身心健康发展带来了危害。因此,如何鉴别儿童成长的合理需求,这就成了化解危害的一剂良方。要做到这一点,成人就必须对儿童的生活世界有较为充分的理解,对儿童有一个科学、合理的认识。

大E班的儿童在周末、课余时间,参加了各种培训班,其无疑也成为商家们竞相获利的对象。S幼儿园曾有一名外聘培训者,负责孩子们某方面(涉及隐私,隐去)培训,在"六一"国际儿童节那段时间显得非常焦虑。因为他所负责的培训项目选不出好的作品,怕影响"六一"这天的展出效果,进而影响其负责项目的学生报名人数。

2. 被娱乐消费的儿童

尼尔·波兹曼在其著作《娱乐至死》中谈道:"有两种方法可以让文化精神枯萎,一种是奥威尔式的——文化成为一个监狱,另一种是赫胥黎式的——文化成为一场滑稽戏。"①现代社会中,儿童是消费者,同时也是被娱乐消费者。在儿童的生活世界中,上演着一出出"儿童被娱乐消费"的滑稽戏。事实上,儿童最早作为有文字可考的被娱乐消费者,至少可以追溯到王安石所写的《伤仲永》:

  金溪民方仲永,世隶耕。仲永生五年,未尝识书具,忽啼求之。父异焉,借旁近与之,即书诗四句,并自为其名。其诗以养父母、收族为意,传一乡秀才观之。自是指物作诗立就,其文理皆有可观者。邑人奇之,稍稍宾客其父,或以钱币乞之。父利其然也,日扳仲永环谒于邑人,不使学。

  余闻之也久。明道中,从先人还家,于舅家见之,十二三矣。令作诗,不能称前时之闻。又七年,还自扬州,复到舅家问焉,曰:"泯然众人矣。"

  这个家喻户晓的故事就是儿童被作为娱乐消费者的典型例证。方仲永年幼即通诗文,其父利用众人的猎奇之心,将其作为赚取钱财的工具。方父心理不过有二:一可赚取钱财,二可满足虚荣心。在赚取钱财方面,现代社会的家长可能少有这种利用自己孩子在学习或其他方面的出众之处谋利的,但并不等于没有这种情况。

  2012年11月16日,据《武汉晚报》报道,武汉国际会展中心"2012楚天汽车文化节"现场上,几名身着比基尼的女童车模亮相,引来围观。当时在社会各界引起了不小的轰动。当大家在声讨这一事件对当事儿童的影响时,一位儿童车模的妈妈表示了自己的委屈:"他们是不是想歪了?"她表示,自己曾带孩子多次参加童模比赛,通过走秀,可以让孩子身体更健康,性格更开朗。并认为,小孩子穿比基尼并不在有关部门违禁之列。②

  看了这则报道,不知道其他人作何感想。从童模妈妈的口中得知,这种事不是初次,而是"多次"。称这样做是让孩子身体更健康、性格更开朗。这就不禁让人哑然失笑了——是无知,还是别有目的?让孩子身体健康、性格开朗的

---

① [美]尼尔·波兹曼. 娱乐至死[M]. 章艳,吴燕莛 译. 桂林:广西师范大学出版社,2009:132.
② 引自:搜狐网。

活动有很多啊,为什么偏偏选取这种备受争议的做法?其中原因就不得而知了。况且,通过"他们是不是想歪了"这句话,这个家长应该明白这是一种普遍不被认可的做法。另外,童模妈妈以"小孩子穿比基尼并不在有关部门违禁之列"作为为自己开脱的理由,这又显得何其可笑、何其可悲!在现实生活中,"有关部门违禁之列"的相关规定是近乎法律底线的要求,用这类要求来规约我们孩子的生活,孩子的希望何在?对于这种事件,笔者宁愿相信这是一个个案,而不是一种普遍现象。然而,从童模妈妈口中可以得知,曝光出来的相关事件可能仅仅是冰山一角。对于家长为了满足其虚荣心,将孩子推上"被娱乐消费"的舞台,这样的例子就比比皆是了。只消打开电视,看一看各家电视台的少儿类节目,就知道了。在这些节目中,节目进程总是被欢笑声、鼓掌声所打断,总是一片"欢声笑语"。似乎形成了"多赢"的局面:家长满足了虚荣心、观众满足了猎奇心、节目获得了高收视率。然而,我们的孩子呢?我们在用我们的笑声和掌声传递着什么?这不仅仅是波兹曼所说的"电视模糊了儿童和成人之间的界限"的问题,更是各种心态迷糊了成人心智的问题。"赫胥黎告诉我们的是,在一个科技发达的时代里,造成精神毁灭的敌人更可能是一个满面笑容的人,而不是那种一看上去就让人心生怀疑和仇恨的人。"[1]娱乐至上毁掉的是我们思考的精神,而儿童被娱乐消费的事实毁掉的则是我们整个人类的精神根基。这种状况无疑也使儿童的发展陷入了危机之中。与前面使儿童陷入消费者危机中一样,这也体现了我们对儿童的无知、对儿童生活世界的无视。

在S幼儿园,各种比赛、各种活动节目,儿童在台上表演,观众(园长、老师、家长等)在台下看,其中是否也包含了一些"娱乐心态"呢?

3.被"关怀"的儿童

在家庭教育领域,2011年"虎妈、狼爸"的"成功教育"绝对称得上是轰动一时的新闻,并"引领"了家庭教育的一大潮流;在学校教育领域,2011年"绿领巾、红校服""三色作业本"等事件,更是吸引了众多人的眼球。询问每一个事件中的教育者,无不说是为了孩子的发展着想的。在这种为了孩子的"发展"着想的前提下,深夜挑灯夜战的幼小身躯、周末匆匆穿梭于各个辅助课堂与培训班的孩子随处可见。这些孩子身上凝聚了来自成人世界沉甸甸的"关怀",同样也给

---

[1] [美]尼尔·波兹曼. 娱乐至死[M]. 章艳,吴燕莛 译. 桂林:广西师范大学出版社,2009:132.

儿童带来很大的伤害。现实生活中,我们总是由于各种理由,少有顾及孩子的感受,仅仅将我们对世界的理解和要求强加于孩子身上;我们有意或无意地将孩子视为亟待开发的金矿,缺乏足够的耐心和时间,去等待孩子成长。而最为可悲的是,我们所做的一切恰恰都是打着为了孩子未来幸福的幌子而施行的。正如David Elkind所说:"关于儿童的一个新概念正在形成,这个新概念将会为当代忙碌的儿童及年幼的孩子们做出解释。"[1]

无疑,儿童应该得到来自成人世界的关注和呵护,今天的儿童所受到的关注也超过了之前的儿童。然而,这种关注的本质是:鼓励儿童尽早成为"标准化的成人",在这个标准化的过程中,儿童的生命过程本身却被忽略了。[2]正如台湾学者熊秉真所言:"当一个社会特别关怀孩子的时候,有时反而对孩子可能是一个不利的趋势。"[3]今天,我们都按照对儿童的理解,将我们的"关怀"施加给儿童。在我们精心编织的"关怀"之网下,儿童感受到了前所未有的压力。我们的孩子在我们的"关怀"之下,被催促着前行。"关怀"之下,儿童蜷缩到了狭小的世界:儿童眼中的空间越来越小,小到仅有从教室、家庭窗户看出去的空间;儿童生活中的时间越来越短,短得只有不停地为了将来,而看不到儿童的过去和现在。儿童脚下的路,也萎缩到了只有从幼儿园(学校)到家往返的路途。在这种错位的"关怀"之下,我们的孩子冷漠、绝情,缺乏对世界的好奇之心;我们的孩子世故圆滑,在生活中与我们周旋博弈;我们的孩子萎靡不振,未老先衰!有人指出:儿童生活的价值在教育场域中总是被放置在生命中后期的'目标'中给予审视,总是被放置在'天性—文化'的割裂状态中给予审视,结果消解了儿童生活本应具有的当下合目的性。儿童生活在自己的生活之外,儿童生活异化了,儿童生命的成长受到了阻碍。[4]显然,没有现在的儿童,何谈儿童的未来!

我们急于给儿童一把开拓疆土的"斧子",过早地迫使其与原本一体的世界分离,却不管他们是否拥有拿起这把"斧子"的力量。在David Elkind那里,这把"斧子"就成了儿童忙碌的理由:为了尽早拿到这把"斧子",父母、学校、媒体等

---

[1] [美]David Elkind. 还孩子幸福童年——揠苗助长的危机[M]. 陈会昌 等译校. 北京:中国轻工业出版社,2009:XII(原著第二版序言).

[2] 卜卫. 媒介与儿童教育[M]. 北京:新世界出版社,2002.

[3] 熊秉真. 童年忆往——中国孩子的历史[M]. 桂林:广西师范大学出版社,2008:18.

[4] 张更立. 异化与回归——走向"生活批判"的中国儿童教育研究[D]. 南京:南京师范大学,2011.

共同催促着孩子仓促前行。[①]在大E班，笔者发现，所有儿童都在幼儿园以外参加了各种各样的培训班：有音乐、舞蹈、美术、书法等特长班，有各种运动项目的训练班，还有针对各种知识学习的提高班……而问及每一个儿童，除了表现出无奈之外，更多地表现出累和不理解。殊不知，我们的孩子也是大自然的礼物，也有着自己的成长秩序。这种做法活生生地将他（她）从与自身一体的世界中抽离出来，过早进入成人预期的轨道。大自然希望我们的孩子在成熟之前就要像孩子（卢梭语），现实中我们却往往收获青涩的果子。

儿童在园生活体验的发生境域将我们的视线引向更为遥远、更为广阔的场域，在时间与空间的交互作用中展示了儿童的生命历程。自此，沿着发生境域（见表6-2），A、C、W、J四名儿童在园生活状况及体验的产生缘由得以揭示，其各自生命意义得以显现。环境对于学龄前儿童来讲，家庭教育的影响对儿童的成长至关重要，很多儿童身上的"问题"往往是形成于家庭、表现在幼儿园，并影响儿童一生的发展；幼儿园作为儿童正式离开家庭来到的第一个陌生环境（最初人、事、物都是完全陌生的），能不能为儿童提供一种真实的、平等的，能放逐儿童天性又能照顾到儿童特殊需求的环境，对儿童的成长同样至关重要；社会作为大环境，可能对学龄前儿童的直接影响不大，但它可以通过对家庭、幼儿园以及其他与儿童发展相关的环境和人产生影响，并将这种影响传递给孩子，进而对儿童的发展产生影响。儿童在园生活状况及体验就是由家庭、幼儿园以及社会（社区）三种力量的交互影响而形成的。要改善儿童的生活状况及体验，我们需对此三种环境中的教育要素进行深刻的审思。

---

① ［美］David Elkind. 还孩子幸福童年——揠苗助长的危机[M]. 陈昌会 等译校. 北京：中国轻工业出版社, 2009.

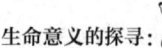

表6-2 儿童在园生活体验的发生境域

儿童	环境		
	家庭	幼儿园	社会
A	家庭教养的过度呵护;父母角色的缺失	幼儿园园所文化;形式化的教育活动;少数人表演的舞台;玩不够的区角与户外活动;对儿童特殊需要的忽视	重庆地域文化性格;隔代教养;幼儿园教师的生存状况;儿童生活世界危机
C	外婆的教育影响;父母角色的相对缺位		
W	特殊的家庭成长环境;关爱的缺失		
J	特殊的家庭结构;母亲的教育付出		

第四部分 反思启示篇

第七章

儿童生活世界的实践反思与方法启示

> 看一个国家的文明,只需考察三件事:
> 第一看他们怎样待小孩子;
> 第二看他们怎样待女人;
> 第三看他们怎样利用闲暇的时间。
>
> ——胡适

胡适写下的三件事中,在笔者看来,其中又以"怎样待小孩子"最为关键。

从四名儿童在园生活状况及其体验入手,我们了解了四名儿童的当下生命存在;其在园生活体验的发生境域,则向我们揭示了儿童生命存在的意义源头,即儿童如何在家庭、幼儿园、社会(社区)三个方面的影响之下形成其相应的状况及体验。研究对象虽只有四名儿童,但影响儿童发展的主要要素不外乎家庭、幼儿园(学校)、社会(社区),此三者构成儿童生活世界的横截面。在儿童生活世界之中,儿童不是概念意义上的存在,而是一个个活生生的生命存在。通过审视各个场域中的影响要素,我们得以革新教育观念和改变行为,为儿童的发展营造良好的环境;同时,我们还需要挖掘深刻认识理解儿童的方法,为走进儿童生活世界提供方法启示。在笔者看来,后者尤为重要,因为它既是前者有效达成的前提,又是前者实现的方法和动力。

一、实践反思：儿童生活世界的观念革新与行动改变

(一)儿童家庭教育：我们如何做父母？

正如列夫·托尔斯泰所言："幸福的家庭都是相似的,不幸的家庭各有各的不幸。"儿童在园生活状况及体验与儿童家庭教育息息相关,我们甚至可以说儿童的很多问题是"形成于家庭,表现在幼儿园"。家庭教育中,父母能否履行各自角色、承担相应教育职责又是影响儿童一生发展的重中之重。然而,就现实情况看,许多年轻父母不仅缺乏父母角色意识,更欠缺践行相应角色的能力。罗素曾经说过："成人若要和自己的子女保持一种愉快的关系,或给予他们一种快乐的生活,必须对为人父母的问题深思熟虑一番。"[①]现实中,不仅父母自身要深思,还需要外界提供一定的支持条件以有针对性地引导、培养父母的角色意识和践行能力。而这显得尤为重要和迫切。

从西方传统社会来看,在父亲角色和母亲角色之间,人们更重视母亲角色,并多以诗情画意的语言描述这一角色。如弗洛姆对"希望之乡"(the Promised Land)的描述中,就形象地表达了对这一角色的期望："希望之乡"在圣经中的原意是上帝许给亚伯拉罕及其子孙的地方——迦南。"乡"总是母亲的象征,被描绘成"乳汁殷富、蜂蜜丰盛"的地方。乳汁首先是爱的象征,其次是关心和肯定的象征;蜂蜜象征着甜蜜的生活,象征着对生活的爱以及生活在人间的幸福。大多数母亲能给予"乳汁",然而只有少数母亲在给予乳汁的同时又能给予"蜂蜜"。为了能给予蜂蜜,母亲不仅应该成为一个"良母",而且应该是一位幸福的人——这个目的,很多人都不能达到。[②]作为母亲,不仅要给予"乳汁",同时又要能给予"蜂蜜"。这是对母亲角色的诗意表达,代表了一种理想。从十月怀胎(实际正常为九个月)到儿童呱呱坠地,再到儿童一步一步向外拓展,每一个历程都是对母亲极大的考验。进一步考察起来,我们会发现养儿育女绝不是一件简单的事情。如果一一列举一个母亲在一天之内为她的孩子所做的各种各样的事情(从擦鼻子到摇床,从哺乳到轻叱),可以看出其范围之广,实在令人吃

---

① [英]罗素. 幸福之路[M].吴默朗,金剑 译.北京:中央编译出版社,2009:139.

② [美]埃·弗罗姆. 爱的艺术[M].康革尔 译.北京:华夏出版社,1987:43-44.

惊。①等到儿女逐渐长大,作为母亲也摆脱不了这份操心,操心学业、操心就业、操心婚姻,甚至为儿女的下一代操心……这在中国社会更为明显,体现为"乳汁"的给予;而能同时给予"蜂蜜"的母亲,少之又少。

与母亲相比较,在传统西方社会养儿育女的过程中,父亲都被描绘为一个"局外人"。"一位著名的人类学家曾经说过,从生物角度讲,父亲是必不可少的,但从社会角度看,父亲却被描绘成养儿育女的局外人。"②然而,父亲在养儿育女的过程中,不仅不应是局外人,而且迄今为止还没有任何一种理论能够证明父亲在育儿方面只处于次要地位的假说。③儿童的成长过程也需要父亲角色的参与,这一角色的参与对儿童的发展同样重要。马卡连柯曾经说过:缺乏母爱的是有缺陷的儿童,失去母爱会使儿童心理发展受到阻碍;没有父爱的存在,会使母爱向溺爱发展,同样影响孩子心理的正常发展;不健全家庭的不幸就在于缺乏这样天然和谐的正常的爱和教育。④

在中国传统社会,历来有"严父慈母"的说法。家庭对儿女的养育,"保"与"教"界限比较清楚,作为母亲一般负责儿女的"保",父亲则主要负责"教"。当然,很多时候,儿女的教育不仅仅是一个家庭的事儿,还会放到整个家族甚至更大的范围内进行考虑。不过这种情况在中国当下社会似乎"掉了个个儿"——母亲普遍对儿女要求较严格,父亲反倒要包容得多。其中的原因与整个社会结构的变迁紧密相关,与女性在家庭、社会中承担的角色更为多样、获得的感受体验不同有关联。

在我们当前的文化背景下,对于儿童而言,父亲角色更多作为一种能够给儿童提供保护、鼓励儿童向外的安全象征,母亲角色则是一种无条件接纳、提供归属感的爱的象征。理想中,父亲角色应由父亲提供,母亲角色由母亲提供。不过,现实中也存在许多角色互换的事实,都越来越表明父母角色在职责承担与履行方面,存在越来越多的重合部分,渐渐发展出"共同地养儿育女"这一趋势。西方社会,"父亲角色经历了从严格的一家之主(道德导师)、冷漠的经济

---

① [美]鲁道夫·谢弗. 母亲的使命[M]. 高延延 译. 沈阳:辽海出版社,2000(前言).
② [美]罗斯·派克. 父亲的角色[M]. 李维 译. 沈阳:辽海出版社,2000:1.
③ [美]罗斯·派克. 父亲的角色[M]. 李维 译. 沈阳:辽海出版社,2000:8.
④ [苏]马卡连柯. 父母必读[M]. 耿济安 译. 北京:人民教育出版社,1958.

提供者、性别角色的典范到与妻子共同照顾孩子的父亲形象的变化过程"①。中国社会也基本如此。

然而,现实生活中,大多数父母并没有(不能)从"父母"角色本身来思考自己应当承担的职责。本研究所选取的四名儿童中,有三名儿童的父母在教育中基本处于缺位或缺失状态,只有一名儿童的母亲为了孩子的发展付出了极大的努力。显露出来的仅仅是冰山一角,父母并不知道怎么做"父母",这似乎是悖论,但却是现实。陈鹤琴先生在《怎样做父母》一文中曾指出:"'做父母'是一桩不容易的事情。一般人太把这桩事情忽视了,太把这桩事情看得容易了……我们只要是一个人就好像都有资格可以教养儿童。至于怎么教养,怎么培育,事先既毫无准备,事后更不加研究,好像儿童的价值不及一只猪,一只羊。这种情形在中国非常普遍,司空见惯。我愿普天下做父母的,在未做父母之前,应当自问他有没有研究过怎样教养他未来的儿童,自问他自己应当有什么资格才配做父亲,应当有什么资格才配做母亲。"②这番话,放在今天也一点儿都不过时。到今天,随着"80后"开始为人父母("90后"也渐次登场),"父母角色替代"已经成为一种普遍现象。"孩子的降生让他们('80后'父母)手忙脚乱,加之对子女教育的重要性及规律缺乏理性认识,因此他们很自然地想到请经验丰富的父母来帮助,转而替代了自己在家庭教育中的角色。"③与中国传统社会不同,当下社会中这种"父母角色替代"很多时候是为父母者对父母角色的"主动放弃",转而依赖退休赋闲的祖辈。在这一情景中,祖辈往往成为教养孙辈的主要力量。真正的"为人父母者",有些因工作方面的原因无法在场;甚至,一些"为人父母者"是为了换取"二人世界"生活模式的延续。许多年轻父母不仅没有教养儿女的意识,更没有相应的能力。

在此背景下,开展亲职教育、让成人学习如何做父母就显得尤为重要和迫切。"'亲职教育'亦称'家长教育',是指协助父母获得称职父母角色的经验,同时亦包括协助那些打算成为父母的人士,使他们做好准备,能更有效地担当父

---

① M. E. Lamb. The History of Research on Father Involvement:An Overview,Marriage and Family Review,2000,29(2-3).

② 陈鹤琴.怎样做父母[J].教育杂志,1935(第25卷).转引自:陈鹤琴.家庭教育[M].上海:华东师范大学出版社,2006:206(附录).

③ 胡向明."80后"城市独生子女之父母角色替代现象分析[J].中国青年研究,2010(9).

母角色。"[1]亲职教育中,从父母自身入手,我们需要让年轻父母养成作为父母角色的意识和能力,可以从"知、情、意、行"四个方面进行引导和培养。

第一,对父母角色的理性认知。当我们成为父母后,我们需要意识到我们角色的转变,以及这种转变对我们自身和孩子的意义。我们需要深入思考:我们与孩子之间,是什么关系?在孩子的养育过程中,孩子需要什么?我们能够为他(她)提供什么?我们应该做出何种改变,以满足孩子成长的需求?这些问题都表明获得父母角色并不是一件顺理成章的事情,而是需要我们深入思考并做出行为上的调整转变。例如,因为有了孩子,我们会改变我们的作息时间,会改变我们的社会应酬行为,会改变我们的居家生活方式,甚至会改变我们观察事物和思考问题的视角……所有的一起思考和转变,都基于我们对父母角色的理性认知,当然更是基于对养育儿女的理性认知。

第二,对父母角色的情感接纳。大多数即将成为母亲的女性大概都会感到既紧张又兴奋,同样,大多数即将成为父亲的男性也会有同样的感受。这是一种复杂的体验和心情:既有紧张、恐惧,又有期待。二者是交织融合在一起的。不论如何,对即将到来的角色,我们都需要接纳它。当孩子呱呱坠地后,我们或许异常欣喜、无比满足,这当然有利于父母角色的接纳。也有可能我们会因为一些原因而失望、愤怒,或者觉得上天待我不公,这必然会阻碍父母角色的接纳。笔者的体会是,既然无法改变,就不要去想太多。我们更需要多想想,我们面对的是一个新的生命,一个延续我们生命的生命,一个能使得我们的生命生生不息、连绵不绝的生命。并且,面对生命,我们必须要有所敬畏,这种敬畏能使我们的情感有所依托,能使我们的精神得以升华,能使我们的生活品质得以提高。当我们将自己的生命融入孩子的生命、走进孩子的生活,或许一切都可以化解。

第三,对父母角色的坚定信仰。孩子降临于世后(甚至是十月孕育期间),我们的繁忙生活就开始了。刚开始孩子的大小便、换尿布、哭闹,不仅给大人带来身体上的疲劳,更带来心理焦虑;接着大人整天的弯腰搀扶(孩子学走步),累得直不起腰;再接着需要解答(孩子)他(她)无止无休的问题,也让人疲惫;然后还有入园的焦虑,不仅仅是小孩,父母更是会焦虑;再然后上小学、中学、大学,

---

[1] 台湾嘉义大学家庭教育研究所. 家庭教育学[M].台湾: 涛石文化事业有限公司,2003. 转引自:盖笑松,王海英. 我国亲职教育的发展状况与推进策略[J].东北师大学报(哲学社会科学版),2006(6).

甚至工作、恋爱、结婚、生子……我们会发现，我们已不由自主地掉入了海德格尔的"烦"，永远也抗争不过，永远也摆脱不了。这是对我们的意志力和品质考验，我们不得不说，要承担起父母角色这一职责，除了理性的认知、感情的接纳外，还需要我们对生活的坚韧。只有当三者结合在一起，我们才能形成强大的内心！要拥有这份坚韧，需要我们对父母角色的坚定信仰，也是对儿童的坚定信仰。试想一下，苦难的犹太人为何初衷不改，就是源于他们心中的"神"。如果我们将儿童作为我们心中的"神"，或许一切问题都迎刃而解。

第四，对父母角色的身体力行。有了强大的内心，我们还需要身体力行。将强大的内心带入生活实践中。即使作为父母，也能因这一角色而变得伟大。父母角色的身体力行意味着与儿童过一种共同的生活，在生活中，我们的眼中要有儿童，做事要考虑到儿童。更为重要的是，要能够真正看到儿童，能够真正考虑到儿童。前者是意识，后者是能力。光有意识而没有能力，只能是"临渊羡鱼"；光有能力而没有意识，也只是一时的"误打误撞"，会增加行为的风险。

对于父母来讲，要履行好父母角色，需要接受必要的亲职教育，或者需要自发的"亲职学习"。从"知、情、意、行"方面，不断学习、实践，不断体会、体悟，不断获得与儿童一起成长的喜悦。到那时，不仅孩子的成长需要我们，而且父母的成长也需要(得到)孩子的"关照"。

(二)幼儿园教育：孩子为什么要去幼儿园？

"替代性看护"是幼儿园最初产生的缘由，成为幼儿园教育的主要价值功能。从19世纪英国空想社会主义思想家、教育家罗伯特·欧文(Robert Owen)在英国创办了世界上最早的学前教育机构——新兰纳克幼儿学校，到1840年德国教育家福禄贝尔(Fröbel)创办了第一所称为"幼儿园"(Kindergarten)的学前教育机构，幼儿园的诞生最早是为了满足广大家庭妇女走上工作岗位而不能照顾孩子的需求；同样，从1903年我国第一所幼儿教育机构——湖北武昌蒙养院的诞生，到今天各种公立幼儿园、私立幼儿园的大兴举办，究其产生的缘由也大体如此。时至今日，幼儿园教育的价值功能及其实现远远超出了"替代性看护"。然而，幼儿园这种"与生俱来"的价值特征仍然影响着整个社会对其价值的认识和判断，甚至在很大程度上形成了对幼儿园教育僵化、刻板的印象，例如我们将幼儿园教育(学前教育)仅仅视为"民生工程"，将幼儿园教师看作"保姆"，将幼儿视为……台湾学者黄武雄在《学校在窗外》一书中提出"孩子为了什么去学校"的问题,指出孩子因"为了打开经验世界与发展抽象能力,以便与世界真正联结"[①]而要去学校。笔者认为,我们同样需要"孩子为什么要去幼儿园"的发问,重新审视幼儿园教育存在的合理基础。我们需要打破"社会变迁带来的家庭、社区(村落)儿童教育功能的缺失,从而逼迫孩子不得不去幼儿园"这一思维的限制,从一种幼儿园教育的本体价值出发思考这一问题,即从"今天的幼儿园能够给孩子的学习与发展提供何种独特的价值"思考幼儿园的合理存在问题。

笔者认为,要回答"孩子为什么要去幼儿园"这一问题,需要把握三个方面的内容,即"儿童即目的""课程是重点""教师是关键"。

1.儿童即目的:我们需要什么样的儿童?

儿童是幼儿园教育(不仅仅是幼儿园教育)的目的,这应该成为幼儿园教育最核心的价值理念,同时也是教育实践工作的起点和归属。我们需要区分幼儿园教育的本体性价值和工具性价值,抑或内在价值和外在价值,这对改变我们对幼儿园教育的刻板印象异常重要。"我们需要什么样的儿童"这一问题乍一看似乎又让幼儿园教育回到工具性价值上,实质则不然。在这里有一个问题需要厘清,我们批判教育的工具性价值,并不意味着否定工具性价值;我们反对的是没有正确处理本体性价值与工具性价值的关系,将工具性价值凌驾于本体性价值之上的情况。从本质意义上,教育的本体性价值与工具性价值应该互为表里、紧密联系。幼儿园教育过度寻求工具性价值,会让教育本质发生异化;反之,若过度忽视工具性价值,则会让教育过于理想化,从而将教育引向虚无的境地。

从受精卵着床开始,儿童就开始了他(她)的历程。在母体中生长,直到瓜熟蒂落,儿童得以摆脱母体子宫,降临于世。刚来到世上,儿童感受到的更多是压力。因为以前在母体中是温暖的、滋润的,一切供给都是"自动的",无忧无虑,就像亚当、夏娃处在上帝的伊甸园一般。来到世上,儿童失去了那种包裹感和依托感,一时不能适应。所以大多数婴孩降临于世都会啼哭——一方面是长时间憋气后的压力释放,另一方面或许是对过去环境的缅怀。一旦降临于世,儿童的大脑就获得了皮亚杰所说的先天的"图式结构"。一开始,这个图式结构

---

① 黄武雄.学校在窗外[M].北京:首都师范大学出版社,2009:40.

中,存储的信息很少,或许只有一些作为人的"族类"的印记。这些印记深深地渗入儿童的灵魂,不管他(她)意识到还是没有意识到,都会伴着他(她)走过自己的人生。然后儿童逐渐有了越来越清晰的感知觉,有了本能的反应,如吮吸反应、抓握反应等。这是儿童真正认识世界的起点——通过最原始的动作来认识和把握世界。我们会发现,儿童最初遇到什么物件都要试着去抓握,抓到之后又都会努力地放到自己的口中。这是儿童最早感知和体验世界的方式,在以这种方式认识和把握世界的过程中,儿童的学习发生了,获得了认知体验和经验。以此为起点,儿童从蹒跚学步到自由奔跑、从无意识到有意识,一步步向外扩展,从家庭走向幼儿园,从幼儿园走向小学、中学、大学、社会,走向更广阔的世界,实现与世界的真正联结。儿童与世界的关系范围逐渐扩大,这类似于费孝通先生提出的"差序格局":以"己"为中心,像石子一般投入水中,和别人所联系成的社会关系,不像团体中的分子一般大家立在一个平面上,而是像水的波纹一般,一圈圈推出去,愈推愈远,也愈推愈薄。[1]费先生主要用"差序格局"来解释中国传统社会结构的基本特性,某种程度上也映射出儿童在世界中关系范围的扩展——儿童就这样一步一步走向广阔的世界。

从个体发展来讲,儿童起始于共同体(在母体子宫与母亲构成最初的共同体关系),在成长过程中不断离开原来所属共同体,与新的世界建立共同体关系。在这一过程中,儿童既需要独立,又需要归属,个体一生都需要处理好二者之间的矛盾关系。就像埃里克森同一性理论所揭示的那样,矛盾处理好了个体就能顺利进入下一个阶段,反之,就会停滞发展。幼儿园教育作为正式机构教育,必定有其组织意图。组织意图可能纷繁复杂,但有一点可以确定:希望其教育对象能对国家产生认同感和归属感。从另一方面来讲,幼儿又需要这种认同感和归属感,才能形成相应的安全感。在中国现代社会中,这一点尤为重要(对组织而言如此,对个体也如此)。结合上面论及的儿童发展历程,笔者认为幼儿园教育的目的就是培养"本土儿童"——"育出具有'本土文化生命之根'的幼儿"[2]。"本土儿童"具有自然性、社会(文化)性、整体性三个方面的特征。自然性意即对儿童生命本能的呵护与承袭,社会(文化)性要回答儿童的意识归属问

---

[1] 费孝通.乡土中国[M].南京:江苏文艺出版社,2011:29.

[2] 李旭,段丽红."位育"视角下乡村幼儿园本土课程的内涵诠释、价值诉求及内容构建[J].民族教育研究,2019(5).

题,整体性则指在现代社会(以工业生产及其之后的生产力、生产方式为特征的社会)割裂状态下儿童整体生命意义的追求。"本土儿童"吸纳本土文化,不断向外拓展自己的经验世界,走向更广阔的世界。而无论其经验世界多么广阔,无论他(她)走多远,都不会忘记自己的出发之"地"——本土。如此,幼儿个体的生命成长与组织的期望就能完美地结合在一起,幼儿园教育的本体性价值与工具性价值之间的关系实现平衡。这种"儿童即目的"的价值取向,既呼应了陈鹤琴先生几十年前提出的"培养人、培养中国人、培养现代中国人"的育人目标[1],又回应了当下"培养什么人、怎样培养人、为谁培养人"的教育根本问题。

2.课程是重点:幼儿园教什么、怎么教?

课程是幼儿园教育的重点,是教育目的达成的凭借。在幼儿园课程领域,幼儿园"教什么"决定了"怎么教",二者须臾不能分离。

幼儿园"教什么"由其教育目的决定,基于以上对儿童的论述,培养"本土儿童"就是幼儿园教育的目的,这奠定了幼儿园课程的基调与底色。幼儿园课程就是要挖掘本土课程资源,将本土之上的大自然、大社会纳入课程内容,构建起幼儿园本土课程——幼儿园结合家庭、幼儿园、村落(社区)实际,立足于幼儿本土生长并帮助幼儿不断向外拓展的一套经验体系。[2]幼儿园本土课程试图打破幼儿园的围墙(既是实质意义上的,也是心理意义上的),"为幼儿建造一处'野生栖息地',帮助幼儿找回逐渐失去的'野性'"[3],以承袭儿童生命本能的自然节律。从这一课程理念出发,将幼儿园课程从以往幼儿园中心扩大到以幼儿园为核心的更广阔的范围。

对于学龄前儿童来说,就应该教给他(她)直接经验。准确地说,是让他(她)亲历亲手地去操作、去体悟。亲历的意义在于让儿童自己去关系世界中体验、体会;亲手的意义则在于以本能动作反应为基础的动手操作。如此,儿童获得了完整的直接经验。因此,学前教育要做的就是考虑如何夯实儿童的直接经验,这是儿童一生中学习与发展的基础。而且,这种直接经验不是价值无涉的,

---

[1] 陈鹤琴.陈鹤琴全集(第六版)[M].南京:江苏教育出版社,2008:243.

[2] 李旭,段丽红."位育"视角下乡村幼儿园本土课程的内涵诠释、价值诉求及内容构建[J].民族教育研究,2019(5).

[3] 李旭,段丽红."位育"视角下乡村幼儿园本土课程的内涵诠释、价值诉求及内容构建[J].民族教育研究,2019(5).

而是立足本土之上的大自然、大社会的资源。凭借这种直接经验,儿童借助大脑中存在的"图式"(认知结构),与环境之间通过同化与顺应交换信息,不断经历平衡与失衡的过程,顺应自然本性、实现认知发展、夯实文化归属。

如此,这种直接经验也具有了自然性、社会(文化)性及整体性,这也是我们在学前教育中如此抵制"小学化"倾向的深层理由所在:过早让学龄前儿童学习间接知识,只是在儿童的大脑认知结构中造就许多"碎片",儿童并不能把这些"碎片"纳入到自己的认知结构中。因为这些"碎片"与儿童的直接经验毫无联系,认知结构中没有同化它们的因子,以至于不能将它们融入原有的经验体系中。同时,这些"碎片"还会消耗大脑的能量,占据大脑的空间。因此,"小学化"对儿童来说是有百害而无一益的。为了儿童一生的发展,我们必须坚持学龄前儿童学习直接经验的价值立场。

对于"怎么教",即"直接经验怎么教"。对于家庭而言,这主要需处理好"呵护和放手"的关系,前提是家长应该对儿童的特点、能力倾向有一个合理性的认识,该放手的时候果断放手,该提供支持的时候也不要犹豫。对幼儿园而言,主要探讨课程内容如何选择与实施的问题。笔者想主要就幼儿园"怎么教"的问题,具体谈谈自己的一点儿浅见。从方法论意义上看,直接经验是不能"教"的。试想一下,直接经验怎么可以"教"呢?教育对象都直接去"经验""体验"了,还能"教"他(她)什么呢?因此,我们需要换一种思维,既然不能"教",那我们就应创造条件让儿童去经验、体验。与此同时,我们除了要考虑"教什么"外,还需考虑现实条件。

在2012年我国颁布的《3—6岁儿童学习与发展指南》中的说明部分要求:关注幼儿学习与发展的整体性、尊重幼儿发展的个体差异、理解幼儿的学习方式和特点、重视幼儿的学习品质。笔者认为这为儿童的学习与发展定了总的论调,笔者将它提炼为四个关键词:整体性、个体差异、直接经验和学习品质。换句话说,我们在"教"儿童(促进儿童学习与发展)的时候,要关注儿童发展的整体性、尊重儿童的个体差异性、重视儿童的直接经验、注重儿童学习品质的培养。整体性意味着一方面儿童的发展是不可分的、是整体推进的;另一方面,儿童的发展是身心全面协调发展,不能单一强调某一方面的片面发展。个体差异性意味着儿童的发展除了有共性特征外,更多是差异性。并且儿童年龄越小,这种差异性就越大。从另一个角度理解,就是年龄越小的儿童,其身上的社会化特征就越不明显,突出的个性化特征彰显了这种差异性。在教育中若看不到差异性,则有违教育公平!直接经验意味着要珍视儿童的生活,最大限度地支持和满足幼儿通过直接感知、实际操作和亲身体验获取经验的需要,严禁"拔苗助长"式的超前教育和强化训练。学习品质意味着要充分尊重和保护幼儿的好奇心和学习兴趣,帮助幼儿逐步养成积极主动、认真专注、不怕困难、敢于探究和尝试、乐于想象和创造等良好品质。

以上论述仅仅为"怎么教"定下了一个基调,具体怎么教,我们先来看一下"幼教课程模式与课程取向图"[①](见图7-1),或许能够提供一些思路和启发。

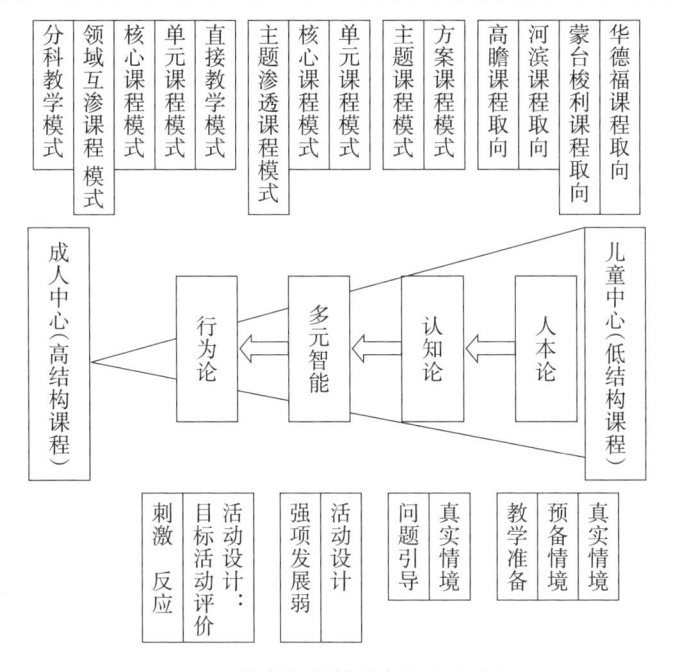

图 7-1 幼教课程模式与课程取向图

从图7-1来看,右边端点是以儿童为中心的课程,称为"低结构课程";左边端点是以教师(成人)为中心的课程,称为"高结构课程"。在右端端点,完全是生发性课程,课程的实施完全按照儿童的需求、想法、问题等的产生往前推进;在左端端点,完全是预设性课程,课程的实施完全按照事先的安排推进。在上

---

① 笔者于2014年暑期在昆明参加了为期8天的"落实教育部《3—6岁儿童学习与发展指南》——自然心、教育爱·主题教学与区角活动种子教师培训班"的课程讲座,由台湾幼教课程专家林子盟教授主讲。"幼教课程模式与课程取向图"引自本次培训材料。

端和下端,分别对应的是世界流行的各种课程模式取向和需注意的要点。实际上,在课程实践中两个端点的课程样态都是不存在的,仅仅是一种理想状态。实践中运行的课程模式都处于这两个端点之间,选取两个端点连续体间的某一个位置点(人本、认知、多元智能、行为)或相邻点与点之间的综合,主要是由教师的课程素质决定的。根据学龄前儿童"学习直接经验"的要求,结合国内师资素质状况,笔者认为,结合认知取向和多元智能取向的地带是一个比较合适的取向选择,即以"主题活动"为主来开展教学。主要原因在于:一方面,主题活动能发挥教师在课程实施过程中的主导作用,有利于调动教师的积极性、能动性;另一方面,主题活动也能确保儿童在课程实施过程中的主体地位,有利于满足儿童学习与发展的特殊性需要。以下是主题活动的设计要点,通过展示其主要环节,以提供一个粗略的课程设计范例。

首先,确定主题。确定主题的一条基本原则就是"要联系儿童生活经验,并有利于拓展儿童已有生活经验"。根据"本土儿童"的教育目的,主题是来源于本土之中的资源,这要求我们在"联系儿童生活经验"时,将儿童经验置于"大自然、大社会"中进行考虑。同时,还要求教师要以维果茨基的"最近发展区理论"为指导,观察儿童,关注儿童的兴趣点,认真分析儿童已有的生活经验状况,衡量儿童经验拓展的可能空间。然后找到一个既能照顾儿童现有经验水平,又能拓展其经验的主题。

其次,形成主题网络图。主题网络图分为概念型网络图、领域整合网络图、活动型网络图等。在概念型网络图中,主要依据主题性质将其分为若干个二级概念、三级概念,主要是从逻辑构成上厘清主题脉络。在领域整合网络图中,主要结合五大领域(健康、语言、科学、社会、艺术)内容,直接将主题分为五个方面,然后在五个方面之下进行主题子活动的安排。在活动型网络图中,直接用活动来逐层标示主题。

再次,形成活动设计方案。活动方案具有典型的预设属性,相当于中小学的教案。课程实施者根据确定的主题以及形成的主题网络,结合主题活动的开展周期,形成主题活动设计学期计划、主题活动设计月计划、主题活动设计周计划、主题活动设计一日计划等等。在设计方案中,要重点体现活动目标、内容,资源整合及实施流程等。

最后,对主题活动内容的检核。主要根据方案内容,看主题内容对五大领域的反映情况。如有薄弱环节,应增加其他相应活动课程内容予以回应,以实现儿童发展的整体性。

当一份主题活动方案设计完成以后,课程实施者将其付诸实践,在实践中不断探索,不断修改,最终形成一份较为完善的主题活动实施方案。在此基础上,一方面可以尝试向更低结构的课程模式和取向走,更加注重儿童的个体差异性;另一方面,可以尝试进行推广交流工作,以扩展主题活动课程的影响面。

3.教师是关键:专业化的师资如何炼成?

显而易见,论及儿童在园生活体验的关联者,幼儿园教师是第一位的。一方面,在幼儿园中,幼儿"表现出先前被忽视的渴望:想要跟同伴一起成长、想要获得控制感、被理解、体验惊讶、与他人形成情感联接、在嬉戏中赶走不安和恐惧"[1]。这些体验,都是在其他场所体会不到或少有体会的。另一方面,在幼儿园中,对儿童发展影响最为重要的又是教师。3岁以下的孩子需要的不仅仅是看护,还需要具有专业教育方法和养育知识的教育者精心设计教育环境,给他们提供适合其发展水平的教育。帮助幼儿完成重要转折:从家庭环境中对父母的依恋转变为学校环境中对其他大人的依恋。[2]因此,我们应该创造一个充满爱的学校。[3]

马拉古奇等前辈在20世纪早期就认识到了学龄前儿童需要的不仅仅是一个"保姆"型的老师,更需要这个老师具有专业的教育方法和养育知识。这是基础。有了这个基础,才能设计出能更好促进儿童发展的教育环境。最为关键的是,要帮助儿童完成从"对父母的依恋"到"对幼儿园其他大人(主要是老师)的依恋"。论述之精辟,对幼儿园老师的要求不可谓不高:具备教育知识、方法,将知识、方法转变为教育环境的能力,接纳孩子并让孩子接纳的能力。

在我国颁布的《幼儿园教师专业标准(试行)》(以下简称《标准》)中,对幼儿园教师专业发展提出"十六字方针":师德为先、幼儿为本、能力为重、终身学习。并提出三个维度的内容:专业理念与师德、专业知识、专业能力。专业标准的提

---

[1] [美]卡洛琳·爱德华兹,莱拉·甘第尼,乔治·福尔曼.儿童的一百种语言——转型时期的瑞吉欧·艾米利亚经验(第3版)[M].尹坚勤,王坚红,沈尹婧 译.南京:南京师范大学出版社,2014:41.

[2] [美]卡洛琳·爱德华兹,莱拉·甘第尼,乔治·福尔曼.儿童的一百种语言——转型时期的瑞吉欧·艾米利亚经验(第3版)[M].尹坚勤,王坚红,沈尹婧 译.南京:南京师范大学出版社,2014:40-41.

[3] [美]卡洛琳·爱德华兹,莱拉·甘第尼,乔治·福尔曼.儿童的一百种语言——转型时期的瑞吉欧·艾米利亚经验(第3版)[M].尹坚勤,王坚红,沈尹婧 译.南京:南京师范大学出版社,2014.

出,是从国家意识层面承认了"幼儿教师"是一种专业,在一定程度上加强和规范了社会对幼儿教师的认识。

然而,直到今天,社会上还大量存在将幼儿教师视为"看护孩子""高级保姆"的人,将幼儿教师形象仅仅定位为"能歌善舞、年轻漂亮",缺乏对幼儿教师专业素养的科学认识。更为可悲的是,我们的一些幼儿师资培养院校(机构)不仅不加以积极引导,仍将培养重心放在了"琴、歌、舞、画"等上面,更是加深了人们对幼儿教师的这种印象。一些幼教机构在招聘师资的时候也是异常注重这些方面,形成了"异化"的用人导向,推波助澜地加强了这一固化印象。他们似乎都将幼儿园(幼教机构)当成了"纯粹"表演的舞台,老师是"演员",儿童是"观众"。有时候"演员"表演累了,也会叫"观众"上台跑跑龙套,客串一番。或者更确切点儿讲,老师是"导演",负责儿童的表演设计,以便儿童不时向社会、家庭会演,以证明自己的"教育成果"。实际上,我们在《标准》(或其他相关文件)中,根本就找不到"琴、歌、舞、画"等内容,更没有哪一条内容将教师的素养仅仅定位为"看护孩子"。

不论如何,大量事实都表明学前教育师资的专业素养不高(某种程度上社会将我们视为"看护孩子""高级保姆"的角色,事实是我们只有这样的"专业表现")、专业发展的环境不理想。结合以上事实,笔者拟从以下几个方面思考幼儿教师专业发展的问题。

首先,提升幼儿教师职业幸福感,打造专业发展的动力系统。教师职业幸福感是指教师个人需要满足与潜能实现而获得的快乐体验和对其生存状况与职场环境肯定的价值评判。[①]可以看出,影响教师职业幸福感的因素有内在因素和外在因素,但主要是内在因素。需要满足、潜能实现、价值判断属于内在因素,生存状况与职场环境属于外在因素,其通过作用于教师的价值判断而对教师的职业幸福感产生影响。因此,影响教师职业幸福感的根本因素在于内在因素。

不过,笔者更愿意从更深层次解读"需要满足"与"潜能实现"之间的内在逻辑对幼儿教师职业幸福感的影响。毫无疑问,需要满足与生存状况、职场环境有关。根据马斯洛的"需要层次理论",人的需要有五个层次:物质需要、安全需

---

① 曹俊军.论教师幸福的追寻[J].教师教育研究,2006(5).

要、归属和爱的需要、尊重的需要以及自我实现的需要。"潜能实现"属于自我实现的需要,在教师职业幸福感的概念中,"作者"将其与"需要满足"并列在一起,属于笔误,还是更有深意?对此,笔者认为这恰恰体现了教师在职场中的现实诉求和理想追求——低层次的需要是发展的基础,高层次的需要才是幸福的来源。作为幼儿教师,选择这一份职业,如果只有对物质等方面的欲求,看不到精神的灯塔,他(她)是不可能获得职业幸福感的;反之,如果只有精神方面的追求,而完全忽视(忽略)物质等方面的需要,同样,这种幸福也只能是虚幻的幸福,最终会给自己和身边的人带来困惑和痛苦。笔者在担任"重庆市幼儿园骨干教师培训项目"班主任助理期间,有学员讲:每天放学后,最怕碰见熟人,因为怕说话;回到家里,也只想一个人静静地靠在沙发上,不想说一句话……相信这是很多幼儿教师的体会,这种体会一方面折射出幼儿教师苦与累的现实;另一方面,或许也反映出幼儿教师自身将自己置入了苦与累的陷阱——在幼儿园什么都要管,完全掉入了琐碎的事务中,应了前面提到的"保姆型"教师的印象。这种状况只是让人看到了"物化"(也包括物质)的东西,不见精神层面(自我实现)的追求。俗语说"距离产生美感",作为幼儿教师,在投身幼儿园具体事务的同时,要有从具体事务中抽身出来的能力。如此,隔一段距离进行审视,才会发现其中的"美",才能体会到幼儿教育的快乐与幸福。不过,正如大多数人所认同的"幸福是一种能力",要获得职业幸福感,首先要具备获取幸福的能力——既要照顾物质等方面的诉求,又要有超越现实的精神方面的追求(自我实现)。这需要不断地学习、修炼、体悟,不是一朝一夕能够达成的,是与幼儿教师的初衷、坚持追求自我价值一起齐头并进的。不论如何,"职业幸福感"对幼儿教师专业成长至关重要,"它具有教育动源性质的精神力量,是教师做好教育教学工作的精神力量和前提条件。没有教师对教育发自内心的热爱和教师'自我实现'的成就感、满足感和幸福感,就不会有真正的教育"[1]。幼儿教师有了职业幸福体验后,除能为自身专业发展提供动力源泉外,笔者相信对师德与理念的涵养也会大有帮助。以此为基础,幼儿园才会成为散发浓浓爱意的场所,成就教师和儿童的共同成长。

其次,创生幼儿教师实践性知识,涵养教师专业智慧。在幼儿教师的专业

---

[1] 李旭,李静. 基于"自我指导学习理论"的农村中小学教师职后培训模式[J]. 继续教育研究,2012(4).

发展中,其中有一类知识对幼儿教师特别重要,那就是实践性知识。实践性知识是一个与显性知识和缄默知识紧密相关的概念。关于实践性知识,"它的组成既有显性知识又有隐性知识,既有公共知识的成分又有个人知识的成分在内,既有经验的知识又有理性知识"。[①]其具体构成见图7-2:

图7-2 实践性知识相关概念关系

因此,幼儿教师实践性知识是幼儿教师个体所拥有的实践性知识,也就是幼儿教师在应对幼儿教育情境中生成的关于"如何做"的相对稳定的策略性认识体系。

幼儿教师实践性知识因其实践性(策略认识体系),对幼儿教师专业成长而言,就显得特别重要。一直以来,教育学科因其理论与实践的脱节而深受诟病,甚至导致教育理论工作者和教育实践工作者之间成为对立的关系:

"1999年在杭州召开的一次全国性学术研讨会上,当研讨进入理论与实践关系的议题时,一位全国著名的幼儿教育实践人发表了一个在后来引起很大争论的看法,大意是这样的:理论人总是在前面挥舞大旗,让实践人冲锋,然后又告诉实践人'你们的方向错了'!我们实践人应该进行自己的独立思考,下次理论人再'挖坑',我们就不要再盲目地往下跳了。

一位老园长也说:'我们幼儿园的小老师们,又希望你来,又害怕你来。你讲的话她们听不懂,但又不敢问你。她们知道自己做得不够好,但又不知道怎样才能做得好。所以,听说你要来,她们会因为害怕上不好课而哭。你一走,她们

---

① 吴泠. 教师实践性知识的涵义[J]. 现代教育论丛,2006(6).

又因为不知道为什么自己总是弄不明白而哭。'"①

就知识的话语权来看,理论与实践之间是一种极不对称的关系,造成了理论与实践的脱节。针对这种脱节,有人提出"与研究者的'理论逻辑'不同,幼儿教师以'实践逻辑'为特征"②。不过,在笔者看来,这种对"实践逻辑"的强调,将"实践逻辑"与"理论逻辑"划清界限的做法,又在理论与实践之间造成了另一种不对称的关系,有"实践知识霸权"的嫌疑。也与论者对"实践逻辑"的要素——"惯习"——的论述相悖。因为按论者的说法,"惯习本身是历史的产物,由'积淀'于个人身体内的一系列历史的关系所构成,其形式是知觉、评判和行动的各种身心图式;但同时又是一种生成性的结构,它塑造、组织实践、生产着历史"③。可见,"惯习"本身就有理论逻辑的成分。

在这一点上,笔者认为不应走得太远。理论与实践之间、"理论逻辑"与"实践逻辑"之间不是对立的,理论工作者与实践工作者之间也不是对立的。只不过,我们现在确实没有找到较好的沟通桥梁来连接二者。当然,这种连接本身,或者说连接的尝试本身确实也应该是实践的,而不是静静躺着的理论教条。笔者认为,要实现幼儿教师实践性知识的增长,形成较为稳定的策略性认识体系,要紧紧抓住实践性知识的两个层面——实践性缄默知识和实践性显性知识。关于这一点,相关学者对"缄默知识显性化"的相关探讨可以给我们一些启示。

刘云艳等人认为,要使"缄默知识显性化",可以采用 RR 模型(representational redescription,表征重述模型)和 SECI 模型(隐性知识与显性知识转化的四种模式,包括社会化,socialization;外化,externalization;组合,combination;内化,internalization)④。RR 模型认为,知识的表征和再表征至少有四个水平,即内隐(I),外显 1(E1),外显 2(E2),外显 3(E3)。从内隐到外显 3,知识有不同的表征形式,"通达意识"的程度逐渐增加。据此,提出了"重述教育理念、重述教学

---

① 许卓娅. 学前教育与历史生态观[M]. 南京:江苏教育出版社,2006:255. 转引自:李丹. 幼儿教师实践性知识发展研究[D]. 重庆:西南大学,2011.
② 季云飞. 幼儿教师实践逻辑研究[D]. 南京:南京师范大学,2007:2.
③ 季云飞. 幼儿教师实践逻辑研究[D]. 南京:南京师范大学,2007:16.
④ 刘云艳,叶丽. 教师缄默知识显性化策略探讨[J]. 学前教育研究,2007(2).

行为、重述教学情境"[1]的显性化策略。SECI模型是日本学者野中郁次郎(Nonaka)等人提出的知识创生模型,就是知识的社会化——从隐性知识到隐性知识;知识的外在化——从隐性知识到显性知识;知识的组合化——从显性知识到显性知识;知识的内在化——从显性知识到隐性知识。[2]这是一个以隐性知识的分享为起点,又以新的隐性知识的创生为终点(新的起点)的循环模型。以此为依据,刘教授等人提出了"师徒式学习、镜面反思、打造学习型团队"[3]三种"缄默知识显性化"的策略。

那么,以上两种模型及其显性化途径对幼儿教师实践性知识的增长究竟有何帮助?笔者认为,两种模型之间存在内在的逻辑关系:RR模型所揭示的三种"重述"可以进入SECI的场域,摆脱个人"孤立"的局面,更好地实现实践性知识的习得。见图7-3:

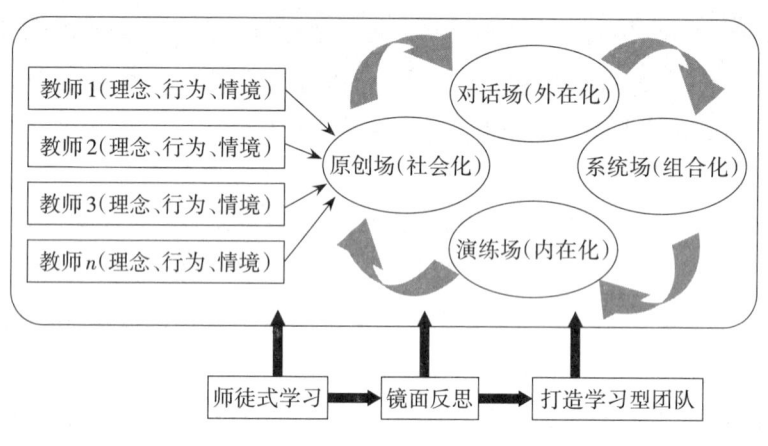

图7-3 幼儿教师实践性知识创生

每位幼儿教师带上实践性知识(关于教育理念、行为、情境的知识),进入知识的原创场,分享感觉、情感、经验和心智模式,个人与他人面对面,产生关爱、信任,从而形成个人知识转换基础;然后进入对话场,通过对话和反思,将个人心智模式和技能转换成公共术语和概念;通过信息技术构建相应的协作环境,以支持孤立的显性知识成分的组合;通过实际训练和积极的摸索参与行动,把

---

[1] 刘云艳,叶丽. 教师缄默知识显性化策略探讨[J]. 学前教育研究,2007(2).
[2] 杨南昌,谢云,熊频. SECI:一种教师共同体知识创新与专业发展的模型[J]. 中国电化教育,2005(10).
[3] 刘云艳,叶丽. 教师缄默知识显性化策略探讨[J]. 学前教育研究,2007(2).

系统化的显性知识内在化……结合具体条件,相应在每个场域运用师徒式学习、镜面反思和打造学习型团队三种学习方式,进行实践性知识的分享和学习。

幼儿教师通过实践性知识的创生循环,不断提高自己对幼儿教育场域的体悟,不断涵养生成自己的教育智慧。

再者,开展行动研究,提高幼儿教师的专业自信与专业能力。《幼儿园教师专业标准(试行)》中,指出了幼儿教师的一项能力要求:针对保教工作中的现实需要与问题,进行探索和研究。对教师而言,行动研究是一种比较适合开展研究的方式。"行动研究是由实际工作者在实际工作环境中,进行探究、解决问题、改善专业的一种研究活动范式。行动研究可以帮助工作者改善不同工作状况下的实际问题。"[1]可以看出,行动研究的发生场域在实际工作环境中,研究取向是问题取向,其目的在于解决问题和改善专业。行动研究之所以重要,因为"行动研究是克服教育理论与实践之间长期存在的脱节现象而提出的一种新的教育研究方法论"[2]。行动研究的开展不仅可以解决教师在实践中遇到的问题以改善自己的专业,而且可以使教师从"话语"(理论)的执行者转变为"话语"的生产者和消费者,从而获得话语权,提升自己的专业自信,提高自己的专业能力。

行动研究的特征包括参与、合作、改进、系统。[3]"参与"即教师参与行动研究,也可以理解为"教师成为研究者",揭示出教师获得研究者的合法身份的过程特征。"合作"主要是指教师与外部群体或制度合作。为保证研究的顺利开展,不同人员、群体、组织之间的合作是必要且重要的。不过,与以往不同的是,教师由以前的被研究的"对象",转变为研究中平等的合作者。"改进"主要是"改进学校实践",行动研究的目的不是为了构建宏大的教育理论,而是扎根于学校实践,探寻适合本土发展的地方性理论。"系统"主要是指行动研究必须使用某种科学的方法,而不使自己沦落为"随意性问题解决"。一方面包括系统地收集资料、分析资料和解释的方法;另一方面也表明了整个行动研究的开展是一种"系统"的整体反应,各系统要素间需紧密配合,互相支持支撑。

如何合理开展行动研究,对幼儿教师来说至关重要。20世纪80年代,凯米

---

[1] 蔡京玉.行动研究对中小学教师专业发展的助推作用研究[D].长春:东北师范大学,2013:5.

[2] 张晓艳,庞学慧.论行动研究[J].中北大学学报(社科版),2005(5).

[3] 刘良华.行动研究:是什么与不是什么[J].教育研究与实验,2001(4).

斯将勒温的"螺旋循环"稍加改造,构成计划—行动—观察—反思—再计划",有人称之为"凯米斯程序"或"迪金程序"。①结合"凯米斯程序",行动研究可以遵循以下程序(见图7-4):

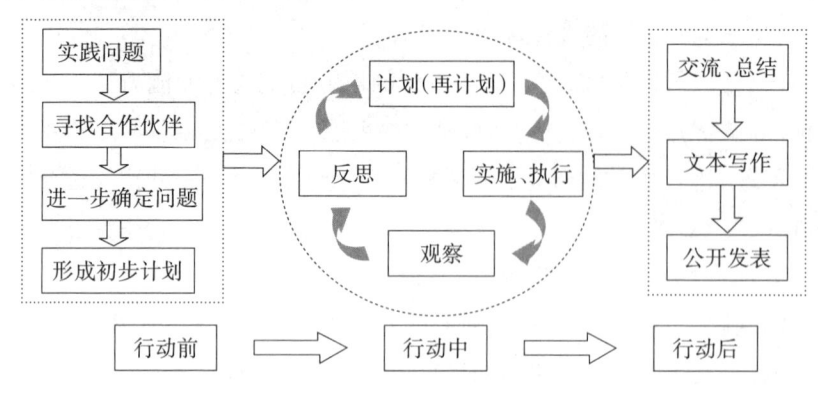

图7-4 行动研究实践运行图

从图7-4可以看出,行动研究前,幼儿教师或理论工作者发现了教育实践中的某一个问题,根据问题寻找恰当的合作者,确定合作关系后,进行深入的探讨和意见交换,进一步确立问题,并形成初步的计划方案。行动研究中,进入实践场域,在初步计划的基础上形成较为成熟的计划方案;教育实践工作者实施计划方案;实施过程中,通过观察进行系统的资料收集;各合作方进行较为深入的交流反思,进一步修订方案;依据新修订的方案开展新一轮的行动研究……如此,不断反复循环,直至获得令各方都较为满意的结果。行动后,对行动研究中的整体情况展开讨论交流,总结适合指导实践的本土化理论,并组织人员进行文本写作,公开发表。

(三)儿童社区教育:如何让儿童意识渗入社会各领域

幼儿园处在一定的社区(社会)之中,家庭也是构成社区的基本单位。一方面,儿童社区教育是在一个更大范围内论及儿童教育,无形中也将家庭教育及幼儿园教育纳入其中,形成一个整体。另一方面,社区教育因为面临更为复杂的社会关系,往往又与家庭教育、幼儿园教育处于一种紧张对立的关系中——家庭教育关注儿童个体教育与社区教育关注儿童整体教育,幼儿园教育关注儿

---

① 刘良华. 行动研究:是什么与不是什么[J].教育研究与实验,2001(4).

童教育理想与社区教育关注儿童教育现实。换句话说,我们想让家庭教育、幼儿园教育的理念改造社区教育,但社区教育反过来对二者的影响却无处不在。因此,为了营造更利于儿童学习与发展的环境,需要将儿童意识渗入社会各领域,让儿童在社区中"看得见"。

1. 儿童观的重新审视:儿童是什么?

在思考儿童教育过程中,儿童观属于成人意识形态方面的内容。儿童观是指人们对儿童的根本看法、态度,它与教育观、教师观、学习观、发展观等紧密相关。从形态上儿童观可分为:社会主导形态的儿童观、学术理论形态的儿童观、大众意识形态的儿童观。[1]如上所论,三种形态的儿童观既统一又斗争。社会主导形态的儿童观主要表达执政者的意志,体现在相应的儿童法律与政策制定中;学术形态的儿童观追求一种本质的、纯粹的儿童教育理想,表达在诸多学术著作及相应儿童教育实践中;大众形态的儿童观渗透于社会生活的方方面面,隐藏于成人对儿童的衣食住行的设计安排之中。比较三者,社会形态的儿童观最为强势,涉及多方利益平衡;学术形态的儿童观最为弱势,也最为单纯;大众形态的儿童观力量不可小觑,也最为复杂。儿童观隐藏于人们的大脑中,就像一双无形的手,影响着人们对待儿童的态度、方式和行为。在儿童教育实践中,我们对儿童的观点或多或少都会受到以上三种形态的儿童观的影响。要让三者在一个相对统一的语境层面上对话,需要回到原点"儿童是什么"的讨论上。

"儿童是什么"是一个比较复杂的问题,似乎有一种"不说还知道,一说全然不知"的感觉。历史上,说法各异。从"儿童是小大人"到"儿童不是小大人",几乎见证了该时段整个人类社会政治、经济、文化发展的变迁。现实中,要形成一种对儿童统一的认识实属不易。原因在于研究者(每一个人、每一类人群)的经验和视角是大有差别的;更为关键的是,现实中的儿童(被研究者)也因其不同的生活际遇而表现迥异。前者类似于现象学中个体的意向结构,这一意向结构在现实意义上是具体的、特殊的;后者展示的则是儿童的发展历程,塑造了个体儿童的特殊性。要认识理解个体儿童的特殊性,在很大程度上要看个体的意向结构中有没有与儿童个体类似的经历体验、有没有对儿童个体当下现实的"敞开",实现并扩展与儿童个体的"视域融合"——解释者不断从自己原有的视域

---

[1] 虞永平. 论儿童观[J]. 学前教育研究,1995(3).

出发,在同被理解对象的接触中不断地检验我们的成见,不断地扩大自己的视域,从而两个视域相融合形成一个全新的视域。[①]因此,我们对儿童的认识只是相对的,并不能达到对儿童的绝对理解和把握。在教育实践中,我们缺乏对这种"相对性"的足够重视,总是固执于已有的看法,用一种不变的眼光去看待儿童。由此带来对儿童特殊性、儿童需求的理解和把握不够,为儿童的成长增添了危机因素,也给自己的教育实践带来了困惑。

如前所述,我们只能够说儿童既是一个与年龄相关的生物学概念,与人的大脑机制的成熟、各个系统,特别是神经系统的发育完善以及相应的人的心理发展程度紧密相关。同时,儿童更是一个历史生成、社会建构的概念。儿童与成人共同参与儿童这一概念的建构,且成人对儿童概念的建构要以儿童对其自身的意义建构为基础,结合一定的社会历史及现实状况,最终完成儿童概念的建构。儿童就是在其年龄特征上加上这种共同的意义建构而得以识别和界定的。就年龄而言,儿童在当下大多数社会(文化)中指0—18岁这一年龄段群体。基于此,笔者以为,我们需要一种更为本体的儿童视角为我们认识和理解儿童提供方法论的指导。在实践中,不断运用这种方法指导去认识儿童的特殊性,实现对儿童的真正理解和把握。

回到上面我们给"儿童"下的定义:成人对儿童概念的建构要以儿童对其自身的意义建构为基础。"儿童对其自身的意义建构"究竟意味着什么? 在儿童作为"存在者"的层面,这种"意义建构"可以理解为儿童在现实生活中通过自身的生长历程所展示出来的一切现象和本质。那么,我们可以循着海德格尔的灵光,追寻儿童在"在"的层面上,这种"自身的意义建构"又意味着什么? 这涉及意义的本源探求问题。同时,"儿童既是一个与年龄相关的生物学概念,与人的大脑机制的成熟、各个系统,特别是神经系统的发育完善以及相应的人的心理发展程度紧密相关"。这句表述中出现了"大脑机制""神经系统"这样一些生物学术语,这是儿童最初的起点,"在"就在这个地方。要理解这一点,还需关注"0—18岁"这一年龄段。如何理解"0"这一概念? 老子《道德经》中言道:"无,名天地之始;有,名万物之母。""无"并非真空,而是孕育着事物发展的多种可能性。事物通过自身的矛盾运动,生出最简单的"有",这一过程就是"无中生有"。

---

① 张习文. 伽达默尔视域融合理论研究[D]. 济南:山东师范大学,2012:1.

这个简单的"有"就是"一",所以老子又说:一生二,二生三,三生万物。隐藏于"生"背后的东西,在老子那儿被称为"道",在海德格尔那儿就被称为"在"。"0"在这个地方就相当于老子的"无",放在儿童的发展历程中,就是在孕育生命的那一刹那——受精卵在母体子宫着床的那一刻。因此,"0"不是从儿童呱呱坠地那一天算起,而是要追溯到更前面的时间端点。"在"作为儿童"无中生有"的那一刹那端点,就是那一刻的所有条件的融合物——主要融合了一定社会历史文化印记的家族生理遗传特性。

儿童的生理遗传特性是儿童原初的底色,是其学习与发展的基础,构成最为基本的生理层面的儿童。从生理层面的儿童出发,逐渐有了作为心理层面存在的儿童、作为社会层面存在的儿童、作为哲学层面存在的儿童……各个层面的儿童既相互影响,又在一定程度上构成了一种纵向的进阶。作为心理层面存在的儿童显示了儿童各种心理特征及形成过程,作为社会层面存在的儿童揭示了儿童与世界发生互动后的关系现状,作为哲学层面存在的儿童则彰显独属于儿童的精神世界。因此,要回答"儿童是什么"的问题,需要从以上四种儿童存在维度进行审思,将四种维度融会贯通,最终构建儿童整体性存在,从而把握儿童的整体性生命意义。

2. 构建生态和谐的学前教育社会支持系统

亲职教育的开展、父母角色的实现、幼儿教师的专业发展,甚至是科学的儿童观和教育观的形成等都离不开整个社会的支持和参与。构建适合学前教育整体发展的社会支持系统就变得尤为重要。回到学前教育的最根本的目的——促进儿童的发展,我们可以从布朗芬布伦纳的生态系统理论中获得启示。

布朗芬布伦纳指出,人类发展生态学是"对不断成长的有机体与其所处的变化着的环境之间相互适应过程进行研究的一门学科,有机体与其所处的即时环境的相互适应过程受各种环境之间的相互关系,以及这些环境赖以存在的更大环境的影响"[1]。"这里所指的环境比普通心理学和发展心理学所指的环境更为广阔,而且各种不同层次、不同性质的环境相互交织在一起,构成了一个既具有中心,又向四处扩散的网络。布氏将之称为生态环境(ecological environ-

---

[1] Bronfenbrenner, U. (1979).The Ecology of Human Development, MA:Harvard University Press, pp.21.转引自:王雁. 一个农村家庭式幼儿园园长办园经历的叙事研究——人类发展生态学的视角[D]. 上海:华东师范大学,2007:3.

ment)."①生态环境包括微观系统(microsystem)、中观系统(mesosystem)、外在系统(exosystem)和宏观系统(macrosystem)。微观系统处于环境最内部,是儿童在即时环境中的活动和相互作用。中间系统包括微观系统中的联系,如儿童成长的家庭、幼儿园(学校)、邻里。外在系统指那些儿童并未直接参与但对他们的发展产生影响的系统。这些社会环境是正式的组织,如父母的工作场或社区的健康福利机构。宏观系统处于模型的最外层,它包括价值观、法律、习俗和特定文化来源。除此之外,还存在一个动态变化系统,在布朗芬布伦纳的生态系统理论模型中,"环境并非是按照固定方式始终如一地影响着儿童的静态力量,相反,它是动态的,时时变化着的"②。一方面,系统之间是相互联系、互相影响的。从宏观系统到微观系统,会产生一系列的影响,反之,从微观系统到宏观系统,也会产生一系列的反作用力。另一方面,"儿童既是其环境的结果,也是环境的创造者,这两种关系构成了一个相互依存影响的网络"③。环境因素作用于儿童,儿童会根据自己所拥有的生理、智力、人格特征及以往经验(经历)对环境做出选择、更改及创造,这与童年社会学倡导的"儿童对社会的阐释性再构"是一致的。

首先,全社会要树立"儿童意识",打造利于儿童发展的宏观系统。虞永平教授指出:"要使学前教育好春常在,就必须唤起公众的'儿童意识',使全社会真正正确认识到学前教育的价值,真正意识到社会、家庭和政府对学前教育的责任,使儿童在公众心目中的中心地位得到确立,让儿童享受幸福的童年成为一种重要的公众意识,让关注儿童、保障儿童优先成为重要的公众素质。"④在这一点上,国家政策导向对儿童意识的形成非常重要,国家有义务和责任倡导一种有儿童意识的文化价值观(儿童观和教育观),并将其渗入社会政策中,为儿童的健康发展提供适宜的宏观环境。

其次,社会各组织机构要通力合作,构建促进儿童健康成长的外在系统。瑞吉欧·艾米利亚建立的教育公共体系就是一个成功的范例,可以为我们带来

---

① 王雁. 一个农村家庭式幼儿园园长办园经历的叙事研究——人类发展生态学的视角[D]. 上海:华东师范大学,2007:3.

② [美]劳拉·E.贝克. 儿童发展(第五版)[M]. 吴颖 等译. 朱永新 审校. 南京:江苏教育出版社,2002:36.

③ [美]劳拉·E.贝克. 儿童发展(第五版)[M]. 吴颖 等译. 朱永新 审校. 南京:江苏教育出版社,2002:37.

④ 虞永平. 让"儿童意识"融入公众意识[J]. 幼儿教育,2011(27).

一定启示。在这个公共体系中,整个社会都倡导一种"儿童中心"的生活。为了儿童的健康发展,社会各界都积极参与,贡献出物质资源和智慧,也最终使瑞吉欧·艾米利亚这个意大利的北方小镇成为全世界以教育立市、教育养市的为数不多的城市之一。因此,构建促进适宜儿童发展的外在系统,需地方政府统筹、教育部门具体负责、其他组织机构积极参与,共同搭建各种平台,将"儿童意识"转化为一种"儿童中心"的社会生活实践。例如亲职教育、教师专业发展等,必须社会各组织机构通力合作,贡献各自的资源和智慧,才能真正取得实效,打造出促进父母角色转换及教师专业发展的平台,形成儿童健康成长的良好环境。

再者,家庭、幼儿园、社区(邻里)要真诚合作,共同为儿童营造一个充满"爱"的环境(中间系统)。我们可以倡导一种儿童生活共同体,由家庭、幼儿园、社区共同参与,"儿童的健康成长"就是我们的共同愿景。对成人而言,孤独、苦闷、劳累让人产生一种需要,那就是应有一个地方让他忘记自己是一个独立于世的个人,而日常生活领域就是这样一个地方。[1]这个儿童生活共同体就是类似"日常生活领域"的地方,也是我们获得依靠、支持、慰藉[2]的场域。对儿童而言,它就是一个游戏共同体、交往共同体和生活共同体[3]。

另外,家长、教师是儿童即时生活中的重要关系人,要倡导真正意义上的"家园合作"(微观系统)。各个系统中的影响最终要落到儿童的即时生活,才能对儿童产生真正影响。在儿童的即时生活中,家长和教师是其重要关系人,凝结了从宏观到微观的影响因素。因此,对于学龄前儿童来说,双方要倡导一种真正意义上的"家园合作",形成支持儿童健康发展的微观系统。现实中,我们的"家园合作"很多时候流于形式。笔者认为,只有我们对幼儿园和家庭的各自优势了解清楚了,在促进儿童的发展中,才能更大限度地发挥其作用。幼儿园的优势在于,能为儿童提供社会性交往环境,幼儿园老师是儿童社会性生活的直接目击者,与群体儿童相处的时间较久,更容易发现儿童社会性生活的优点和不足。家庭的优势在于,与个体儿童相处的时间更长、更深入,更有利于对个体儿童施加教育影响,满足儿童的特殊需要。因此,家庭与幼儿园的合作或许

---

[1] 张康之,张乾友. 共同体的进化[M]. 北京:中国社会科学出版社,2012:47.

[2] 就笔者的体验,在养育儿童的过程中,年轻父母会产生焦虑、孤独、无名的烦恼,特别需要外界的安慰和支持。

[3] 王海英. 儿童共同体的建构[M]. 北京:高等教育出版社,2008:225-227.

意味着:幼儿园把更多精力放在儿童发展等方面的观察上,发现每一位儿童的优点和不足,将这些优点和不足与家长进行及时、充分的交流,并为家长提供改进的专业性建议;家庭要针对个体儿童的优点和不足,结合自己的观察了解,主动与幼儿园老师一起制定帮助儿童发展的计划。

最后,统合宏观系统、外在系统、中间系统和微观系统,推动各系统之间的动态发展。布氏的生态系统理论还包括一个"动态系统"。笔者认为,"动态系统"意味着整个系统的横向联系和纵向发展。"统合"各个系统就是要抓住这种横向联系和纵向发展,推动整个系统的动态发展。一方面,整个系统是一个开放的、相互联系的体系。要使"儿童意识"渗透到系统环境的每一个角落,系统间需保持开放联系,形成有效的传播沟通渠道。在实践层面上,外在系统和中间系统的联结作用尤为重要。在"儿童意识"的支撑下,外在系统、中间系统积极实践,将这种意识传递到影响儿童发展的微观系统,使微观环境表现出利于儿童发展的行动。另一方面,整个系统又是纵向发展的,生态系统的"动态、时时变化"等特征为儿童发展创造出一个个"时间节点"(儿童发展的关键时间点上的关键事件)。这些"时间节点"凝结了儿童发展内、外环境的影响,符合埃里克森提出的"同一性渐成说"理论:这些"时间节点"既是儿童发展的机会,同时也容易转变成儿童发展的危机。在此意义上,笔者认为,动态系统最重要的启示意义在于,为儿童提供支持,将每个"时间节点"的危机转化为促进儿童发展的机会。

二、方法启示:如何走进儿童生活世界?[①]

认识、理解儿童是教育儿童的前提。

"有怎样的儿童观,便有相应的教育观。"[②]成人有何种教育观,取决于其所持有的儿童观;成人形成"怎样的儿童观",又取决于其认识理解儿童的方法论。因此,笔者再次重申,"认识、理解儿童是教育儿童的前提"。那么,如何走进儿童生活世界,深刻认识理解儿童?

第一,面向儿童本身,摒弃一切关于儿童的"先入之见"。现象学的一条基

[①] 该部分内容主要来自笔者等人的一篇文章。见:李旭,梁文昕,康佳琦.儿童生活世界的"蒙蔽"与"敞亮":绘本《公主的月亮》中儿童视角的方法进路[J].教育文化论坛,2022(3).

[②] 刘晓东.童年何以如此丰饶:思想史视角[J].南京师大学报(社会科学版),2017(5).

本原则是"面向事物本身",即"合理地或科学地判断事物,这意味朝向事物本身(Sich nach den Sachen selbst rich ten)……并清除一切不合事理的先入之见"[1]。依据现象学的基本原则,"面向儿童本身"指成人转变自身角度和立场,变"背向儿童"为"朝向儿童";随着这种转变的发生,成人将原有对儿童的"先入之见"(自然主义态度)摒弃,以"空杯子"的状态面对儿童,回到儿童本身。如何做到"摒弃自然主义态度"?答案是"反思"(Reflection),通过"反思"对相关态度进行"悬置"(Epoche)。"反思"意味着认识主体对自身的超越[2],即"不是在直向生活的大河中顺流而下,而是要将自己升高到河流之上"[3],创造出一个"主我",以审视自身、俯瞰全局。通过这种"反思",我们得以将原有的态度"悬置"起来,即"将我们的经验信念成分纳入括号、排除、取消、使失去作用"[4]。这类似于阳明先生的"无善无恶心之体",去除杂质获得"本心"的过程。当我们带着"本心"面对儿童,做好接受来自儿童的"映射"的准备。我们要意识到,远离儿童展开的任何讨论不仅无益于认识理解儿童,反倒会构成相应的阻碍;最有效的办法就是直面儿童,将"先入为主"的想法"悬置"起来,抛弃"书斋式"的儿童想象,"去问问孩子"。

第二,成人与儿童构建起"主体间性"(Intersubjectivity),彼此在不断地"敞开"中互相"显现"。人与人之间的理解何以可能,主要源于世界有一个普遍的、不依赖于个体而存在的交互主体性的世界——"为每个人在此存在着的世界,是每个人都能理解其客观对象(Objekten)的世界"[5]。因此,理解以"承认他者也是主体"作为前提。当我们调整我们的立场,面向儿童本身,从摒弃我们"先入之见"开始,事实上我们不仅仅将儿童视为对象化的存在,更是将其看作主体的存在。在"我"与儿童之间,不是单纯的主客体关系,而是主体间的关系——"我"是主体,儿童也是主体。而且,一方主体地位的确立需以另一方主体地位

---

[1] 张庆熊."朝向事物本身"与"实事求是"——对现象学和唯物论的基本原则的反思[J].哲学研究,2008(10).

[2] 李旭.从解构到重构:视域融合中的儿童生活叙事研究[J].安徽师范大学学报(人文社会科学版),2016(6).

[3] [德]埃德蒙德·胡塞尔.现象学的方法[M].倪梁康 译.上海:上海译文出版社,2005:28.

[4] [爱尔兰]德尔默·莫兰,约瑟夫·科恩.胡塞尔词典[Z].李幼蒸 译.北京:中国人民大学出版社,2015:74.

[5] [德]埃德蒙德·胡塞尔.生活世界现象学[M].克劳斯·黑尔德 编.倪梁康,张廷国 译.上海:上海译文出版社,2005:156.

的保证为前提,一切事件的发生都是交互性的:"我"与儿童相互凝望、相互观察、相互聆听、相互交流与讨论……在相互不断地"敞开"中"显现"各自的"本己之物"。这是成人把握儿童视角进路、深刻理解儿童(也是儿童理解成人)的关键一环,儿童视角进路后续环节都以此为基础。各自"是其所是"的"显现"就是各自的"本己之物",对成人而言,就是"儿童的视角",即"儿童'由里及外'(inside out)的观点或立场表达"[1],是儿童视角得以实现的凭借。在儿童生活世界中,我们通过专注的聆听、耐心的询问,保持对儿童相关想法的惊讶、好奇。一方面,我们的世界被儿童打开了,"显现"出比以往(或其他成人)多得多的世界意义;另一方面,儿童也受到我们的"鼓励",将更多的"本己之物"向我们"显现"。至此,在儿童与成人之间就构建起一种关系——主体间性——我们借此获得了儿童内心的真实想法。

第三,成人与儿童走向"视域融合"(Horizont-verschmelzung),在共同经验中实现"移情"(Empathy)。当成人与儿童间构建起主体间性,达成了彼此之间"敞开心扉"、相互"显现"的关系结构,接下来就是如何理解或解释各自相互的"显现"之物。现象学的"视域融合"能够为此提供进一步的支持。"视域"(Horizont)一词在胡塞尔那里与日常语言中的意义类似,指一个视角的视域规定着人的视见之范围,并包括可以从一特殊观点所见的一切。于是视域就是我们的经验界域,它相当于一显然不超过的界限(希腊词 horos 意味着"边界")。[2]"视域融合"则涉及精神科学的理解问题,首先要解决的就是理解的基础。海德格尔指出:"把某某东西作为某某东西加以解释,这在本质上是通过先行具有、先行视见与先行掌握来起作用的。解释从来不是对先行给定的东西所作的无前提的把握。"[3]这种先行具有、先行视见及先行掌握构成理解的意义,当某某东西得到解释,得到领会,"我们就说:它具有意义"[4],"先行具有、先行视见及先行掌握

---

[1] D. Sommer, I. P. Samuelsson, K. Hundeide. Child Perspectives and Children's Perspectives in Theory and Practice, New York: Springer Science + Business Media B.V. 2010, pp.vi.

[2] [爱尔兰]德尔默·莫兰,约瑟夫·科恩. 胡塞尔词典[Z]. 李幼蒸 译. 北京:中国人民大学出版社,2015:110.

[3] [德]马丁·海德格尔. 存在与时间(修订译本)[M]. 陈嘉映,王庆节 译. 北京:生活·读书·新知三联书店,2006:176.

[4] [德]马丁·海德格尔. 存在与时间(修订译本)[M]. 陈嘉映,王庆节 译. 北京:生活·读书·新知三联书店,2006:177.

构成了筹划的何所向。意义就是这个筹划的何所向,从筹划的何所向方面出发,某某东西作为某某东西得到领会"①。这类似于伽达默尔的前理解或前见,既具有历时性,也具有共时性。"前理解或前见是历史赋予理解者或解释者的生产性的积极因素,它为理解者或解释者提供特殊的'视域'(Horizont)……理解者和解释者的任务就是扩大自己的视域(Horizont),使它与其他视域相交融,这就是伽达默尔所谓的'视域融合'(Horizont-verschmelzung)。"②当成人与儿童相遇,从成人理解儿童的角度,不是单纯让成人或儿童改变他们的"视域",而是要扩大各自的"视域",或者在扩大各自"视域"中进行视域改造,从而为二者之间视域的交融提供机会。成人与儿童愿意克服以前的视域局限,以一种开放的态度去扩大自己的经验,积极寻找经验中与他者的相同部分,实现"移情"——"某人感觉(或设想)进入另一个意识、心灵或精神(包括动物)的第一人称的、经验性的生活之方式"③,从而促进深度理解的发生。在儿童生活世界中,做出视域调整一方的是成人,在儿童的"循循善诱"下,他扩大自己的视域边界,最终找到与儿童视域叠合的部分,实现了对儿童的理解。这里值得注意的一点是,作为成人,为了深入认识理解儿童,首先需要主动做出调整,扩大或改造自己的视域,找到与儿童经验相同的部分,达成"移情",实现"视域融合"。

第四,走进"儿童生活世界"(Children's Life-World),在时间意识中寻求儿童生命意义的整全。一方面,儿童生活世界是儿童视角的实践场,"儿童视角就是成人穿行于儿童生活世界的'修行',是与儿童的互相走向、走近及走进"④。其中,"走进儿童"是儿童视角深层次的目标,即"做儿童生活世界返璞归真的'明悟者'"⑤。另一方面,"儿童生活世界是儿童意义的完整展开:既包括儿童当下状况及体验,又包括儿童当下状况及体验的发生境域"⑥。儿童生活世界以胡

---

① [德]马丁·海德格尔. 存在与时间(修订译本)[M].陈嘉映,王庆节 译. 北京:生活·读书·新知三联书店,2006:177.

② [德]汉斯-格奥尔格·加达默尔. 真理与方法——哲学诠释学的基本特征[M].洪汉鼎 译. 上海:上海译文出版社,1999:8(序言).

③ [爱尔兰]德尔默·莫兰,约瑟夫·科恩. 胡塞尔词典[Z].李幼蒸 译. 北京:中国人民大学出版社,2015:64-65.

④ 李旭. 儿童视角:成人认识理解儿童的有效路径[J].今日教育(幼教金刊),2019(12).

⑤ 李旭. 儿童视角:成人认识理解儿童的有效路径[J].今日教育(幼教金刊),2019(12).

⑥ 李旭,李静. 现象学视域下儿童生活世界的含义及认识路径[J].全球教育展望,2014(7).

塞尔生活世界理论作为基础,吸纳海德格尔"此在"——存在者的存在——的设定,将儿童当下"本质直观"(儿童视角的内容)作为认识理解儿童生活世界的基础,儿童视角接受来自儿童生活世界此一方法的指导。而且,时间是第一个被意识到的东西,意识是一条体验流,即一种流动的多样性。这种体验流的多样性的综合统一在胡塞尔看来就是时间性。[1]并且,"通过回忆和期待,我将过去和未来当下化,即我将现实的、当下的、或近或远的时间性'环境'(Umgebung)当下化⋯⋯所以,'回忆'和'期待'的被给予方式被归结到'当下拥有'的被给予方式上"[2]。如此,"不论是儿童的过去,还是儿童的将来,都将以'当下化'的方式凝集到儿童的现在之中"[3],这使得儿童生活世界以"儿童当下状况及体验"出发,寻求儿童整体生命意义(过去的儿童、现在的儿童及将来的儿童)成为可能。将儿童置于儿童生活世界、纳入现象学的"内时间意识"(意识进程的时间)之中进行审视,可以实现儿童视角的超越。因此,运用儿童视角"走进儿童生活世界",既要把握儿童的共时性,对儿童当下状况及体验——"儿童如是"——进行描述;又要指向儿童的历时性,追溯其发生境域,对"儿童为何如是"进行诠释。如此,儿童视角促成儿童生活世界历时性与共时性的融合,获得对儿童生活世界整体意义的把握,真正实现"深刻认识、理解儿童",为教育儿童提供有效的基础前提。

三、结语

2013年6月临近结束,笔者离开了S幼儿园大E班。然而,笔者的心情并不轻松,但心存希望。希望A儿童进入新的环境,能走出"束缚"自我的"居所";希望C儿童在今后的学习生活中,能继续足够坚强地迎接生活的挑战;希望W儿童在与同伴相处的过程中,能收获认同和友谊;希望J儿童能继续那样自信从容,走出属于自己的精彩。而且,笔者也相信,每一位儿童所遇到的困境与挑

---

[1] [德]埃德蒙德·胡塞尔. 生活世界现象学[M].克劳斯·黑尔德 编. 倪梁康,张廷国 译. 上海:上海译文出版社,2005:18-19.

[2] [德]埃德蒙德·胡塞尔. 生活世界现象学[M].克劳斯·黑尔德 编. 倪梁康,张廷国 译. 上海:上海译文出版社,2005:20.

[3] 李旭,李静. 现象学视域下儿童生活世界的含义及认识路径[J].全球教育展望,2014(7).

战,也正是他们成长的出路与机会。正如鲁迅先生所说:"希望是本无所谓有,无所谓无的。这正如地上的路,其实地上本没有路,走的人多了,也便成了路。"儿童的人生之路并非预设,它需要儿童成为一个勇敢的、坚强的、乐观的、充满信心的生活世界践行者,去走出独属于自己的人生意义之路、价值之路。成人需要做的:既通过自身的勇敢、坚强、乐观及信心的率先垂范将之赋予儿童,也从儿童那里不断吸纳勇敢、坚强、乐观及信心以滋养自我生命。

确定以儿童在园生活体验为题并展开研究,也开启了笔者的体验之旅。在A身上,笔者看到了一个园内游离、生活自理能力差、顺从、退缩而园外轻松欢快的小女孩;体会到了A在园的不安、焦虑、厌恶以及内心强烈渴望认同、渴望"爱"。在C身上,笔者看到了一个在班级中拥有权威、能力出众的小男孩,通过进一步的了解,体会到了其"风光"背后的累与烦以及疑虑与不安。在W身上,笔者看到了一个"喜欢"挤撞他人(物)、支配他人、易发生冲突、爱辩解的小女孩,并进一步体会到了其渴望关注、渴望认同的强烈愿望。在J身上,笔者看到了一个在园"问题重重"但却自信从容的小女孩,体会到她的快乐自信和轻松愉悦,同时感受到她的一丝委屈。通过进一步的研究,笔者发现,家庭因素对儿童成长的影响重大。A家庭的过度呵护和父母角色的缺失、C家庭中外婆的教育影响及父母角色的相对缺位、W特殊的家庭成长环境及关爱的缺失、J家庭的特殊结构及母亲的教育付出,在很大程度上影响了四名儿童在园生活及体验。此外,幼儿园形式化的活动组织、活动中的不公平、对儿童天性及儿童成长中特殊需要的忽视也是形成S幼儿园儿童在园生活及体验的重要因素。同时,社会环境对家庭和幼儿园的影响以及整个儿童生活世界的危机也是造成儿童在园生活及体验的深层因素。

通过研究,笔者深深地感受到:儿童是什么样的,要看我们眼中有没有"儿童"。儿童来到我们的生活世界,不是为了接受我们的主宰和漠视。儿童身上所拥有的生命能量,恰恰是激励我们勇敢向前、激励世界勇敢向前的动力。我们不仅不应该主宰和漠视,反而应认真理解和体悟儿童。

儿童成什么样的,得看我们提供什么和怎样对待。大处着眼,儿童与我们共享一个世界,只有将儿童生活世界深深融入我们的世界,我们才能为儿童提供一片宽厚无限的土地,让儿童在成长之路上稳步前行;小处着手,我们只有真正理解儿童,在儿童生活世界中认真回应儿童的一颦一笑、一举一动,才能滋养儿童内在的精神能量,让儿童在成长之路上勇往直前。

笔者真诚地期望,我的孩子不仅仅是我的孩子,他(她)也是你的孩子,是我们大家的孩子;你的孩子也不仅仅是你的孩子,他(她)也是我的孩子,是我们大家的孩子。我们的孩子都是社会的孩子,是整个世界的孩子。梁任公百年前言:"少年智则国智,少年富则国富;少年强则国强,少年独立则国独立;少年自由则国自由,少年进步则国进步;少年胜于欧洲则国胜于欧洲,少年雄于地球则国雄于地球。"笔者以为:儿童强则世界强,儿童自由则世界自由。笔者愿意,为"儿童的强"倾尽一己微薄之力,也更希望整个社会为"儿童的强"贡献出应有的绵绵之力!

附　录

附录1　儿童在园生活互动事件观察记录表

观察对象：　　观察时间：　　观察地点：　　记录人：

时间	互动事件				
	实地笔记				个人思考
	背景说明	施动者行为	反馈者行为	过程描述	

说明：基于观察场所中互动类型会发生转换，本表格没有对师幼互动、亲子互动、同伴互动三种互动类型进行区分，在记录中会对不同的互动类型做出说明。同时，施动者与受动者也体现在具体记录中。以某一项活动的开展时间为总体时间（如幼儿园中的集体活动），以某一项互动事件的时间为单位时间（如老师对幼儿活动的指导行为）；互动事件的观察记录包括实地笔记和个人思考，在实地笔记中对观察到的互动事件尽量做到客观记录，而在记录中产生的个人想法在个人思考中进行及时记录。

附录2　幼儿访谈提纲

访谈对象：　　访谈时间：　　访谈地点：　　记录人：

一、围绕幼儿作品

（一）您在图画（手工作品或其他）中画的（做的）是谁（什么）？

（二）您给我说一下你的图画（手工作品或其他）是什么意思，好吗？您为什么要这样画（做）呢？

二、围绕幼儿身边的人或事

（一）您最喜欢班上的哪位老师？为什么？

（二）在班上您最要好的朋友有哪些？您为什么认为他（她）是您的好朋友？

能不能说说你们一起做了哪些事？在班上您最讨厌的人是谁？您为什么讨厌他(她)？能不能举个例子说说？

(三)您的爸爸、妈妈是做什么工作的？他们在哪儿上班？您喜欢您的爸爸、妈妈吗？为什么？爸爸、妈妈经常带您出去玩吗？都去过哪些地方？您家里还有哪些人？平时上幼儿园是谁接送您？每天回到家里您做些什么？有人陪您吗？是谁？

(四)您经常在您家附近玩吗？和哪些小朋友一起玩？都玩些什么？您觉得好玩吗？您家周围的大人对您好吗？能不能举一件事情说说？

(五)您能不能讲讲生活中您最高兴(喜欢)的一件事(一个人)？您为什么这样认为？

说明：以上访谈提纲仅是一个粗略的框架，在具体的实施中视情况而定。在访谈中，最初是一种完全开放式的谈话，然后逐渐聚焦。并辅以观察，以作为一种对访谈的即时验证手段。

附录3 教师访谈提纲

访谈对象：   访谈时间：   访谈地点：   记录人：

一、您做幼儿园教师多久了？最早是从哪所学校毕业的？

二、您觉得您现在所在的幼儿园怎么样？能不能具体说说幼儿园中的人或事？

三、您觉得园领导最为重视的是幼儿园的哪一块工作？对您班上的工作开展支持吗？能不能具体说说？

四、您是从什么时候开始带现在这个班的？您觉得您现在带的这个班怎么样？能不能具体说说班级中的人或事？

五、您觉得某某小朋友怎么样？他(她)在班上表现如何？他(她)的家庭是一个什么情况？就您所了解而言，该小朋友与父母的亲子关系如何？他(她)以前是一个什么样的状态？能不能说说发生在他(她)身上的一些事？

六、在您的教师生涯中让您觉得最欣慰(高兴)的一件事情是什么？让您觉得最郁闷(难过)的一件事情是什么？

说明:对幼儿园基本情况的了解,教师访谈对象可以适当扩大;但涉及该班级中某个小朋友的情况的访谈,仅限于该班级的老师。针对该班级的老师的访谈,基本情况的访谈只进行一次,涉及小朋友的访谈就围绕对小朋友的研究展开。

附录4　家长访谈提纲

访谈对象：　　　访谈时间：　　　访谈地点：　　　记录人：

一、您与某某小朋友是什么关系?

二、能简要说说您及您的家庭情况吗?

三、您觉得您孩子所在的幼儿园怎么样?所在的班级呢?班级中的老师呢?如果您觉得有需要改进或改善的地方的话,主要是哪些方面?

四、您觉得您的孩子在幼儿园中生活得怎么样?各方面的发展怎么样?

五、您家住在哪儿?离这儿远吗?您的孩子平时都是谁在接送?孩子每天放学是直接回家,还是要在外边玩?如果在外边玩,都在什么地方玩?玩什么?和谁一起玩?回到家中都做些什么?是独自一个人,还是有人陪着?周末或假期经常带小孩出去玩吗?都去过哪些地方?

六、在您的孩子身上,您觉得最令您高兴(欣慰)的一件事情是什么?最令您难过(郁闷)的一件事情是什么?到目前为止,发生在您孩子身上的一件让您最难忘的事情是什么?在所发生的事情中,对您的孩子成长最重要的一件事情是什么?

说明:通过预约家长,主要在接送孩子的时间段对家长进行访谈,地点视情况而定。

参考文献

一、中文著作类

［爱尔兰］德尔默·莫兰,约瑟夫·科恩.胡塞尔词典[Z].李幼蒸 译.北京:中国人民大学出版社,2015.

［德］埃德蒙德·胡塞尔.欧洲科学的危机与超验论的现象学[M].王炳文 译.北京:商务印书馆,2001.

［德］埃德蒙德·胡塞尔.生活世界现象学[M].克劳斯·黑尔德 编.倪梁康,张廷国 译.上海:上海译文出版社,2005.

［德］埃德蒙德·胡塞尔.现象学的方法[M].克劳斯·黑尔德 编.倪梁康 译.上海:上海译文出版社,2005.

［德］汉斯-格奥尔格·加达默尔.真理与方法——哲学诠释学的基本特征[M].洪汉鼎 译.上海:上海译文出版社,1999.

［德］克劳斯·黑尔德.世界现象学[M].倪梁康 等译.北京:生活·读书·新知三联书店,2003.

［德］马丁·海德格尔.存在与时间(修订译本)[M].陈嘉映,王庆节 合译.北京:生活·读书·新知 三联书店,2006.

［法］米歇尔·福柯.规训与惩罚[M].刘北成,杨远婴 译.北京:生活·读书·新知三联书店,2003.

［荷］胡伊青加.人:游戏者[M].成穷 译.贵阳:贵州人民出版社,1998.

［加］马克斯·范梅南,［荷］巴斯·莱维林.儿童的秘密——秘密、隐私和自我的重新认识[M].陈慧黠,曹赛先 译.李树英 审校.北京:教育科学出版社,2004.

［加］马克斯·范梅南.生活体验研究——人文科学视野中的教育学[M].宋广文 等译.北京:教育科学出版社,2003.

［捷克］米兰·昆德拉.小说的艺术[M].董强 译.上海:上海译文出版社,2011.

［美］C.赖特·米尔斯.社会学的想象力[M].陈强,张永强 译.北京:生活·读书·新知三联书店,2005.

[美]Claire Golomb.儿童绘画心理学——儿童创造的图画世界[M].李甦 译.北京:中国轻工业出版社,2008.

[美]David Elkind.还孩子幸福童年——揠苗助长的危机[M].陈会昌 等译校.北京:中国轻工业出版社,2009.

[美]埃·弗罗姆.爱的艺术[M].康革尔 译.北京:华夏出版社,1987.

[美]大卫·斯托普.与爸爸和好吧——发现父亲的作用和影响[M].李丽波 译.北京:九州出版社,2005.

[美]谨·克兰迪宁.叙事探究——焦点话题与应用领域[M].鞠玉翠 等译.丁钢 审校.北京:北京师范大学出版社,2012.

[美]谨·克兰迪宁.叙事探究——原理、技术与实例[M].鞠玉翠 等译.丁钢 审校.北京:北京师范大学出版社,2012.

[美]卡洛琳·爱德华兹,莱拉·甘第尼,乔治·福尔曼.儿童的一百种语言——转型时期的瑞吉欧·艾米利亚经验(第3版)[M].尹坚勤,王坚红,沈尹婧 译.南京:南京师范大学出版社,2014.

[美]劳拉·E.贝克.儿童发展(第五版)[M].吴颖 等译.朱永新 审校.南京:江苏教育出版社,2002.

[美]理查德·洛夫.林间最后的小孩——拯救自然缺失症儿童[M].自然之友 译.长沙:湖南科学技术出版社,2010.

[美]鲁道夫·谢弗.母亲的使命[M].高延延 译.沈阳:辽海出版社,2000.

[美]罗斯·派克.父亲的角色[M].李维 译.沈阳:辽海出版社,2000.

[美]玛格丽特·米德.文化与承诺——一项有关代沟问题的研究[M].周晓虹,周怡 译.石家庄:河北人民出版社,1987.

[美]尼尔·波兹曼.童年的消逝[M].吴燕莛 译.桂林:广西师范大学出版社,2011.

[美]尼尔·波兹曼.娱乐至死[M].章艳,吴燕莛译.桂林:广西师范大学出版社,2009.

[美]威廉·A.科萨罗.童年社会学[M].程福财 等译.上海:上海社会科学院出版社,2014.

[苏]马卡连柯.父母必读[M].耿济安 译.北京:人民教育出版社,1958.

[以色列]艾米娅·利布里奇 等.叙事研究:阅读、分析和诠释[M].王红艳 译.重庆:重庆大学出版社,2008.

[英]David Buckingham.童年之死——在电子媒体时代下长大的孩童[M].杨雅婷 译.台北:巨流图书公司,2004.

[英]罗素.幸福之路[M].吴默朗,金剑 译.北京:中央编译出版社,2009.

[英]齐格蒙特·鲍曼.共同体[M].欧阳景根 译.南京:江苏人民出版社,2007.

[英]约翰·洛克.教育漫画[M].傅任敢 译.北京:教育科学出版社,1999.

卜卫.媒介与儿童教育[M].北京:新世界出版社,2002.

陈鹤琴.陈鹤琴全集(第六版)[M].南京:江苏教育出版社,2008.

陈鹤琴.家庭教育[M].上海:华东师范大学出版社,2006.

陈向明.质性研究——反思与评论(第壹卷)[M].重庆:重庆大学出版社,2008.

丁钢.声音与经验:教育叙事探究[M].北京:教育科学出版社,2008.

费孝通.乡土中国[M].南京:江苏文艺出版社,2011.

高秉江.胡塞尔与西方主体主义哲学[M].武汉:武汉大学出版社,2005.

黄武雄.童年与解放[M].北京:首都师范大学出版社,2009.

黄武雄.学校在窗外[M].北京:首都师范大学出版社,2009.

李洁.生活与体验——在职青年职业持续发展研究[M].上海:上海人民出版社,2013.

李静.汉字中的幼儿教育——幼儿汉字多元化教育研究[M].成都:四川教育出版社,2007.

刘晶波.社会学视野下的师幼互动行为研究——我在幼儿园里看到了什么[M].南京:南京师范大学出版社,2006.

刘晶波.师幼互动行为研究——我在幼儿园里看到了什么[M].南京:南京师范大学出版社,2000.

刘小枫.沉重的肉身[M].北京:华夏出版社,2012.

倪梁康.现象学及其效应[M].北京:生活·读书·新知三联书店,1994.

孙云晓.向孩子学习[M].昆明:云南少年儿童出版社,1998.

王海英.儿童共同体的建构[M].北京:高等教育出版社,2008.

王振宇.儿童心理发展理论[M].上海:华东师范大学出版社,2000.

王振宇.学前儿童发展心理学[M].北京:人民教育出版社,2004.

熊秉真.童年忆往——中国孩子的历史[M].桂林:广西师范大学出版社,2008.

徐兰君,[美]安德鲁·琼斯 主编.儿童发现——现代中国文学及文化中的儿童问题[M].北京:北京大学出版社,2011.

张春兴,林清山.教育心理学[M].台北:东华书局,1981.

张康之,张乾元.共同体的进化[M].北京:中国社会科学出版社,2012.

张文新.儿童社会性发展[M].北京:北京师范大学出版社,1999.

张祥龙.从现象学到孔夫子[M].北京:商务印书馆,2011.

宗白华.美学散步[M].上海:上海人民出版社,1981.

俞金尧.西方儿童史研究四十年[C]//中国学术.北京:商务印书馆,2001.

刘长城.网络时代的后喻文化特征与亲子互动方式的转变[C]//网络时代的青少年和青少年工作研究报告——第六届中国青少年发展论坛暨中国青少年研究会优秀论文集(2010),天津:天津社会科学出版社,2010.

二、中文期刊报纸、论文集类

卜卫.捍卫童年[J].读书,2000(3).

曹俊军.论教师幸福的追寻[J].教师教育研究,2006(5).

曾毅,王政联.中国家庭与老年人居住安排的变化[J].中国人口科学,2004(5).

陈建翔.应该重视的父性教育[J].中华家教,2007(1).

邓晓.重庆老城码头研究[J].重庆社会科学,2007(9).

丁钢.教育叙事的理论探讨[J].高等教育研究,2008(1).

丁钢.教育叙事研究的方法论[J].全球教育展望,2008(3).

丁钢.像范梅南那样做叙事研究[J].上海教育,2005(Z2).

盖笑松,王海英.我国亲职教育的发展状况与推进策略[J].东北师大学报(哲学社会科学版),2006(6).

郭法奇.儿童教育史研究:价值、特点及设想[J].天津师范大学学报(社会科学版),2009(2).

郝建芳,王忠红.发挥父爱的魅力[J].现代家教,2002(11).

侯静,陈会昌,陈欣银.在家庭自由游戏和智力任务游戏中儿童与母亲的交往行为特征[J].心理学报,2003(2).

侯静,陈会昌,陈欣银.在家庭自由游戏和智力任务游戏中亲子交往行为特征[J].心理发展与教育,2005(1).

侯静,陈会昌,王争艳,李苗.亲子互动研究及其进展[J].心理科学进展,2002(2).

胡向明."80后"城市独生子女之父母角色替代现象分析[J].中国青年研究,2010(9).

黄进.儿童的空间和空间中的儿童:多学科的研究及启示[J].教育研究与实验,2016(3).

黄进.童年研究:一场观念和方法上的革命[J].教育研究与实验,2009(5).

黄姗,陈小萍.隔代教育研究综述[J].现代教育科学,2007(2).

姜勇,庞丽娟.幼儿园师生交往类型的研究[J].心理科学,2004(5).

金春寒.父亲对儿童心理发展的影响[J].基础教育研究,2005(10).

康洁,熊和平.教育现象学的描述——以教室空间的学生身体现象为例[J].全球教育展望,2013(8).

孔屏,王玉香.隔代教养与父母教养的比较研究[J].当代教育科学,2013(11).

李建新,李嘉羽.城市空巢老人生活质量研究[J].人口学刊,2012(3).

李静.别让不恰当的奖励束缚孩子成长[N].中国教育报,2012-05-13(第004版).

李晴霞.试论幼儿教育中的隔代教养问题[J].学前教育研究,2001(3).

李树英,王萍.教育现象学的两个基本问题[J].华东师范大学学报(教育科学版),2009(3).

李树英.教育现象学:一门新型的教育学——访教育现象学国际大师马克斯·范梅南教授[J].开放教育研究,2005(3).

李霞.父亲角色在孩子人格发展中的作用探析[J].法制与社会,2007(6).

李旭,段丽红."位育"视角下乡村幼儿园本土课程的内涵诠释、价值诉求及内容构建[J].民族教育研究,2019(5).

李旭,段丽红.从"一片叶子"到"寻梦环游":儿童生活世界中死亡意义的叙事重构[J].教育学报,2019(5).

李旭,李静.基于"自我指导学习理论"的农村中小学教师职后培训模式[J].继续教育研究,2012(4).

李旭,李静.现象学视域下儿童生活世界的含义及认识路径[J].全球教育展望,2014(7).

李旭,赵芳妮.乡村儿童生活世界认识路径优化——现象学与童年社会学视角的融合[J].学前教育研究,2019(8).

李旭,周勇,康佳琦.儿童民间陀螺游戏的经验价值阐释、当下意义缺失及教育启示[J].当代教育论坛,2020(5).

李旭.城镇化背景下安场镇儿童游戏生活的自传式民族志研究[J].教育文化论坛,2018(3).

李旭.从解构到重构:视域融合中的儿童生活叙事研究[J].安徽师范大学学报(人文社会科学版),2016(6).

李旭.儿童视角:成人认识理解儿童的有效路径[J].今日教育(幼教金刊),2019(12).

李旭.先验·体验·经验:一则童年自我生活叙事的现象学反思[J].今日教育(幼教金刊),2020(5).

李旭,梁文昕,康佳琦.儿童生活世界的"蒙蔽"与"敞亮":绘本《公主的月亮》中儿童视角的方法进路[J].教育文化论坛,2022(3).

林兰.论"童年研究"的视角转向[J].全球教育展望,2014(11).

刘晶波.谈师幼互动中教师的权威及其限度——兼作对《升旗手的诞生》一文的回应[J].学前教育研究,2005(1).

刘良华.行动研究:是什么与不是什么[J].教育研究与实验,2001(4).

刘晓东.童年何以如此丰饶:思想史视角[J].南京师大学报(社会科学版),2017(5).

刘云艳,叶丽.教师缄默知识显性化策略探讨[J].学前教育研究,2007(2).

卢慕雪,郭成.空巢老人心理健康的现状及研究述评[J].心理科学进展,2013(2).

宁虹.教育的实践哲学——现象学教育学理论建构的一个探索[J].教育研究,2007(7).

潘洵,李桂芳.卢作孚与中国近代乡村现代化的"北碚现象"[J].重庆师范大学学报(哲学社会科学版),2011(5).

庞丽娟.幼儿不同社交类型的心理特征之比较研究[J].心理学报,1993(3).

沈善增.童年不会消逝——由波兹曼预言引发的话题[J].社会观察,2009(6).

陶沙,林磊.3—6岁儿童母亲的教育方式及影响因素的研究[J].心理发展与教育,1994(3).

王巧萍,黄诗玫.漫谈重庆码头文化的标本——行帮[J].重庆社会科学,2006(1).

王亚鹏.脑科学视野中的隔代教养及其对教育的启示[J].中国教育学刊,2014(2).

王宜青.儿童视角的叙事策略及心理文化内涵[J].浙江师大学报(社会科学版),2000(4).

王友缘.新童年社会学研究兴起的背景及其进展[J].学前教育研究,2011(5).

吴汾.教师实践性知识的涵义[J].现代教育论丛,2006(6).

吴晓东,倪文尖,罗岗.现代小说研究的诗学视域[J].中国现代文学研究丛刊,1999(1).

武建芬.幼儿自由游戏活动中同伴交往的特点[J].学前教育研究,2008(5).

项宗萍.从"六省市幼教机构教育评价研究"看我国幼教机构教育过程的问题与教育过程的评价取向[J].学前教育研究,1995(2).

杨瑾若,刘晶波.学前儿童同伴支配行为成因探讨[J].乐山师范学院学报,2009(3).

杨南昌,谢云,熊频.SECI:一种教师共同体知识创新与专业发展的模型[J].中国电化教育,2005(10).

杨霞.儿童同伴关系研究综述[J].中北大学学报(社会科学版),2005(5).

杨孝容.梁漱溟在重庆北碚的文化教育活动[J].重庆社会科学,2017(12).

杨欣.重庆火锅的文化透视[J].文艺争鸣,2005(5).

余德庄.重庆火锅的由来[J].中国食品,2001(20).

虞永平.论儿童观[J].学前教育研究,1995(3).

虞永平.让"儿童意识"融入公众意识[J].幼儿教育,2011(27).

张博.幼儿园教育中不同活动背景下的互动行为分析[J].学前教育研究,2005(2).

张凤,傅淳.关注父爱缺失现象 促进学前儿童健康成长[J].临沧师范高等专科学校学报,2014(1).

张庆熊."朝向事物本身"与"实事求是"——对现象学和唯物论的基本原则的反[J].哲学研究,2008(10).

张小翠,陈世联.天性与文化性的角逐——兼论儿童文化的生成[J].教育与教学研究,2010(6).

张晓艳,庞学慧.论行动研究[J].中北大学学报(社科版),2005(5).

张一楠,李丽.卢作孚与1923—1936年间北碚地区的盗匪改造[J].长江大学学报(社会科学版),2008(3).

张元.试析影响幼儿班级中同伴互动的影响因素[J].山东教育,2002(7、8).

赵荷花.教师的生活体验:一种不容忽视的课程资源[J].教育探索,2007(5).

郑淑杰,陈会昌,陈欣银.2岁儿童母子互动模式与4岁时儿童社会行为关系的追踪研究[J].学前教育研究,2004(12).

郑素华."童年的社会学再发现":国外童年社会学的当代进展[J].学术论坛,2013(10).

周晓虹.试论当代中国青年文化反哺的意义[J].青年研究,1988(11).

周勇.文学、电影与人生教育学——论教育学的现象学转向及其优化路径[J].全球教育展望,2013(8).

朱刚.胡塞尔生活世界的两种含义——兼谈欧洲科学与人的危机及其克服[J].江苏社会科学,2003(3).

朱家雄.当今我国学前教育事业发展面临的主要问题及政策导向(八)[J].幼儿教育,2013(1、2).

左瑞勇,柳卫东.幼儿园师幼互动现状与对策分析[J].重庆师范大学学报(哲学社会科学版),2005(4).

三、中文硕博论文

夏燕勤.20世纪前期儿童生活世界的构建(1897—1927)——以小学国文教科书为中心的考察[D].杭州:浙江大学,2016.

鞠玉翠.教师个人实践理论的叙事探究[D].上海:华东师范大学,2003.

林德全.论教育叙事[D].上海:华东师范大学,2005.

于泽元.学校课程领导对教师投入新课程改革的影响:中国内地一所小学的个案研究[D].香港:香港中文大学,2005.

侯忠伟.父母参与教养、共同教养与儿童行为的关系[D].济南:山东师范大学,2007.

赵连伟.家庭教育中父亲缺失现象调查及其对策研究——以山东省为例[D].上海:华东师范大学,2010.

张更立.异化与回归——走向"生活批判"的中国儿童教育研究[D].南京:南京师范大学,2011.

李丹.幼儿教师实践性知识发展研究[D].重庆:西南大学,2011.

季云飞.幼儿教师实践逻辑研究[D].南京:南京师范大学,2007.

蔡京玉.行动研究对中小学教师专业发展的助推作用研究[D].长春:东北师范大学,2013.

张习文.伽达默尔视域融合理论研究[D].济南:山东师范大学,2012.

王雁.一个农村家庭式幼儿园园长办园经历的叙事研究——人类发展生态学的视角[D].上海:华东师范大学,2007.

余舒.父亲教养行为及与2—6岁幼儿社会性行为的关系研究[D].华东师范大学,2011.

杨晓岚.3—6岁儿童同伴会话能力发展研究[D].上海:华东师范大学,2009.

江光荣.班级环境及其与教师风格和学生发展之关系[D].香港:香港中文大学,2001.

四、英文文献

Alan P., Allison J. A New Paradigm for the Sociology of Childhood? Provenance, Promise and Problems[C].// Allison J, Alan P. Construction and Reconstructing Childhood:Contemporary Issues in the Sociological Study of Childhood.London:Falmer Press,1997.

Benenson. Joyce. F. Greater Preference Among Females than Males for Dyadic Interaction in Early Childhood[J]. Child development, 1993(64).

Biller H B. Father Absence, Maternal Encouragement, and Sex Role Development in Kindergarten Age Boys[J].Child Development, 1969(40).

Biller H B. Fathers and Families: Paternal Factors in Child Development[M]. Westport, CT: Auburn,1993.

Brophy, J.E. & T. L. Good. Teacher-Student Relationships: Causes and Consequences[M]. New York: Holt, Rinehart & Winston,1974.

Chen X, Liu M, Li B, Cen G, Chen H, Wang L. Maternal Authoritative and Authoritarian Attitudes and Mother-Child Interactions and Relationships in Urban China[J]. International Journal of Behavioral Development, 2000(24).

Clandinin , D.J. and Connelly, F. Miehael. Narrative Inquiry: Experience and Story in Qualitative Research[M].San Francisco: Jossey-Bass,2000.

Cox A D, Puckering C, Pound A, Mills M. The Impact of Maternal Depression in Young Children[J]. Journal of Child Psychology and Psychiatry,1987(28).

Crick N.R., Dodge K.A. Social Information-Processing Mechanisms in Reactive and Proactive Aggression[J]. Child Development,1996(67).

D· Sommer, I· P· Samuelsson, K· Hundeide. Child Perspectives and Children's Perspectives in Theory and Practice[M].New York:Springer Science + Business Media B.V. 2010.

Dilthey, W . Poetry and Experience[M]Princeton, N. J.: Princeton University Press,1985.

Flouri, E. Fathering and Child Outcomes [M]. West Sussex, England: John Wiley& Sons Ltd,2005.

Gadamer, H.-G .Truth and Method[M]. New York:Seabury,1975.

Hale C, Windecker E. Influence of Parent-Child Interaction During Reading on Preschoolers' Cognitive Abilities[C]//Paper presented at the Meeting of the Western Psychological Association ,72nd. Portland, OR, April 30-May 3, 1992.

Harrist A.W. & Zaia A.F. The Relations of Regulation and Emotionality to Resiliency and Competent Social Functioning in Elementary School Children[J]. Child Development,1997(68).

Henderson A T, Berla N. A New Generation of Evidence: The Family Is Critical for Student Achievement[C]//Washington, DC: National Committee for Citizens in Education, 1994.

Henry Biller. Father Absence, Divorce, and Personality Development[C]//M. Lamb. The Role of the Father in Child Development (2rd).NewYork,Wiley,1981.

Howes. C., Whitebook. M. & Phillips. D. Teacher Characteristics and Effective Teaching in Child Care: Findings from the National Child Care Staffing Study[J]. Child and Youth Care Forum,1992.

James L C, Ross D P. Reciprocal Negative Affect in Parent-Child Interactions and Children's Peer Competency[J]. Child Development,1996(67).

Jing Li, Wei Wang. Inspection of Kindergarten Teacher-Children Interactions—A Case Sstudy in China[J]. Open Journal of Social Sciences,2014.

Judy H, Farrington D. Distinguishing the Link Between Disrupted Families and Delinquency[J]. British Journal of Criminology,2001(41).

Katz, J. Virtuous Reality: How America Surrendered Discussion of Moral Values to Opportunists, Nitwits, and Blockheads like William Bennett[M].New York: Random House,1997.

Kay D J, Vaughan S, Robin E C. Social Networks and Mothers' Interactions with Their Preschool Children[J]. Child Development,1991(62).

LaGrce A.M.,& Mesibov G.B. Social Skills Intervention with Learning Disabled Children: Selecting Skills Implementing Training[J].Journal of clinical child psychology,1979(8).

Lynch, M.& Cicchetti, D. Maltreated Children's Reported of Relatedness to Their Teacher[J]. New Directions for Child Development,1992(57).

M.E.Lamb.The History of Research on Father Involvement: An Overview[J]. Marriage and Family Review,2000(29).

Maccoby,E.E. Gender and Relationships[J].American Psychologist, 1990(45).

Maccoby, E.E. Gender as a Social Category[J]. Developmental Psychology, 1988(24).

McBride, B. A., Schoppe-Sullivan, S. J., &Ho, M.. The Mediating Role of Fathers' School Involvement on Student Achievement[J]. Journal of Applied Development Psychology, 2005(26).

McGrew, W.C. Aspects of Social Development in Nursey School Children with Emphasis on Introduction to the Group[C]//N. Burton-Jones. Ethological Studies of Child Behavior. New York: Cambridge University Press, 1972.

Merleua-Ponty, M. The Visible and Invisible [M]. Evandton: Northwestern University Press, 1968.

Meyrowitz, J. No Sense of Place: The Impact of Electronic Media on Social Behavior[M]. Oxford University Press, 1985.

Oden & Sherri. Peer relationship in childhood[C]//L.G. Katz.Current Topics in Early Childhood Education.Norwood, NJ: Ablex, 1977.

Papert, S. Mindstorms: Children, Computers and Powerful Ideas [M]. New York: Basic Books, 1980.

Ariès Philippe. Centuries of Childhood: A Social History of Family Llife [M]. New York: Vintage Books, 1962.

Saara K, Katri R, Llisa K J. Childhood Temperament and Mother's Child-Rearing Attitudes: Stability and Interaction in a Three-Year Follow-Up Study [J]. European Journal of Personality, 1997(11).

Sroufe, L.A. & J.Fleeson, The coherence of family relationships[C]//Relationships within Families: Mutual Influence.Oxford: Oxford University Press, 1988.

Stanley B K. The Effect of Father Absence on Interpersonal Problem-Solving Skills of Nursery School Children[J]. Journal of Counseling and Development, 1986(64).

Tapscott, D. Growing Up digital: the Rise of the Net Generation [M]. New York: McGraw Hill, 1998.

Tauber, Margaret A. Sex Differences in Parent-Child Interaction Styles during a Free-Play Session[J]. Child Development, 1979(50).

Winn, M. Children without Childhood[M].Harmondsworth: Penguin, 1984.

后 记

涉足儿童生活世界,源于我的导师李静先生的提点。不过,论文做到最后还是违背了先生的初衷,以至于误入了儿童生活世界的"迷途"——还未弄清楚儿童本来之面目,就执着于儿童过去种种及未来面相。好在儿童之过去、现在与将来本就是一体的,也不至于偏离太远,能够"迷途知返"。

儿童从过去走来,于现在之中,最终走向未来。我们需得找到"来时之路",返回过去,以获得生命意义——生命当下本质直观的来源。在探寻儿童生活世界意义的旅途中,我努力寻找"来时之路",忆起了儿时的点点滴滴:

我四岁左右,和村里的一帮小伙伴一起,如同一条快乐的游鱼般,在村子里的各个院落、各个秘密花园穿梭游弋,惬意得很。那个时候正值夏天,我只穿着一件薄薄的上衣,没有穿裤子,也没有穿鞋,在一群衣衫褴褛的小伙伴中也显得另类,而自己却从未察觉。在那种环境中,我的内心弥漫着因自由、无所顾忌而带来的快乐,完全流淌在稚嫩的脸上。我们跟在一帮年龄较大的小孩屁股后面爬山玩水、摸鱼捉虫,"践踏"村子里的果蔬庄稼。在中午人们午休时或趁着夏夜月色,有组织地偷摘着各种瓜果。做这些事,不仅仅是为了果腹,更是因受了那份秘密行动中的新奇、冒险、刺激的诱惑。在那样的年龄、那样的世界里,自由、快乐就是我们的全部,我们追寻着、创造着、享受着那个自由、快乐的世界。当然,也承受着那个世界的饥苦。不过,在自由快乐面前,那些饥苦不值一提(或根本就没有意识到),甚至成为我们进一步恣意追逐快乐的原始动力。

我们一群小伙伴跟着一群年龄较大的小孩,在那个夏天恣意妄为。

直到有一天下午,我们一行人来到了村子里一个叫"机房"(谷子脱粒、玉米磨面的电机房,村里人又将此地称为"高点")的地方。时至今日,我仍然记得当时的情境:夕阳初下,余晖掠过机房的屋顶,洒到机房院坝外的菜园子地里,给蔬菜庄稼染上了一层金黄;机房院坝内,平整而空旷,院坝四角处偶尔有一些积水和着泥土形成的泥浆,在一天的日照下慢慢变干变硬,丝毫不影响整块院坝成为我们的游乐场地;一群大人在"阶(gāi)沿坎"(黔北地区比院坝高出几十公分、有屋顶罩着而又不属于房屋内部的场地,通常是人们休闲、聊天、做家务活儿的地方)上正聊得起劲儿,一些人正端着碗在吃"晌(sǎo)午"(黔北地区一日餐饮分为"过早、早饭、晌午、晚饭、宵夜"),其中就有一个年轻妇女——我所在房分中的一位大嫂。大嫂看到我们,发现我没有穿裤子,就笑着大声说:"×××(我的小名),你没穿裤子,你羞不羞哦!"听到我大嫂这么一说,大家都看向了我,一边附和着大嫂的话,开着各种玩笑。我的大脑"嗡——"地一声巨响,血直往上冒,脸"倏"地一下红了,立刻转身就跑。我一直跑到家里,闯进了"房圈(quān)儿"(卧室),将房门闩上,心脏"扑通扑通",直喘粗气,难堪、羞愧、耻辱等情绪体验涌上心头,久久不能平息……

从那以后,我每次看到大嫂,脸一下子就会变红,躲得远远的。这种状况一直保持了很久很久,多年都挥之不去……①

多年以来,幼时所经历的那一幕时常在我脑海中浮现,特别是"夕阳初下,余晖掠过机房的屋顶,洒到机房院坝外的菜园子地里,给蔬菜庄稼染上了一层金黄"的情境,久久不能拂去……大嫂的"嘲笑"更是让我在多年以后都陷入"难堪、羞愧、耻辱"之中,直到愿意(能够)直面这些童年往事才得以释怀,才"原谅"了大嫂——原谅了自己。

幼时的"我"如游鱼般,镶嵌于环境之中,与整个世界融为一体,构成了儿童自然之态;"体验"触发了"我"生命存在之意义,在那"尚未及反思的生活世界"(范梅南语)中,生命的本质直观得以显现,构成了儿童"合于自然"的本真之态;当各种体验交织,经验得以沉淀,儿童生活世界意义受到诸多"幻象"裹挟,引发了意义的蒙蔽,导致了儿童生活世界现实之态。儿童生活世界从最初先验的"无"意义,到体验触发的"有"意义的生成,再到经验沉淀固着引发的意义蒙蔽,揭示了一条意义生成与蒙蔽的路径;相反,从经验到先验,则是儿童生活世界意义还原与敞亮的过程——要探寻儿童生活世界的意义,需要回到儿童意义生成的策源地。

在认识理解儿童的路途中,我与儿童(儿时自我)相互敞开,接纳儿童生命原初意义的浸润……一转眼,在这条"迷途"上行走了近十个年头,且越往前走"陷"得越深。在这条路上,我收获了许多来自生活的馈赠。难能可贵的是,我

---

① 李旭.先验·体验·经验:一则童年自我生活叙事的现象学反思[J].今日教育(幼教金刊),2020(5).

收获了童心,这是我得以坚持的力量源泉。每每看到儿童与成人于冲突之中,儿童身体的僵直、步履的慌乱、神色的哀伤、眼中的绝望,都让我悯惜和痛心。事实上,成人心中也或多或少"蛰伏"着僵直、慌乱、哀伤和绝望的童年过往。只不过,我们没有获得足够的勇气和力量驱赶走内心深底的阴霾,也就无法复归幸福之路。援引最近流行的阿德勒的话语:"幸运的人一生都被童年治愈,不幸的人一生都在治愈童年。"无疑,我是幸运的。我的幸运不在于我有一个无比幸福的童年,而是我接受了我的童年,从童年之中找到了支撑我前行的力量。

对于现在或将来的儿童,我们尽力助推他们拥有一个幸福的童年,这是他(她)一生之中无与伦比的财富;对于成人、对于我们自己,不断看到当下的儿童、不断回顾自己的童年过往,或许,这就是一条最有效的自我救赎之路。

"你看到什么样的儿童,取决于你心中藏着一个什么样的儿童",反之,"你心中藏着一个什么样的儿童,取决于你看到什么样的儿童"。一切行动背后都隐藏着观念,一切观念总会指引着行动。让我们从改变行动开始,最终革新我们的观念,为儿童生活世界带去福祉。最后,以我最喜欢的泰戈尔的诗句做一个结束:"我愿我能在我孩子自己的世界的中心,占一角清净地。"

是以为记。

李旭

二〇二一年清明时节于花溪保利溪湖